김박사 인사노무관리 with 경영학적 논술과 글쓰기 시리즈 II

– 글쓰기, 표현, 문장 그리고 단락 –

경영학 박사 **김 병 석**

서술답안 작성과
경영학적 문제의
해결능력 통합

고시계사

머리말

시리즈Ⅰ에서는 인사노무와 연관된 경영현실의 실질적인 이슈나 문제에 대한 해결방법이나 한계점, 그리고 새로운 대안 및 효과를 요구하는 최근의 문제를 설명하기 위해서는 차별화된 아이디어, 아이디어 추출방법, 절차, 현실이슈와 이론과의 비교 방법 등이 필요하므로. 이를 설명하기 위한 방법이나 기법이 라이팅 모델(Model of Writing Papers)이다.

시리즈 Ⅱ에서는 글의 구성(서론 / 본론 / 결론)과 표현(문장과 단락)을 설명하였다.

문장은 글쓰기 표현의 기본이다. 이 문장은 명제가 되도록 작성해야 한다. 명제는 진위를 구분하는 것으로 참과 거짓을 표현하는 것이다. 단락은 문장의 집합이며, 의미나 생각의 단위이다. 이 생각의 단위로 표현하는 방법이 **민닝모델(Meaning Block Model)이다.** 문장과 단락으로 제2차시험의 서술형 답안은 최종적으로 작성된다.

Step by Step Writing and Problem-solving

step 1. 문제의 유형을 분석한다(설명, 논증, 그리고 설계 등).
2. 제시된 문제에서 정보를 최대한 추출한다.
3. 문제와 관련된 다양한 이슈와 배경 등을 탐색한다.
4. 설명, 논증, 그리고 설계에 따라서 아이디어를 도출한다.
5. 도출된 아이디어로부터 적절한 문제의 해를 제시한다.

시리즈의 라이팅 모델(Model of Writing Papers)은 setp 1~5까지 적용되고

6. 그 해를 검증 혹은 논증하는 과정을 추론한다,
7. 관련 이론 등을 제시하고 전체적인 글의 내용과 구조를 구성한다,
8. 서론 본론 결론의 각 구성요소를 결정하여 논증이나 검정을 작성한다,

Meaning Block Model은 step 6~8까지 적용된다.

라이팅 모델(Model of Writing Papers)과 민닝 모델(Meaning Block Model)의 통합적인 사고가 여러분에게 고득점을 보장할 것이다.

2017년 3월
김병석 드림

차 례

제1부 경영학적 글쓰기

제1장
경영학적 글쓰기

1. 경영학적 글쓰기와 논술과의 관계

채점평은 수험자가 답안을 작성하기 위한 가이드라인이며, 광의의 채점 기준이다. 2016년, 2015년과 2014년의 채점평을 분석하면 다양한 문제점과 해결책 등이 기술되어 있다. 시리즈 I에서 자세하게 설명하였다. 채점평 분석을 통한 답안 작성의 핵심 가이드라인(Guideline)은 다음과 같다.

(1) 단순 암기와 기계식 나열(출제된 문제의 정확한 이해)
(2) 이론과 실무의 균형성(출제된 문제의 정확한 이해)
(3) 답안작성의 구성과 논리의 오류
(4) 정확하고 명확한 글쓰기
(5) 기타

채점평에서 제시하는 답안작성 가이드라인의 핵심은 단순 암기에 기반한 기계식 서술로 답안을 작성하지 말라는 것이다. 단순 암기와 기계식 서술이 이루어지는 이유는 경영현상에 대한 진단과 분석 능력이 부족하여 나타난다.

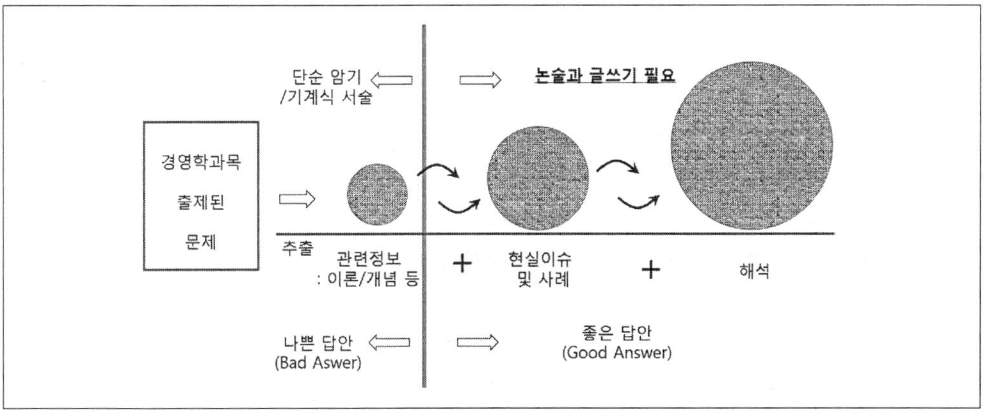

[그림] 경영학적 논술과 글쓰기 필요성

앞의 [그림]에서 설명하듯이 단순하게 출제된 문제에서 관련된 이론과 개념만을 추출하여 서술하기 때문에 출제된 문제와 연관된 경영현상에 대한 다양한 의미와 특성을 해석하지 못하게 된다. 인사노무 경영 현상에 대한 다양한 진단과 분석은 이론과 실무에 대한 통합적이며 전체적인 시각과 분석이 요구된다.

분석과 진단(능력)은 경영학 과목의 출제된 문제에 내재되어 있는 다양한 패턴과 규칙인 경영학적인 이론과 개념을 탐색하고, 경영적인 현실 이슈 등과의 연관성을 설명하고 다양한 분석 방법을 통하여 새로운 대안이나 방안 등을 찾는 것이다.

그러나 진단과 분석이 잘못되면 이로 인해 답안의 구성과 논리에 오류가 생기고, 그로 인해 이론과 실무의 균형 있는 답안이 작성되지 않는다. 또한 잘못된 시간의 낭비로 인해 글쓰기 등도 정확하지 못한 오류가 발생한다.

출제된 최근의 문제들은 경영적인 진단과 분석을 통하여 다양한 해석과 이를 기반한 새로운 대안을 요구한다. 진단과 분석의 중요성은 다음과 같다.

- 출제된 문제의 핵심 개념과 이론을 추출
- 출제된 문제의 연관된 현실 이슈와 사례를 분석
- 출제된 문제의 핵심 개념 / 이론과 현실이슈와 연관성 분석
- 다양한 분석을 통하여 출제된 문제에 내재된 경영현상에 대한 해석
- 해석된 내용에 기반한 다양한 대안 등을 제시

또한 출제된 문제에 대하여 현실 이슈를 중점적으로 이해하고, 이를 분석해야 하는 이유는 다음과 같다.

- 경영학 과목 채점자는 경영학 전공자이다.
- 경영학 전공자의 관심은 경영과 기업이다.
- 기업은 다양하고 새로운 경영 현실에 매일 매일 직면한다.
- 경영은 항상 새로운 현실 문제나 이슈를 해결하는 것이다.

진단과 분석을 통해 출제된 제2차시험 문제에 대한 답안은 서술형이다. 서술형 답안을 작성하기 위해서는 출제된 문제에 맞는 해, 즉 문제 유형에 따라 대안이나 활용 방안 등을 찾아야 한다. 즉 서술형 답안의 작성을 위해서는 진단과 분석이 필요하다. 진단과 분석을 통하여 탐색된 다양한 결과로서의 대안과 방안 등을 논리적으로 구성하는 것이 어려운 것은 경영학적인 논술과 글쓰기에 대한 이해 부족이다.

논술과 글쓰기 과정에서 핵심은 진단과 분석 과정이다.

진단과 분석 과정은 출제된 문제에서 이론과 개념과 현실 이슈를 탐색하여 현실적 이슈에 적합한 분석과 해석을 통하여 적절하고 독특한 해를 설명하는 것이다.

- 개념
- 현실이슈
- 모델(모델링)
- 해(solution)

고득점을 달성하는 좋은 답안을 작성하기 위해서는 이론과 현실 이슈, 그리고 해석이라는 과정이 필요하다. 이런 과정과 구성을 위해서는 논술과 글쓰기가 필요하다. 특히 경영학의 학문적 특성에 맞는 과정과 구성이 필요한데, 이를 경영학적인 논술과 글쓰기라고 한다. 경영학적인 논술의 핵임은 답안적성의 뼈대 즉 설계도면을 만드는 것이다. 경영학적인 논술은 시리즈 I에서 자세히 설명하였다.

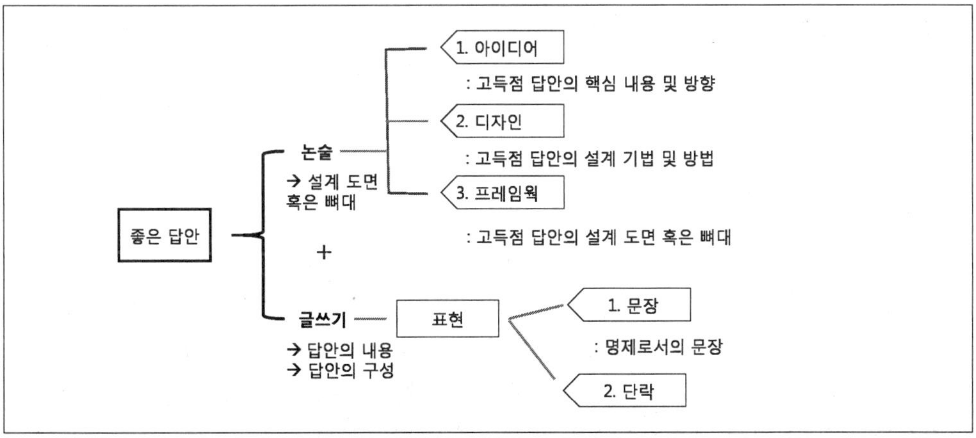

[그림] 고득점을 위한 좋은 답안 작성 요령

경영학적인 논술은 답안의 설계도면이고, 뼈대이다. 복잡한 글, 즉 답안을 작성하기 위해서는 논리의 일관성과 서술의 방향성 등의 추론과 논리를 위해서는 반드시 설계 도면이 있어야 하고, 설계 도면을 만들기 위해서는 다음의 내용을 참조해야 한다.

- 아이디어
- 디자인
- 프레임웍

아이디어는 고득점 답안의 핵심내용이자 답안 작성의 방향을 제시하고, 디자인은 설계 도면의 특색과 구성 방법 등이다. 디자인은 어느 정도 정형화되어 있다. 이론 중심으로 연역적인 추론을 하고, 사례 기반의 논리적인 추론이 되게 해야 한다. 프레임웍은 구체적인 경영학 과목 제2차시험 즉 서술형 답안 작성의 뼈대 즉 설계 도면을 만드는 방법이다. 아이디어를 중심으로 구성 요소와 논리적인 전개가 될 수 있는 뼈대를 만드는 것이다.

경영학과목의 제2차시험은 서술형이다. 서술형 답안을 작성하기 위해서는 출제된 문제에 맞는 해, 즉 문제 유형에 따라 대안이나 활용 방안 등을 찾아야 한다. 즉 문제 해를 찾는 논리적인 과정의 틀을 프레임웍(Framework)이라 한다. 이 프레임웍은 서술형 답안의 설계도면이 글의 뼈대이다. 이 뼈대를 만드는 방법을 논술이라고 한다. 경영학적 논술과 시리즈 I에 자세히 설명하였다.

경영학과목 제2차시험의 서술형 답안의 뼈대인 설계도면이 완성되면, 이 뼈대에 살을 붙이는 작업을 해야 한다. 즉, 경영학적 논술과 글쓰기 시리즈 II에서는 설계도면에 따라서 구체적인 서술형 답안을 작성하는 것이다. 뼈대에 살을 붙이는 작업이 글쓰기이다. 글쓰기의 핵심은 표현이다. 이 표현은 문장과 단락으로 구성된다.

- 문장
- 단락

문장은 글쓰기 표현의 기본이다. 이 문장은 명제가 되도록 작성해야 한다. 명제는 진위를 구분하는 것으로 참과 거짓을 표현하는 것이다. 단락은 문장의 집합이며, 의미나 생각의 단위이다. 이 생각의 단위로 표현하는 방법이 Meaning Block Model이다. 문장과 단락으로 제2차시험의 서술형 답안은 최종적으로 작성한다.

경영학과목의 제2차시험은 서술형이다. 서술형 문제 해를 찾는 논리적인 과정의 틀을 프레임웍(Framework)이라 한다. 이 프레임웍은 서술형 답안의 설계도면이 글의 뼈대이다. 이 뼈대를 만드는 방법을 논술이라고 한다. 경영학적 논술과 시리즈 I에 자세히 설명하였다. 경영학적 논술과 글쓰기 시리즈 II에서는 설계도면에 따라서 구체적인 서술형 답안을 작성하는 것이다.

2. 경영학적 글쓰기 필요성

경영학적 논술과 글쓰기를 이해하기 위해서는 출제된 문제의 유형을 알아야 한다. 출제된 문제의 유형은 크게 두 가지가 제시됨을 한국산업인력 공단의 채점평을 통하여 알 수 있다.

한국산업인력공단
HUMAN RESOURCES DEVELOPMENT SERVICE OF KOREA

채점평에 나타나는 문제의 유형은 크게 논술형과 약술형이다. 논술형은 50점짜리 문제이고, 약술형은 25점짜리 문제임을 채점평에 제시하였다.

- 논술형
- 약술형

출제된 문제의 논술형과 약술형은 몇 가지의 유형으로 나누어진다.

논술형 문제는 출제된 문제의 마지막 문장을 통하여 쉽게 이해할 수 있다. 예를 들어 "------에 대하여 설명하시오. -----에 대하여 설계하시오.------에 대하여 논하시오."가 대표적인 문제의 출제유형이다.

- 설명
- 논증
- 설계

논술형 문제를 풀기 위해서는 기본적으로 관찰, 이론 혹은 개념, 가설, 및 검증의 기본 구조와 절차의 이해가 필요하다. 이런 기본구조에 대한 설명은 시리즈 I에 자세히 설명하였다.

출제된 문제의 기본 유형은 각각 다음과 같은 고유한 특성이 나타난다.

- 설명

설명은 출제된 경영현상의 내적인 구조의 패턴과 규칙성을 설명하는 것이다. 예를 들어 출제된 문제의 뒤가 "설명하시오."라고 출제된 경우이다.

> 오늘날 경력개발관리의 의미, 개인의 경력욕구로서 '경력 닻', 그리고 경력개발관리기법으로서 직문순환의 장 / 단점을 설명하시오(2014년. 25점).

이런 경우는 각각의 제시된 개념에 대한 규칙과 패턴 및 이론 등을 비교설명하면 되는 경우이므로 결론도 작성자가 서론과 본론에서 기술한 규칙과 패턴 및 이론 등을 다시 한번 강조하고 한계점 등을 제시하면 된다.

- 논증

논증은 제시된 문제의 해를 도출하여 문제와 해의 도출 과정을 추론하고 도출된 해를 검증 혹은 논증하는 것이다.

> 최근 기업에서 일어나는 구성원의 자발적 이직의 개념, 원인, 긍정적 및 부정적 효과(기업, 이직자, 잔류자 관점), 그리고 효과적인 관리 방안에 대하여 논하시오(2014년. 50점).

즉 도출된 해가 문제에 적합한 것을 밝히는 것이다. 위의 문제에서 요구하는 해는 효과적인 관리방안에 대한 해를 제시하고 해와 적합한 것을 검증하거나 논증하는 것이다. 문제와 해에 대한 검증과 논증의 결과를 다시 한번 강조하고, 그 한계점과 경영적인 공헌 점등을 다시 한번 제시함으로 마무리 해준다.

- 설계

설계는 새롭고 독창적인 것을 창조해내는 과정이다. 즉 이전에 없던 새로운 것들을 주어진 문제의 특성에 적합하게 새롭게 고안하는 것이다. 따라서 기존에 존재하는 것에 한계와 문제점을 제시하는 것이 가장 중요하다.

> 인적자원관리의 확보·개발·평가·보상·유지 관리 등 다섯 가지 기능별 영역에서 전통적 공동체 지향의 기업문화를 계승하고 지식정보화 사회에 대응할 수 있는 방안을 시스템적 관점에서 설계하시오(2011년. 50점).

즉 설계의 의미는 기존의 문제점과 한계점으로부터 문제 영역을 설정하고 새롭게 설계된 내용과 과정을 추론하고 검증하거나 논증하는 것이 중요하다. 새롭게 설계된 내용을 결론에서 다시 한번 강조하고 장점 등을 다시 한번 더 강조해 준다.

3. 경영학적 글쓰기와 논리적 전개

채점평에서 지적하듯이 전체적인 글의 전개과정에서의 오류, 즉 논리적 전개의 오류다. 단순 암기와 기계적 서술로 답안을 전개하는 것은 적절한 추론의 방법과 이를 활용하는 시각과 논리적인 절차 등과 방법 등에 대한 이해 부족 때문이다.

시리즈 I에서 논술(아이디어, 프레임웍과 디자인)의 필요성과 그 중요성을 설명하였다. 시리즈 II는 Writing Papers가 목적이다. Writing Papers을 위해서 본서에서는 Meaning Block Model을 제시한다.

* 자신의 아이디어(idea) 전달과 의사소통(communication)

목표 : 바이러스처럼 자신의 생각과 아이디어가 시험 채점자의 마음속으로 침투해야 한다.

마음속에 품은 아이디어는 무용지물이다.

→ 시험답안으로 아이디어를 말해야 두 배의 효과가 있다.

* Writing Papers : Model

Idea → Framework → Write paper

단순 암기를 벗어나기 위해서는 종합적인 사고와 과학적 사고를 통한 문제해결 능력의 배양이 요구된다.

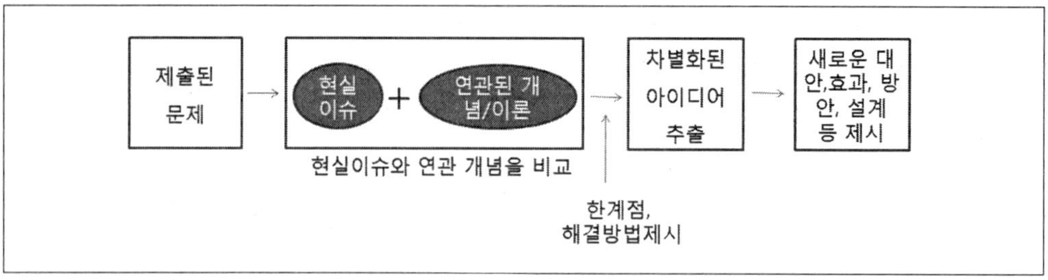

또한 출제된 다양한 문제로부터 차별화된 아이디어를 도출하고 이로부터 문제의 해로 전환하는 능력 등이 요구된다.

출제된 문제와 아이디어를 연결하여 문제에 적합한 해를 제시하고 그 해에 대한 근거를 제시하는 것이 중요하다. 전체적인 논술 글쓰기의 방향을 설계하는 개념이 디자인이며 프레임워크이다. 또한 이렇게 제시된 해를 구체적으로 답안지로 작성하기 위해서는 Meaning Block Model을 사용해야 한다.

제2장

표현과 글쓰기 : 단락과 문장

단락은 문장의 집합이다. 단락은 문장의 집합으로 의미나 생각을 하나의 단위로 표현한다. 문장을 구성하는 방법과 문장을 활용하여 단락을 구성하는 방법 등을 설명하였다. 다음 장들에서 자세한 설명을 하였다.

| 단락의 구성 |

'핵심(화제)문장+설명(혹은 뒷받침)문장 ① + 뒷받침문장 ② + 뒷받침문장 ③ + 맺음문'으로 구성되어 있다.

모든 문장과 문장의 집합인 단락이 반드시 이 공식을 따르는 것은 아니다.

(예1)

탄력적 근로시간제는 노동시간의 유연적 활용이 가능하도록 하기 위해 마련된 제도이다(핵심문장). 단시간 근로, 시차출퇴근제, 집중근무시간제, 요일근무제 등의 탄력적 근무 형태이다(설명문장). 이에 비해 스마트워크는 기존의 사무실 개념을 탈피하여 언제 어디서나 편리하고 효율적으로 업무에 종사할 수 있도록 하는 미래지향적인 업무환경과 새로운 일을 하는 방식을 의미하고, 스마트워크는 사무실에 출근하지 않고도 정보통신기술을 이용하여 사무실과 멀리 떨어진 외부에서 업무를 수행하는 것이다(설명문장).

(예2)

전통적인 기업에서 개별 직무와 핵심직무, 그리고 종업원 세 가지 구성요소를 조직화하여 직무성과를 높이는데 종업원의 동기 유발 또한 핵심변수이며 동인이다(핵심문장). 전통적인 기업에서 핵심직무였던 부분이 현대 기업에서는 변화가 발생한다(설명문장). 정형적인 직무 중심에서 비정형적인 직무 중심으로 변화가 발생함으로 종업원의 동기 유발에서 개인 차이의 고려요소와 더불어 환경 변화의 대응과 유연성 요인 등이 고려되어야 한다(설명문장).

제3장

Step by Step Writing and Problem-solving 모형

경영학적인 논술을 중심으로 하는 시리즈I에서는 step 1~5까지의 단계를 통하여 전체적인 답안의 구성과 논지에 대한 전체적인 방향을 결정한다. 즉 출제된 문제에 들어있는 정보를 최대한 끌어내는 것이 가장 중요하다. 출제된 문제 유형에 따라서 설명, 논증, 그리고 설계 등의 방향인지에 따라 문제와 관련된 다양한 이슈와 배경 등을 탐색한다. 다음에 설명, 논증, 그리고 설계에 따라서 아이디어를 도출한다. 도출된 아이디어로부터 적절한 문제의 해를 제시하고, 그 해를 검증 혹은 논증하는 과정을 추론한다. 이 후 관련 이론 등을 제시하고 전체적인 글의 내용과 구조를 구성한다.

경영학적인 표현과 글쓰기를 위한 시리즈 II에서는 전체적으로 논지와 아이디어를 구체적인 문장과 단락으로 표현하는 방법을 학습한다. step 6~8 단계를 중심으로 전체 단계를 연습하고 표현과 글쓰기를 위한 문장과 단락을 학습한다.

step 1. 문제의 유형을 분석한다(설명, 논증, 그리고 설계 등).
2. 제시된 문제에서 정보를 최대한 추출한다.
3. 문제와 관련된 다양한 이슈와 배경 등을 탐색한다.
4. 설명, 논증, 그리고 설계에 따라서 아이디어를 도출한다.
5. 도출된 아이디어로부터 적절한 문제의 해를 제시한다.
6. 그 해를 검증 혹은 논증하는 과정을 추론한다.
7. 관련 이론 등을 제시하고 전체적인 글의 내용과 구조를 구성한다.
8. 서론 본론 결론의 각 구성요소를 결정하여 논증이나 검정을 작성한다.

step 1.
2.
3. → 시리즈 I에서 논술 관점에서 방법을 제시
4.
5.

step 6. 7. 8.	→ 나머지 step 들은 시리즈 Ⅱ에서 글쓰기와 표현을 중심으로 문장과 단락 활용방법을 설명한다.

출제된 문제를 시리즈 I에서 Step1～Step5까지 분석하고, 시리즈 II에서는 step 6～Step8까지 분석해서 도출된 결과물을 다양한 도형과 기호 등을 사용하여 제시함으로써 이해하기 용이하게 만든다. 다음에 서론, 본론, 결론 등에 제시할 내용 등을 설계한다. 그리고 각각의 설계에 따라서 표현과 글쓰기로서 단락과 문장으로 답안을 답안지에 작성한다.

step 1. 문제의 유형을 분석한다(설명, 논증, 그리고 설계 등).

인사노무의 주어진 문제에 들어있는 정보를 최대한 끌어내는 것이 가장 중요하다. 주어진 문제 유형에 따라서 설명, 논증, 그리고 설계 등의 방향인지를 확인한다.

- 설명
- 논증
- 설계 등

주어진 문제와 관련된 다양한 이슈와 배경 등을 탐색하고, 설명, 논증, 그리고 설계에 따라서 아이디어를 도출하는 것이 무엇보다 중요하다.

Step 2. 제시된 문제에서 정보를 최대한 추출한다.

문제에 제시되어 있는 정보를 최대한 추출하여 이를 도식 및 그림으로 표현한다. 문제에 나와 있지 않은 정보 등을 너무 많이 추가하게 되면 이후 논술형의 문제에서 문제의 범위가 너무 넓어지면서 문제의 초점을 상실할 수 있는 위험이 있다.

직접적으로 문제에 제시된 모든 정보를 나열하고 이들 간의 관계를 도식으로 표현한다. 문제에 나타난 정보들은 이론 / 개념적인 내용이다. 개념과 이론 등을 서로 연결시키고 의미를 구분하게 되는 기본적인 체계를 가지고 있다.

1. 상위개념과 하위개념

상위개념과 하위 개념을 설명할 시에는 둘 사이에 수 많은 다른 시각 등이 있으므로 어떤 관점에서 분류하고 설명하게 되는지를 설명하고 상위 개념과 하위 개념을 설명해 보세요.

상위 개념 - 하위 개념 1
- 하위 개념 2
- 하위 개념 3

= → 하위 개념은 2 ~ 3개정도를 기준으로 적용해 보세요.

2. 개념과 개념 사이의 관계

개념과 개념 사이에 다양한 관계를 가지고 있습니다.

- 방향성 : 순차적으로 단계를 가지고 진행되는 경우에 적용해 보세요.
- 상관 관계 : 둘 사이에 단순한 연관성을 설명합니다.
  예를 들어 나이가 들면 보수적인 경향을 보인다.
- 인과 관계 : 원인과 결과에 대한 설명입니다.
  예를 들어) 종업원의 인센티브(Incentive)가 높으면 조직몰입도가 높다.

Step 3. 문제와 관련된 다양한 이슈와 배경 등을 탐색한다.

문제와 연관된 이슈와 배경을 기술함을 통하여 효율적인 관리 방안에 대한 방향과 제도 등에 대한 문제 제기와 해를 도출할 수 있는 기본적인 아이디어가 구성된다. 이때 수험자들은 어떤 아이디어를 도출 할 것인가에 대한 기본 준비를 염두에 두고 관련이슈와 배경 등을 탐색해야 한다. 수험자는 전체적인 문제의 해결방안 등 즉 해를 고려하여, 수험자 자신의 판단에 근거하여 다양한 이슈와 배경 등을 제시한다.

이수와 배경 등을 적용하는 이유는 문제 해결을 위한 방향성과 문제가 확대되는 것을 방지하고 문제 전체의 논증에 대한 일관성을 부여하는 매우 중요한 역할을 제시한다. 즉 수 많은 이슈 중에서 어떤 이슈를 선택할 것인지는 수험생이 판단해야 한다.

몇 가지의 가이드 라인을 제시하면 다음과 같다.

• 가장 최신의 현대기업의 이론적 이슈를 활용해라.
• 최근 기업들이 도입하였거나 활용하였던 이슈를 활용해라.
• 너무 일반적인 이슈보다는 그 이슈를 부분적으로 변형하여서 적용해라.

Step 4. 설명, 논증, 그리고 설계에 따라서 아이디어를 도출한다.

이 단계에서는 어떤 아이디어를 도출할 것인가를 문제의 기본정보와 수험자가 제시하는 관련 이슈 및 배경을 연결하여 아이디어를 도출한다. 너무 넓은 범위에서 도출하지 말고 한 두가지 이슈나 배경 등에 그 초점을 맞추어라.

여러 가지의 조합이 다양하게 생길 수 있다.

첫째, 관련 이슈 하나하나를 가지고 아이디어를 도출할 수도 있다.

둘째, 관련 이슈 하나 이상으로 조합하여 아이디어를 도출할 수 있다.

Step 5. 도출된 아이디어로부터 적절한 문제의 해를 제시한다.

Step 2~4단계에서의 의미들을 비교하여 아이디어를 도출하고 이 아이디어에 기반하여 논증과 추론의 기반으로 삼아야 한다. 이 아이디어의 이론적인 배경으로서 개념과 이론을 적용하고, 도출된 아이디어를 이후 과정에서 구체적인 대안과 문제의 해로 변환하는 것이 중요하다.

Step 6. 그 해를 검증 혹은 논증하는 과정을 추론한다.

아이디어를 구체적으로 구성하기 위한 과정을 이론 중심으로 제시할 것인가, 사례 등을 중심으로 기술할 것인가를 결정한다.

Step 7. 관련 이론 등을 제시하고 전체적인 글의 내용과 구조를 구성한다.

관련된 이론 등을 전체적으로 한 단계 더 적용할 내용 등을 기본정보를 확장하여 제시한다. 전체적인 방향과 과정 등을 기술하고 묘사하여 본다.

이론이나 개념 등은 하위로 두 단계 정도 기술한다.

Step 8. 서론 본론 결론의 각 구성요소를 결정하여 논증이나 검정을 작성한다.

전체적인 구성과 방향이 설정되었으면 서론, 본론, 결론의 구성 요소에 맞추어서 개별적인 내용 등을 개략적으로 작성한다. 모든 구성요소를 전체적으로 구성하는 것이 아니라 수험자가 문제의 출제 유형에 따라서 적절하게 구성 요소를 파악한다.

& 서 론

- 문제제기(문제영역 / 문제배경 / 문제 정의)
- 연관된 개념 / 이론 제시(문제와 연관된 관점 / 시각을 설정)
- 문제영역과 현실이슈 등을 비교하여 한계점이나 문제점과 해를 도출
- 전체적인 글의 구성과 요약 정리(아이디어 도출과 구체적 방안, 효과, 대안, 설계 등의 의미 전환이 대단히 중요함)

& 본 론

논술(라이팅 모델)	글쓰기와 표현(Meaning Block Model)
• 디자인 및 논술 전략 • 이론 / 개념 및 문헌 활용 • 개념과 구성개념 적용 • 문제와 정의 연결하기 • 관점 비교 • 예시와 비유 • 분류 및 비교 • 적절한 해 도출하기 • 사례활용하기 • 사례와 해 연결하기	• 이론적 배경 • 기존이론 등의 한계점 혹은 보완점 등 • 한계점과 보완점을 극복하는 대안, 방안, 설계 혹은 효과 등

& 결 론

- 서론과 본론의 내용 요약하기
- 도출된 해의 사회적 공헌과 미래 가치 등 제시하기

제4장

Meaning Block Model

시리즈 I에서 출제된 문제를 분석하고 진단된 이론과 아이디어를 어떻게 논리적으로 연결할 것인가의 과정인 추론 방법을 사용하여 답안을 작성해야 한다. 그러나 시리즈 II는 경영학적 논술과 추론으로부터 구현된 프레임웍인 설계도면에 맞추어서 구체적으로 답안을 작성하는 글쓰기이다.

- 서론, 본론, 결론을 구축하고, 적절한 개념 및 이론(문헌과 이론적 배경 활용) 제시
- 경영학적인 용어와 표현으로 글쓰기

경영학적 글쓰기에서 핵심은 경영학적인 용어와 문장을 사용하여 경영학적인 의미 전달이 될수록 표현하는 것이다. 이런 표현으로서의 경영학적인 용어와 문장의 사용이 채점자에게 전달하고자 하는 내용을 명확하게 전달하게 될 것이다.

문장과 의미단위인 문장의 집합인 단락을 종이위에 문자로 기술하는 것이 최종적으로 가장 중요하다. 시간에 쫓기게 되면 글씨가 엉망으로 작성됨으로 명확한 의미 전달이 되지를 않는다. 그래서 평소에 사용하는 글쓰기 연습을 꾸준히 해야 한다.

경영학적 글쓰기를 위한 Meaning Block Model의 핵심은 문장과 의미단위인 단락을 구체적으로 답안지에 작성하는 것이다. 분석된 내용을 기초하여 답안작성을 하기 위해서 답안지에 어떻게 작성할 것인가에 대한 글쓰기 구성이 Meaning Block이다. 실제 답안지에 답안작성을 위한 방법으로 의미단위의 단락을 사용한다. Meaning Block은 문장의 집합인 단락과 단락의 집합을 의미한다.

<u>Meaning Block → 단락과 단락의 집합</u>

Meaning Block으로서 단락은 의미전달의 기본이며 전체 글 구성은 의미 단위인 단락으로 구성하고 이를 통해서 글쓰기를 완성한다. 실제 답안을 작성할 답안지에 어떤 구성과 내용을 기술할 것인가에 대한 전체적인 밑그림을 보여주는 것이 Meaning Block model이다. 다음의 [그림]에서 간략하게 설명하였다.

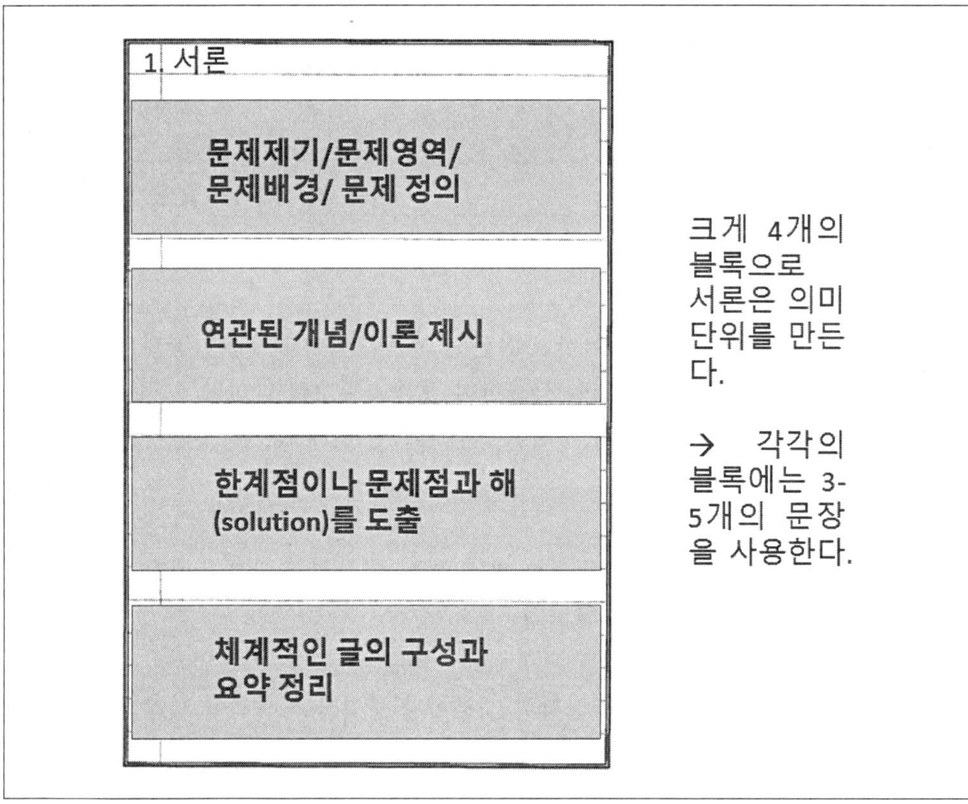

논술형은 답안지를 5장~6장을 사용하고, 첫 번째 장에는 서론을 기술한다. 서론은 크게 4개의 단락으로 구성하는 데 자세한 내용을 다음 장에서 설명할 것이다. 본론은 3장~4장으로 구성하고 이론적 배경, 문제점 및 한계점, 그리고 문제의 해로서 대안이나 설계 방안 등을 제시한다.

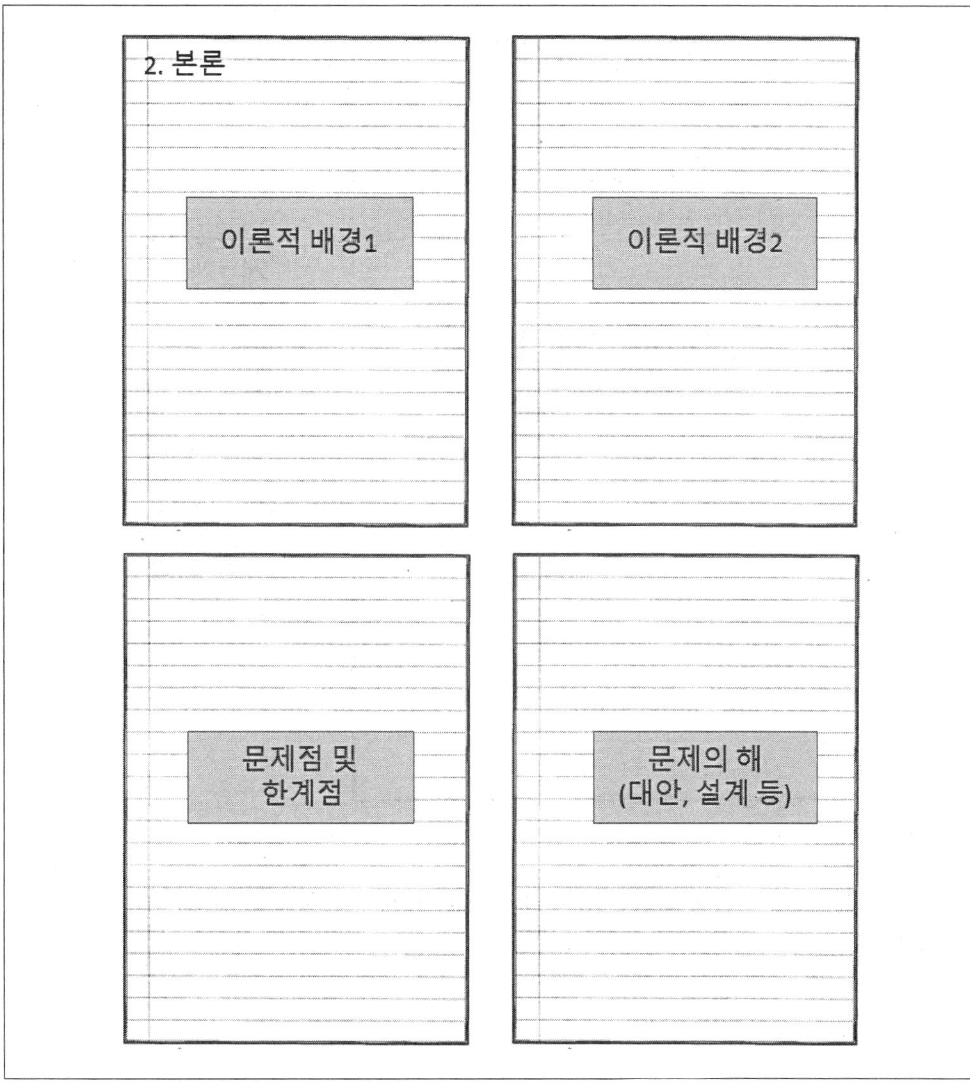

서론과 본론을 구성하는 답안지의 페이지 수를 어느 정도 결정하고, 답안 작성을 연습 혹은 훈련하는 것이 제한된 시간을 효율적으로 사용할 수 있는 방법이다. 결론은 두 개의 큰 meaning block으로 구성한다. 다음 장에서 자세한 설명을 하였다.

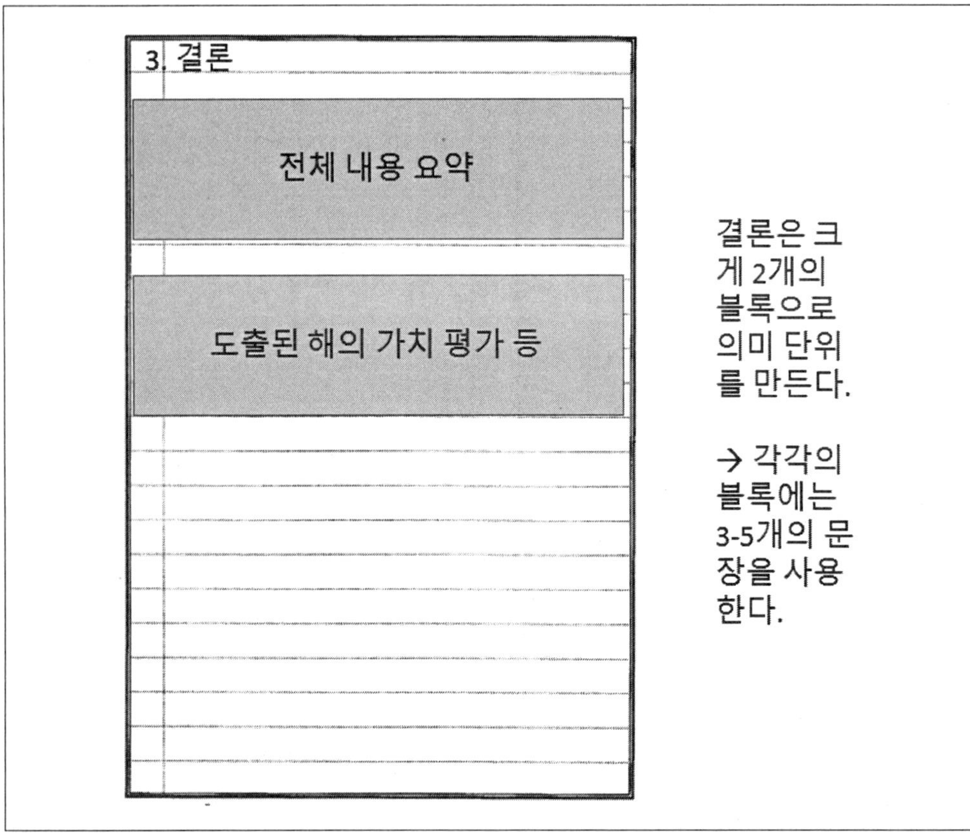

결론은 크게 2개의 블록으로 내용요약과 해와 아이디어의 가치를 설명한다. 시간이 부족하면 생략하면 된다.

제2부 답안구성과 작성 : 서론, 본론, 결론

제1장 글쓰기 절차(procedure) : Meaning Block Model

제2장 서론 만들기

제3장 본론 만들기

제4장 결론 만들기

제5장 단계와 실제 답안지 작성풀이

제1장

글쓰기 절차(procedure) : Meaning Block Model

최근 출제되는 제2차시험 문제는 범위가 넓고, 하나의 해(解, Solution) 가 존재하는 문제가 아닌 무수히 많은 해가 존재하는 문제이다. 제2차시험 문제는 더욱이 단순한 응답과 질의 및 정의 등을 기술하는 단순 암기형 문제가 아닌 논술형 문제가 출제되고 있다.

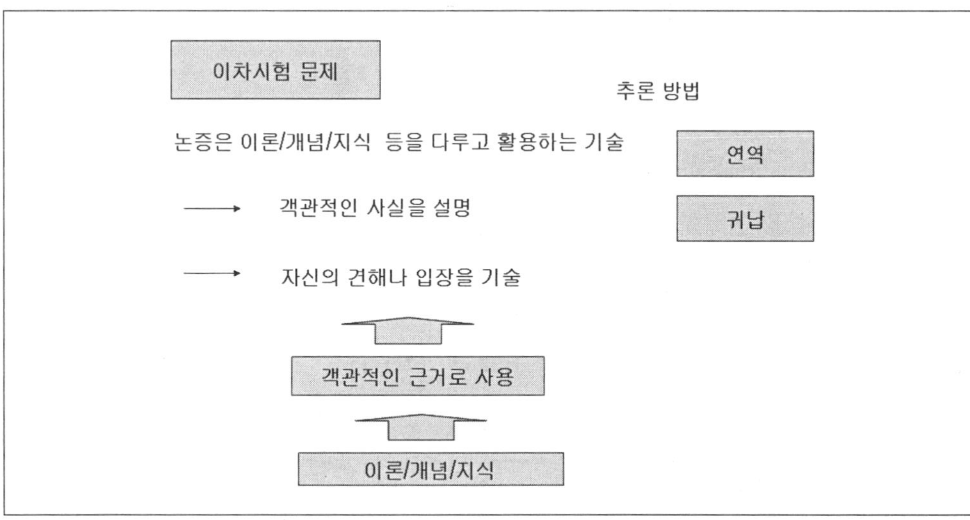

수험생은 출제된 문제에 대하여 답안을 작성하기 위해서 반드시 요구되는 것이 창의적인 아이디어이다. 이 아이디어를 구체적으로 정립해가는 과정이 대단히 중요하다. 특히, 아이디어의 독창성은 반드시 객관적인 근거로서 이론 / 개념 / 지식 등이 필요하다. 현실적인 경영이슈나 사례 등을 결합하게 되면 더욱 더 현실적인 문제에 근접한 답안작성이 될 것이다. 이렇게 아이디어와 이론 / 개념 / 지식 및 사례를 통하여 자신의 견해나 입장, 생각 등을 검증가능하게 도출하는 과정이 대단히 중요하다. 이런 과정을 통하여 자신의 견해나 입장, 생각 등이 창의적인 아이디어와 결합하게 되고, 창의적인 아이디어를 해법이나 대안 등 변환시키고 대안 등이 타당함을 검증하는 것이 중요하다.

가장 핵심적인 내용은 자신의 창의적인 아이디어가 객관적인 주장이나 입장이 되게 사실에 기반하여 진위와 타당성을 검증해야 하는 것이다. 그래서 답안작성을 논리적으로 추론하기 위해서는 적절한 절차(procedures)가 요구된다.

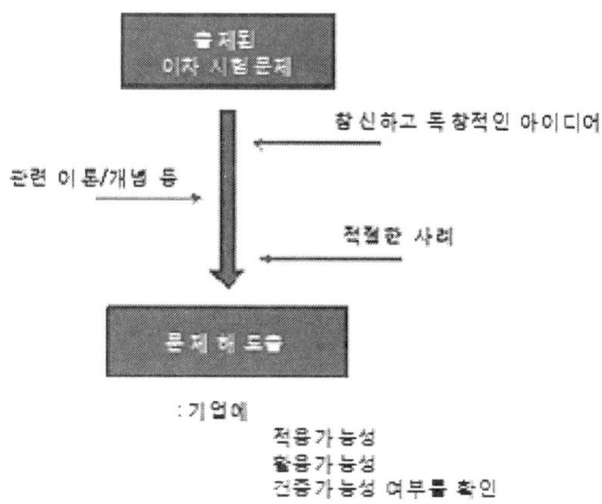

출제된 문제에서 설명하고자 하는 범위를 정하고 그 범위 안에서 인사노무 경영현상에서 설명의 대상을 선정하여 적절하고 창의적인 아이디어를 통하여 새로운 해법이나 대안을 제시하면 제시된 대안을 검증하고 설명하기 위하여, 적절한 이론과 문헌 등을 사용하여 고찰한다. 이 결과로부터 제시된 아이디어의 특성과 의미를 구체화하고 이것이 가지고 있는 인사노무 현상에 대한 특성을 제시한다.

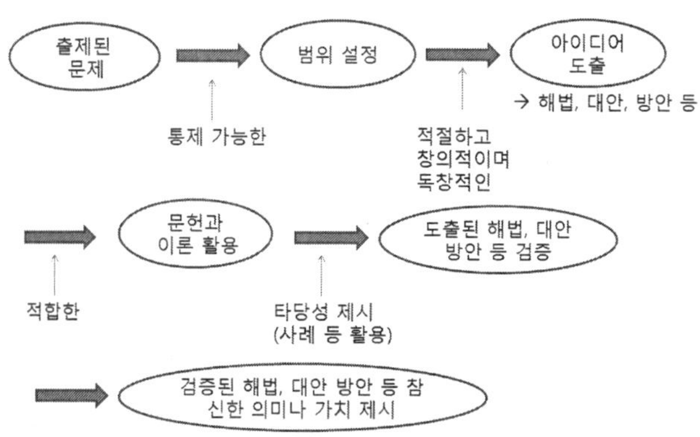

전체적인 답안작성의 논리도 실제로 답안지 안에 글로 즉, 문장과 단락으로 표현되고 작성되어야 한다. 답안지에 서론, 본론, 결론의 구성과 작성방법이 Meaning Block Model이다. 이 방법을 사용하여 실제로 답안을 작성하는 방법을 다음에서 설명하였다.

제2장

서론 만들기

서론은 제2차시험의 첫인상이며
얼굴이다.
맨 처음 대면하게 되는 것이 서론이다.

서론은 수험생이 작성한 답안에 무엇을 설명할 것인가에 대한 모든 내용을 간략하게 담고 있고, 수험생이 작성한 답안이 채점자가 쉽게 이해할 수 있는 방향키 역할을 하는 것이 서론이다.

1. 서론의 구성

출제된 제2차시험 문제에 연관된 배경과 현실적인 이슈 등이 담겨야 하며 그리고 관련된 이론 / 개념 등이 무엇인지가 기술되어야 한다. 현실이슈나 이론 등을 비교하여 아이디어를 창출하고, 아이디어의 의미를 구체화하기 위한 해법, 방안이나 대안 및 설계 등을 제시하며, 또한 가장 중요한 것은 논술 글 전체적인 방향을 제시하는 것이 서론이다.

서론의 구성요소

- 문제영역 → 문제배경/문제제기(문제범위 축소와 아이디어 도출) / 문제정의(아이디어를 구체적인 문장으로 선언)
- 연관된 개념 / 이론 제시(문제와 연관된 관점 / 시각을 설정)
- 문제 영역과 현실 이슈 등을 비교하여 한계점이나 문제점과 해를 도출
- 전체적인 글의 구성과 요약 정리(아이디어 도출과 구체적 방안, 효과, 대안, 설계 등의 의미 전환이 대단히 중요함)

서론에 제시되는 적절하고 창의적인 아이디어를 구체적이며 객관적인 기술이 가능한 내용으로 추론 혹은 변경하기 위해서는 서론을 구성하는 구성요소가 필요하다. 출제된 기출문제를 논술하기 위해서는 서론을 아래의 표의 순서 혹은 절차에 따라서 서술해야할 것이다.

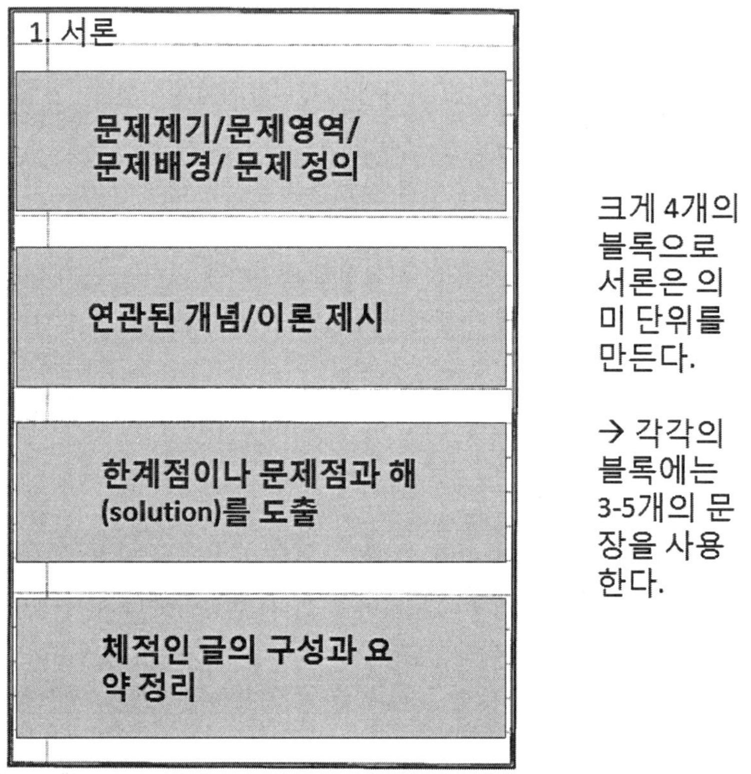

서론의 구성은 반드시 순서에 입각하여 작성하기 보다는 구성요소를 아이디어와 어떻게 연결하는 것이 좋은 지에 따라서 연결시켜 나가는 것이 중요하다. 즉 상황에 따라서 서론의 구성요소를 연결시키는 것이 중요하다.

서론에서 제기되는 문제의 영역과 배경 및 문제제기를 통하여 출제된 문제에 대한 해로서 설명이나 방안, 효과, 설계 등의 전체적인 방향을 설명해야 한다.

아이디어 도출 → 구체적인 해법(대안방안 설계 등)으로 변환

좀 더 효율적인 논술을 위하여 새로운 아이디어를 도출하고 그에 대한 의미를 기술하며 논증하는 것 또한 중요하다.

아이디어 도출의 핵심적인 요소는 출제된 문제에 맞는 해를 구하는 것이다. 이런 해를 구하기 위해서 가장 많이 사용하는 방법 중에 하나가 비교방법을 사용하는 것이다.

> **비교방법**
>
> → 비교라는 것은 대상의 특성을 두 가지 혹은 그 이상의 특징으로 비교하는 것이다.
>
> 예를 들어, 우수인재의 특성을 설명
>
> 전통적 기업 관점 vs 현대적 기업 관점
>
> 지역적 인재 vs 글로벌 인재
>
> 논술하고자 하는 대상의 특성을 두 가지의 관점에서 비교하여 그 의미를 구체화시키면서 그 특성을 설명하고 그로부터 아이디어를 도출하는 방법이다.

2. 문제영역 / 문제배경 / 문제제기

서론의 아이디어의 도출에 있고, 이 아이디어를 도출하기 위해서는 구성 요소인 문제영역 / 문제배경 / 문제제기의 핵심적인 요소는 문제의 범위를 좁히는 것이다. 최근의 출제되는 시험 문제는 범위가 너무 넓다. 너무 넓은 범위에서 아이디어를 도출하는 것은 너무 어렵다.

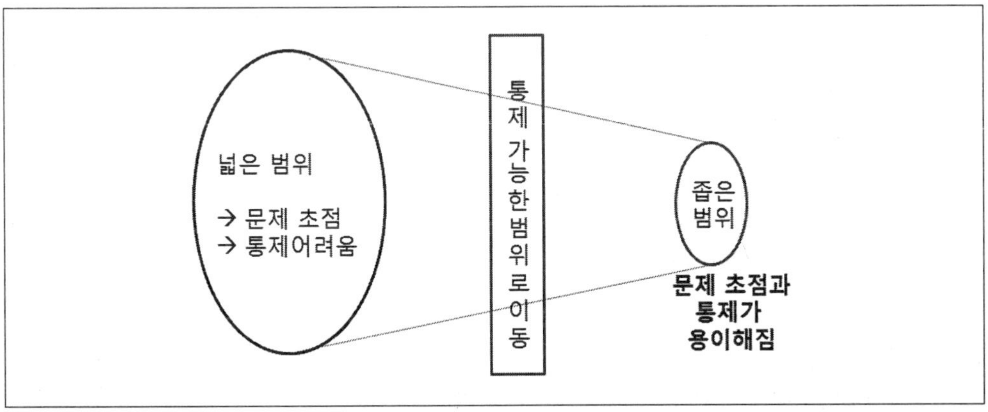

출제된 시험 문제의 범위가 너무 넓으면 초점과 통제의 어려움이 있다. 너무 넓은 범위에서 문제를 풀기 위한 해를 찾는 것은 너무 많은 해가 존재하므로 어디에 초점을 맞추어야 될지 혼란만 가중된다.

> 예를 들어 직무분석의 활용방안을 인적자원관리의 기능(확보·개발·평가·보상·유지·방출)관점에서 논하시오.(2012년. 50점)

기출문제에서 직무분석 활용방안을 인적자원관리 기능관점에서 논하게 되면 너무 많은 해가 존재하게 된다. 우수 인재의 관점에서 혹은 기업의 환경변화의 대응력 관점, 신시장 진출의 관점, 기업 내부의 효율성 관점 등 수 많은 관점에 따라서 각기 다른 논점과 활용방안이 제시될 수밖에 없다. 이렇게 너무 넓은 범위와 많은 관점이 존재하므로 이 중에서 하나의 관점과 영역으로 범위를 좁히는 것이 요구된다. 범위를 줄이며 아이디어를 도출해가는 과정을 문제영역 / 문제배경 / 문제제기의 서론 구성요소를 통해서 다음에서 설명할 것이다.

〈문제영역〉

문제영역은 출제된 이차시험 문제의 범위이다. 최근 출제 경향은 이 범위가 너무 넓다. 따라서 이 범위를 특정의 현실이슈나 아이디어 혹은 이론적인 배경 등을 기반하거나 관점이나 시각을 통하여 줄이거나 작은 범위로 문제를 집중화시킬 필요가 제기된다.

문제영역에서 범위를 줄이는 방법은 현실 이슈와의 연관성을 탐색하는 것이다. 현실이슈는 기업이 경영상의 현실적이며 실천적인 문제에 대한 경영학적인 해를 요구하는 영역이다. 특히 인사 / 노무관점에 초점을 맞추어야 한다.

> **현실이슈**
>
> → 현실이슈는 기업이 경영상(인사 / 노무관점)의 현실적이며 실천적인 문제에 대한 경영학적인 해를 요구하는 영역이다.
>
> 예를 들어
>
> - 우수인재의 관점
> - 기업 외적 환경의 동적 변화에 대한 대응력
> - 기업내부의 효율성
> - 신 시장진출 등
> - 통상임금
> - 글로벌 인재와 문화
> - 스마트워크와 정보기술인력

→ 수 많은 현실적인 이슈 등이 존재한다.
→ 특히 이 현실적인 경영 이슈 중에서 인사 / 노무 쪽에 더욱 더 초점을 맞추어야 한다.

범위를 축소하였으면 이로부터 아이디이를 도출하기 위해서는 필요한 것이 현실이슈와 주어진 문제를 연결하여야 한다. 즉 출제된 범위와 현실적인 경영이슈 특히 인사 / 노무와 연관된 인적자원관리의 다양한 현실 이유와 연관해서 수험자 본인이 기술하거나 논술하기 가장 용이한 영역을 탐색하는 것이 문제의 해를 도출하는 핵심적인 요소이다.

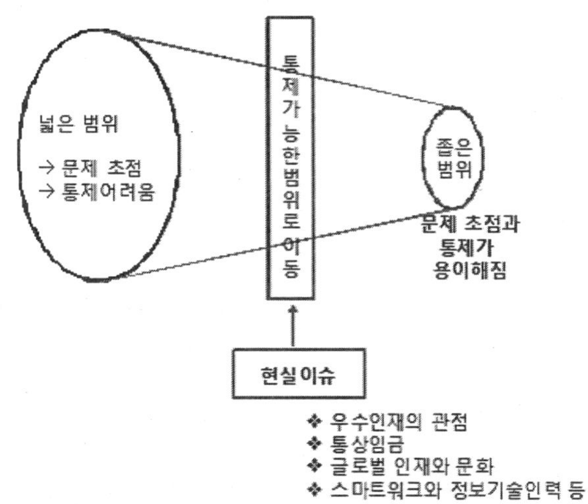

현실이슈를 통하여 문제를 풀기 위한 초점을 이동하고 통제 가능한 영역으로 이동하는 것이 논술문제를 푸는데 있어서 핵심적인 요소이다. 출제된 문제를 통제 가능한 영역으로의 이동은 수험자의 학습 능력과 사전에 준비된 현실이슈 등을 기반하여 숙련된 영역에서 문제를 푸는 것이 핵심이다.

현실이슈를 통하여 문제 영역을 축소하였다면 다음 단계는 아이디어를 도출하는 것이다. 아이디어를 도출하기 위해서는 현실이슈와 연관된 다양한 관점이나 이론적 / 개념적 등의 비교를 통하여 아이디어를 도출하여 타당성과 필요성을 제기한다.

비교의 관점을 사용해라

- 현대적 기업과 전통적 기업
- 환경의 예측성과 불확실성
- 대량생산과 맞춤 생산 등

예를 들어 전통적 기업과 현대 기업을 비교하는 방법을 사용한다. 전통적인 기업이 효율성 중심의 인재를 요구한다면 현대 기업은 능동적이고 창조적이면 현실 대응적인 인재를 요구하게 된다. 이런 비교를 통하여 새로운 관점을 도출하고 아이디어를 만들어 낸다.

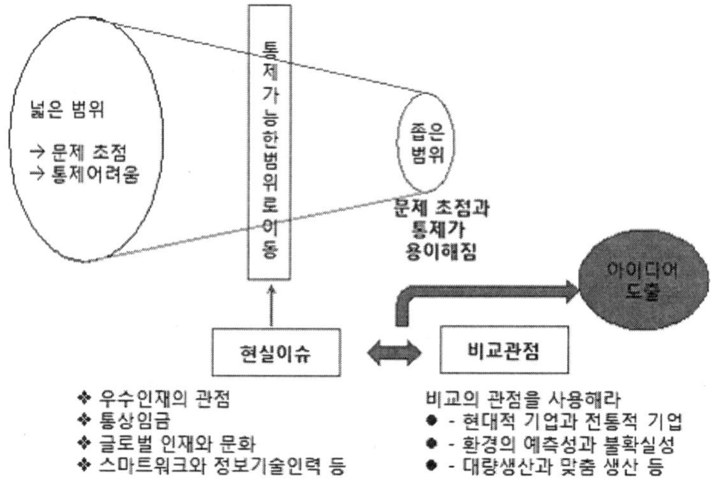

즉, 우수 인재의 현실적 이슈를 통해 범위를 축소하고 현대적 기업과 전통적 기업의 관점을 비교하여 아이디어를 도출하는 것이다.

<u>문제영역의 핵심은 문제의 범위를 축소하고 창의적인 아이디어를 도출하는 것이다.</u>

문제영역에 대한 평가 기준

출제된 시험 문제의 범위를 축소함으로써 문제의 초점과 통제라는 목적을 달성할 수 있다. 이런 통제와 초점을 달성할 수 있는 범위는 설명할 수 있는 내용인가? 논증이 가능한 영역인가, 현실적이며 실제적으로 관찰이 가능한가를 평가해야 한다.

너무 지나치게 개인의 주관적인 경험과 내용이 결합하는 것을 방지하기 위하여 이론 / 개념 혹은 실질적인 사례 등을 활용하게 된다. 이에 나타나지 않은 범위와 내용들은 가급적 회피하는 것인 문제의 범위를 축소하는 중요한 내용이다.

문제영역 선택 시 고려 사항

❖ 문제 영역에 대한 평가 기준

➤ 설명할 수 있는 내용인가......

설명이 가능한 영역인가를 고려하고, 설명할 수 없는 부분이면 이를 제외한다.

➤ 논증 할 수 있는 영역인가......

자신이 가지고 있는 능력으로 너무 해결할 수 없는 무리한 주제영역을 선택하는 것을 배재한다.

➤ 현실적이며, 실재적으로 관찰이 가능한가.......

너무 현실가 괴리되고, 유리되어 현실성이 없거나, 실재로 현실속에서 과낮되거나 발견되지 않는 영역은 제외한다.

⇨ 실재적인고 현실적이며 검증 가능한 것에 집중하라....

출제된 제2차시험 문제의 범위는 너무 넓다. 이 넓은 범위를 축소하게 되면 좁은 범위는 많이 나타나게 된다. 이를 선택할 시 다음과 같은 고려사항이 있다.

❖ 문제 영역을 선택 시 고려할 사항

➢모든 것을 다알고 있는가????

주어진 문제에 대하여 모든 것을 알 수있고 이에 대하여 논지를 제시하여 갈 수 있는가의 문제이다.

➢모든 것을 다 설명 할 필요가 있는가????

특정 논증 영역에 대하여 주어진 문제와 관련되어 있는 모든 사항을 다 언급하고 이를 설명할 필요는 없다

➢제안된 시간에 어떻게 하는 것이 효율적인가????

특정한 관점가 특정의 영역을 선정하여 이를 설명하는 것이 시간적인 효율성이 높고 또한 집중적인 설명이 용이해진다.

⇨ 구체적인 것에 집중하라......

(예제1)

예를 들어, 직무분석의 활용방안을 인적자원관리의 기능(확보·개발·평가·보상·유지·방출)관점에서 논하시오.(2012년. 50점)

> 직무분석과 인적자원관리 기능 전체에 대한 범위는 너무 넓다. 넓은 범위를 줄이면서 집중할 수 있는 영역을 우선 찾는 것이 대단히 중요하다.

문제에서 직무분석의 활용방안이 주요한 이슈이다. 이 이슈와 연관된 다양한 관점과 의미 해석이 가능하다. 전체에 대한 구조를 아래 [그림]에 묘사하였다.

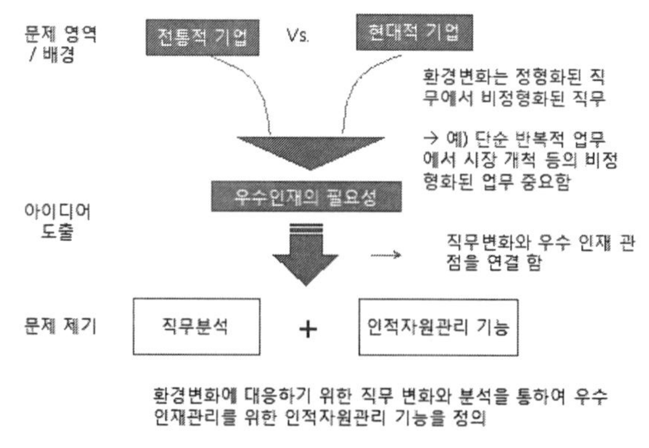

〈문제영역〉

문제의 영역을 축소하기 위해서는 현실적인 이유를 고려하는 것이 중요하고 문제 배경을 통하여 관점과 시각을 도출하는 것이 중요하다. 즉 현실적으로 직무분석 활용방안에서 중요한 이슈는 무엇인가를 우선적으로 고민하는 것이 대단히 중요하다. 왜냐하면, 출제된 문제의 해는 무수히 많을 수 있으므로 어떤 현실적 이슈 및 관점과 시각에서 문제를 접근하는가에 따라 무수히 많은 관점과 시각 및 문제의 해 등에 도출될 수 있기 때문이다.

최근 기업들이 직무분석의 활용방안을 인적자원관리의 기능(확보·개발·평가·보상·유지·방출)관점에서 요구되는 가장 최근의 이슈 등은 우수인재의 확보와 관리이다. 즉 인적자원관리의 확보는 기업의 미래 성장 동력의 근간이며 기본이기 때문이다. 또한 최근에 많이 이슈화되는 분야 중에 하나가 통상임금의 문제이다. 이런 다양한 현실적인 경영학적인 인적자원관련 이슈는 새롭게 나타나고 다양한 관점을 가지고 있다.

〈문제배경〉

문제배경은 출제된 문제와 연관된 현실적인 이슈나 이론적인 배경에 대한 의미와 타당성이나 필요성 등을 제시해 주는 것이다. 특히 문제가 왜 제출되었나에 대한 영역을 탐색하기 위해서 중요한 배경이 된다. 본론에서 제기되거나 설명되어야 할 이론 / 개념적인 배경이 된다.

문제배경의 핵심적인 요소는 축소된 범위와 도출된 아이디어의 타당성과 필요성에 대한 현실적이며 실천적인 측면과 이론적이며 개념적인 측면의 근거가 되어 준다.

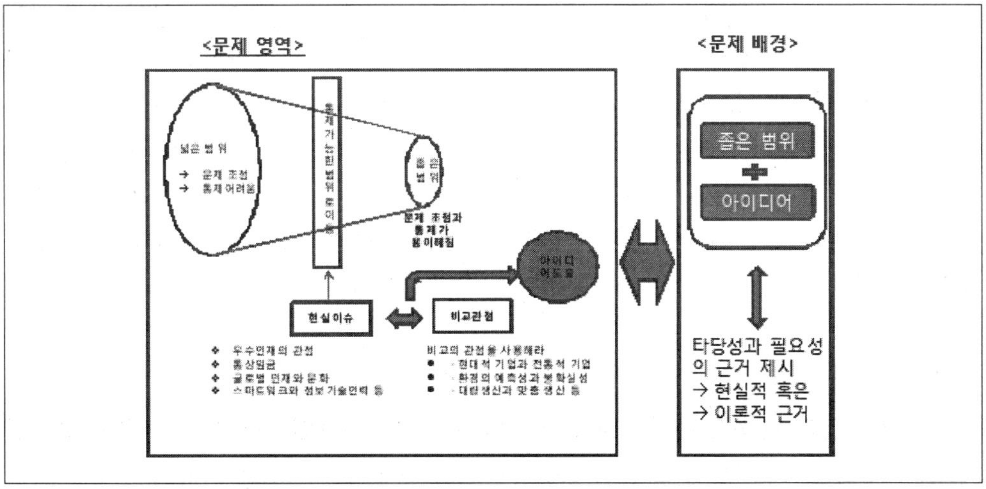

특히 문제의 배경을 문제의 영역 앞 부분이나 뒤 부분에 어디에 둘 것인가는 상황에 따라서 수험자의 특성에 따라서 고려하는 것이 바람직하다.

예를 들어, 전통적 기업과 현대적 기업의 관점에서 인사노무의 경영관점은 수많은 이론적인 현실적인 이슈들이 담겨 있다. 전통적인 기업과 현대적인 기업특성이 다르다. 전통적인 기업은 대량생산을 중심으로 한 효율적이며, 비용절감을 중심으로 기업을 운영한다. 그러나 현대의 기업은 환경의 예측 불가능 문제를 대량생산이 아닌 고객 맞춤형 생산방식과 고객지향적인 특성을 가지고서 운영한다. 그래서 현대 기업은 외적인 환경변화를 예측하고 감시하는 능력을 가진 인재가 상대적으로 더 우수한 능력을 가지고 있다. 이런 차이를 문제 배경에 제시함으로써 문제의 범위의 근거 등을 제시한다.

(예제 1)

다양한 현실적인 이슈 중에서 우수인재의 확보를 전통적인 기업과 현대 기업의 차이를 비교하여 아이디어를 도출하는 것이다. 특히 전통적인 기업과 현대 기업에서 직무특성에의 변화가 있다.

	전통적 기업	현대적 기업
직무 특성	- 효율적인 업무 수행 - 정형화되고, 규정된 혹은 메뉴얼화된 업무 수행	- 창의적이며 새로운 가치 창출 업무 - 비정형화되고, 스스로 규율하는 업무 수행

우수인재에 대한 전통적인 기업과 현대 기업에서의 차이가 있다. 전통적인 기업에서는 효율적이며, 정형화되고 규정된 혹은 메뉴얼화된 업무을 수행한다. 그에 반해 현대 기업들은 창의적이며 새로운 가치 창출업무를 수행하며, 비정형화되고 스스로 규율하는 자율적인 업무를 중심으로 수행한다. 이에 따라 우수 인재을 바라보는 관점이 다르다. 따라서 전통적인 기업의 우수 인재는 정형화된 업무에 집중하고 성실하게 수행하는 인재가 우수인재다. 그러나 현대 기업의 우수인재는 창의적이며 새로운 가치를 창출하고 비정형적이며 스스로 규율하는 업무를 수행하는 인재이므로 다양한 경험과 지식 및 상황변화에 따른 대처 능력이 우수한 인재를 우수인재라 한다.

〈아이디어 도출〉

현대적 기업과 전통적 기업의 직무방식에 따라 우수인재를 바라보는 시각이 달라진다. 따라서 전통적인 직무분석방법과 활용방안은 현대적인 기업에 적용하는 것은 어렵다. 특히 현대 기업의 우수인재인 다양한 경험과 지식 및 상황변화에 따른 대처 능력이 우수한 인재를 관리하기 위한 인적자원관리 기능은 변화되어야 한다. 따라서 현대적인 직무분석 방법의 활용방안에 대한 인식전환이 요구될 수밖에 없다.

〈문제제기〉

문제제기는 전체적으로 출제된 문제에 대하여 어떤 관점으로 어떤 현상을 어떻게, 그리고 무엇에 대하여 논술할 것인가에 대한 목적을 제시하는 것이다. 즉 출제된 문제의 의도에 맞는 질문을 제시하고 그에 대한 해법을 논증하기 위한 방향을 제시하는 것이 문제제기이다.

> 가장 핵심적인 내용은 아이디어를 구체적인 효과, 방안, 대안, 혹은 설계 등으로 변환하기 위한 기본적인 가정이나 연관된 실천적 사례나 의미 등을 연관시키는 것이다.

문제제기는 아이디어를 통하여 어느 영역에서 어떻게 문제를 풀어서 해를 도출할 것인가에 되는 방향과 의미 등을 제기하며, 전체적인 논술의 목적이 구체적으로 제기되는 영역이다.

❖ 문제제기

논술이 어느 영역에서 어떻게 시작할 것인가를 제시하는 시작되는 영역을 의미한다

❖ 논술의 목적

논술을 작성하는 작성자가 무엇을 진술하고, 기술하고자 하는 지에 대한 의도나 뜻을 좀 더 명확하게 제시해주는 것이다.

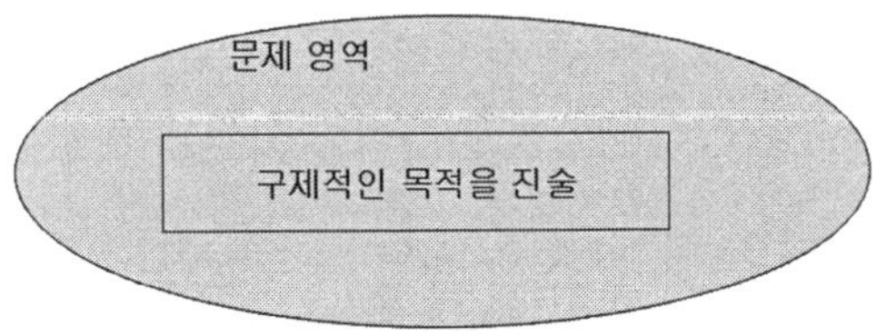

문제제기에서 도출된 아이디어는 전체적인 논술의 방법과 목적을 좀 더 구체적으로 진술하는 것이다. 즉 해가 무엇인지와 무엇을 논술하게 될 것인지에 대한 구체적인 방향과 특성을 기술한다.

〈문제영역 / 문제배경 / 문제제기〉의 가장 핵심적인 역할은 독창적이고 창의적인 아이디어의 도출이다. 이 아이디어 도출이 가장 핵심적인 요소이다.

❖이차 시험 전체를 위한 관점을 어떻게 세울 것인가???

좋은 문제제기란, 한 개 또는 두 개의 문단에 의해, 제기되는 전체 문제에 대한 해답을 주는 것이다.

또한 관련 논점과 자료를 종합하여 논증전체가 어떻게 진행되고, 또한 진행되는 각각에 대한 이유가 무엇인지를 알려준다.

⇨ 모든 일 이 그렇듯이 처음 출발이 무엇보다 중요함을 잊어서는 안된다

좋은 문제제기는 아이디어를 통하여 문제 전체에 대한 해답을 제시하는 것이다. 즉 아이디어의 도출과 이를 구체화시켜 주는 과정이 중요하다. 문제정의에서 아이디어를 구체화시켜 주기 위한 이론과 개념 혹은 사례 등과의 관계를 어떻게 설정할 것인가를 설명할 것이다.

❖ 문제 규명의 필요성의 원천

➢ 계획된 의미와 의도

전체 논술의 일관성은 논술자에 의해서 계획되고 의도 된 것이다.

➢ 새로운 아이디어의 획득

문제 규명의 중요한 원천은 새로운 아이디어의 획득이다

관찰가능한 다양한 영역들을 비교하고 분석하는 과정을 통해서 규명되는 문제영역에 대한 규명을 통해서 다양한 아이디어를 얻을 수 있다.

문제제기를 통하여 문제를 어떻게 규명할 것인가에 대한 문제규명은 전체적인 논술에 대하여 수험자가 어떻게 진행하고 어떤 의도를 담고 있는지를 보여 주어야 한다. 이런 계획된 의미와 의도는 새로운 아이디어를 통하여 명확하게 제시된다.

올바른 문제의 규명은 모든 것에 시발점인 동시에 핵심적인 과정이다.

→ 올바른 문제 규명이 안되면 시간과 논점의 불일치가 발생한다.

❖ 문제 규명의 필요성의 원천

➢ 의도 되지 않은 의미와 의도

문제 규명은 논술자의 의도와 뜻을 객관적인 관찰과 자료에 의해서 규명하고자 하는 영역인데 여기에 의도하지 않은 의미나 개념이 들어가는 것을 배재해야 한다.

→ 전체에 일관성을 부여해 준다.

문제제기를 통하여 문제에 대한 규명은 아이디어를 통하여 어떻게 기술하거나 논술할 것인가에 대한 수험자의 전체적인 의도와 계획이 드러나게 되고, 이를 통하여 논술 전제에 대한 일관성을 부여하게 된다. 이런 일관성을 통하여 본론에서 잡다하게 너무 많은 내용 등이나 개념과 이론의 활용 등의 방향성을 가지게 된다. 구체적인 사례는 기출문제를 통하여 설명하였다.

예제 1.

〈문제제기〉

전통적인 기업의 특성과 현대 기업의 특성을 비교하여 최근 현실적인 문제에 핵심적인 요소가 우수인재의 확보이다.

직무분석	+	인적자원관리 기능

→ 우수 인재의 확보 관점에서 직무분석의 활용방안을 인적자원관리 기능과 연결하여 설명한다.

→ 인적자원관리의 기능(확보·개발·평가·보상·유지·방출)관점

		전통적 기업관점 (정형된 직무)	현대적 기업관점 (비정형되고, 창의적 직무)
인적자원 관리기능	확 보	- 전통적인 선발 도구	- 심층면접, 사업계획서 작성 등
	개 발	- 한 분야의 전문가 양성	- 다양한 경험에 양상 및 환경 대응 능력 배양
	평 가	- 직무 수행 평가	- 새로운 가치나 개선 중심의 평가
	보 상	- 단일한 보상체계	- 다양한 보상체계
	유 지	- 정형화된 직무 중심 유지	- 창의적이며 가치 창출 중심
	방 출	- 방출 시점까지 관리	- 방출 이후에도 관리

현대적 기업에서 나타나는 비정형되고, 창의적인 직무분석에 요구되는 직무분석 방법을 정립할 필요가 있다. 직무분석은 직무에 대한 정보를 수집하고 수집된 정보를 분석하여 직무의 내용을 파악한 다음, 각 직무의 수행에 필요한 지식, 능력, 숙련, 책임 등의 제요건을 명확히 하는 일련의 과정을 의미한다. 현대적 기업관점에서 요구되는 가치창출능력, 환경대응능력 등을 분석할 수 있는 방법을 제시한다.

주의 사항

문제제기에서 제시되는 문제는 전체적인 모든 인적자원관리 기능에 대하여 기술하여도 무방하고 특정한 어떤 한 가지를 중심으로 논술하여도 좋다. 수험자의 학습능력 등을 고려하여 논술한다.

3. 연관된 개념 / 이론 제시(문제와 연관된 관점 / 시각을 설정)

문제제기로부터 아이디어를 구체화시키기 위한 문제정의 단계를 거치게 된다. 이 과정에서 수험자(글쓰는 이)와 채점자(글 읽는이)의 관계를 보정해 주어야 한다.

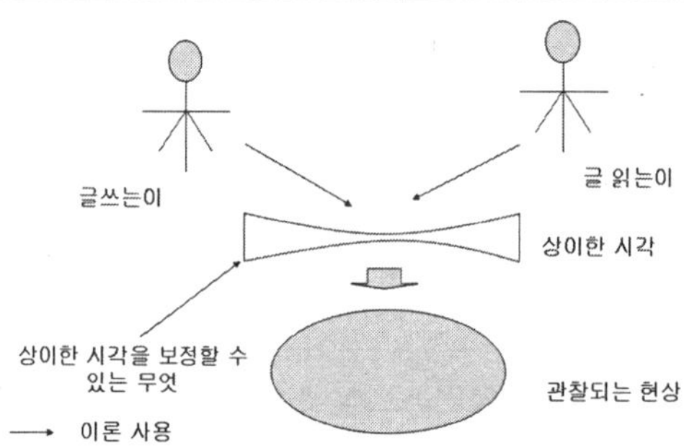

또한 문제정의에서 문제에 대한 구체화된 해로서 대안, 방안, 효과, 설계 및 차이에 대한 의미를 구체화시키고, 객관성을 확보하기 위해서 더욱더 요구된다. 문제의 의미를 구체적인 의미로 바꾸어 주는 과정이다. 또한 문제와 연관된 관점 / 시각을 설정하면서 이론적인 방향을 제시해주면서 전체에 대한 사고와 개념의 틀을 제시한다.

➢글쓰는 이와 글 읽는 이의 생각의 공유

각기 상이한 시각을 가지고 있는 두 주체간에 상호 생각의 공유를 가지게 하는 매개체 역활을 한다.

➢관찰한 사실과 이전 사실과의 차이점 부각

우리가 설명하거나 이해하고자 하는 사실과 설명해야 될 사실사이에 발생하는 차이점이 무엇이고 이것이 왜 설명되어야 하는지에 대한 이유나 근거를 제시

➢ 전체에 대한 개념적 틀 제시

설명하고자 하는 글에 대한 전체의 구성과 우리가 제시하고자 하는 대안이 어떤 의미를 가지게 될 것인지에 대한 근거를 제시해 준다.

서론에서의 이론적 배경으로서 연관된 이론과 개념은 본론에서 기술될 내용에 대한 범위를 결정하는 역할을 한다. 너무 자세하게 기술할 필요는 없고 가급적 글머리 기호 등을 사용하여 한눈에 들어오게 정리하고 보여주는 것이 중요하다. 또한 이론과 개념의 범위는 크게 3~5개 이상 넘지 않도록 하는 것이 중요하다.

(예제1)

〈연관된 개념 / 이론 제시〉

직무를 분석하는 방법과 이를 적용하고 활용하는 인적자원관리방법을 가치 창출과 환경대응능력 두 가지 관점에서 직무분석 활용방안을 설명할 것이다.

- 가치창출과 환경대응능력에서 직무분석
- 인적자원관리기능
- 직무분석활용 방안과 적용

→ 필요에 따라서 위의 상위개념의 하위개념들도 간단하게 수험자의 특성과 출제된 시험문제의 상황에 따라서 변화를 주어도 무방하다.

4. 문제영역과 현실이슈 등을 비교하여 한계점이나 문제점을 도출과 해

제2차시험 문제에 대한 해를 설명하기 위한 논증은 참과 거짓으로 진술되는 명제들의 집합이다. 이 명제들의 집합이 특정한 형태나 구조를 가지고 있을 경우에 논증이 된다. 특정한 형태나 구조는 추론을 의미하며 주로 연역적 추론에 기반하는 이론과 사례의 관계를 설명하였다. 이 과정을 통하여 아이디어를 좀 구체화시켜 줄 수 있는 사례 등이나 예시 등을 좀 더 명확하게 제시해 준다.

참고

출제된 문제나 수험자 상황에 따라서 이 부분은 생략할 수 도 있다. 아이디어를 구체적인 해로 전환하기 위해서 사례나 새로운 방식 등이 생각나지 않을 경우는 생략하여도 무방하다.

문제의 해에 대한 이론과 특정 개념을 사용하여 설명하고 그 설명에 대한 근거 등이 논증이다. 즉 논증은 설명을 담은 명제와 그 설명의 근거에 해당하는 명제들로 이루어 져야 한다. 또한 논증은 참이거나 거짓인 문장들(사실이나 진술 등)로 이루어져야 한다.

즉 제2차시험에서 문제의 해를 제시하고 설명하기 위한 글은 참이거나 거짓은 문장들이며, 특정의 인사노무에서 나타나는 현상에 대하여 참이나 거짓인 문장으로 기술되거나 설명된 내용이 사실이거나 참이라는 것을 증명하거나 검증하는 것이 가장 중요하다.

논증은 수험자가 제시되는 문제에 적합한 해가 되도록 명제(설명, 설계, 주장 등)와 그 명제에 대한 근거로 제시하는 명제들의 집합으로 구성된다. 이 때 수험자가 제시하는 해의 명제를 결론(conclusion)이라 하고, 그 근거들을 전제(premise)한다. 즉 최종적으로 표현되는 해의 명제인 결론은 구체적인 대안, 방안, 효과, 차이, 설계 등등의 형태로 구체적으로 제시되어야 한다. 제2차시험을 위한 논증은 제시된 문제에 해인데 이 해에는 결국 전제 혹은 가정과 결론으로 이루어져야 한다.

위의 서론의 구성 요소에서 아이디어를 좀 더 세밀하고 구체화 시켜주는 과정을 이 과정을 통하여 한 번 더 강조하면서 새로운 대안이나 방안, 설계, 효과 및 차이 분석 등의 의미를 구체화시켜주는 과정이다.

(예제1)

〈문제영역과 현실이슈 등을 비교하여 한계점이나 문제점을 도출〉

직무특성의 변화가 정형화된 직무에서 비정형화된 직무로 변화되고 있고, 정적인 환경변화에서 동적인 환경변화로 현대 기업의 환경은 변화되었다. 이런 직무 특성을 정적인 직무 특성에서 동적인 직무 특성을 반영하고, 이런 환경변화를 추도하는 정보통신기술 변화 등에 나타나는 특성은 전통적인 인재상인 효율적인 특성에 환경대응적이며 가치 창출적인 인재상이 요구된다. 따라서 새로운 인재상인 환경변화의 특성에 적합한 인재상으로서 정보통신기술에 능하고, 새로운 가치 창출을 위한 다양한 지식과 경험으로 가지고 있는 인재를 관리하기 위한 방안을 전통적인 기업의 인적자원관리 기능을 비교하여 직무분석의 활용방안을 제시하고 적용한다.

5. 전체적인 글의 구성과 요약 정리(아이디어 도출과 구체적 방안, 효과, 대안, 설계 등의 의미 전환이 대단히 중요함)

서론의 마지막 구성요소로서 서론 전체에 대한 마무리와 본론과 결론의 글을 어떻게 구성할 것인가를 설명하는 구성요소이다.

→ 시간이나 시험 출제, 수험자 등의 상황을 고려하여 생략하여도 무방하다.

단순하게 요약정리 보다는 전체적으로 문제의 해인 아이디어의 구체적 방안, 효과, 대안, 설계, 차이분석 등을 어떻게 본론에서 논술하고 논증할 것인가를 한 번 더 강조하면서 수험자가 전체적인 시각과 방향을 최종적으로 점검하고 제시하는 것이다.

제3장

본론 만들기

제2차시험 문제는 종합적으로 인사노무와 연관된 기업의 경영현상에 대한 지식을 가지고서 특정의 인사노무와 연관된 현상, 예를 들어 직무, 모집 / 선발, 교육, 인사고과 승진, 노동조합 등의 문제에 대한 설명과 새로운 대안 등을 제시하고 설명하는 것이다.

라이팅 모델	Meaning Block Model
& 본론 • 디자인 및 논술 전략 • 이론 / 개념 및 문헌 활용 • 개념과 구성개념 적용 • 문제와 정의 연결하기 • 관점 비교 • 예시와 비유 • 분류 및 비교 • 적절한 해 도출하기 • 사례활용하기 • 사례와 해 연결하기	& 본론 • 이론적 배경 • 기존이론 등의 한계점 혹은 보완점 등 • 한계점과 보완점을 극복하는 대안, 방안, 설계 혹은 효과 등

서론으로부터 제시되는 문제제기에 적합한 해를 검증하고 논리적으로 추론하기 위한 연관된 개념 / 이론을 기술하고, 적합한 관점이나 시각을 제시하여 아이디어가 의미있으며, 발전적으로 기술하고 아이디어가 해로서의 의미를 가질 수 있게 설명하는 것이 본론이다. 아이디어가 해로서 발전하기 위해서는 기존현상에 대한 문제점이나 한계점 등을 잘 연결하여 논리적인 문제점 등을 극복해야 한다.

본론은 너무 장황하게 많은 것을 설명할 필요는 없다. 제기된 문제와 연관된 이론이나 개념 혹은 사례 등을 통하여 객관적인 진술과 검정이 되게 하는 것이 가장 중요하다.

Meaning Block Model을 사용하여 서론과 본론 및 결론의 구성요소는 아래와 같다. 서론 글 전체에 대한 모든 내용을 담고 있으며, 글 전체의 방향을 제시하는 것이 가장 중요하며, 맨 처음 글을 읽게 되는 시작점이므로 모든 것을 담고 있어야 한다. 그에 반해 본론은 서론에서 제기한 내용을 논증하거나 검증하는 단계이므로 상세한 이론적 배경과 문제점 및 한계점 그리고, 문제의 해를 제시해야 한다.

논술
서론 : 문제제기와 해결방안 본론 : 이론적 배경과 해결방안 논증 결론 : 해결방안 요약과 재해석 → 문제제기를 통한 논증과 추론은 논리적 흐름으로 이에 적합한 절차와 방법이 요구되고, 적절한 구성요소인 이론과 개념을 통한 분석과 논증이 요구되어, 논증 등에 적합한 방법이다.

& 서론

- **문제제기/문제영역/문제배경/ 문제 정의**
- **연관된 개념/이론 제시(문제와 연관된 관점/시각을 설정)** → 이론적 배경
- **문제 영역과 현실 이슈 등을 비교하여 한계점이나 문제점과 해(solution)를 도출** → 기존이론 등의 한계점 혹은 보완점 등 / 한계점과 보완점을 극복하는 대안, 방안, 설계 혹은 효과 등
- **전체적인 글의 구성과 요약 정리(아이디어 도출과 구체적 방안, 효과, 대안, 설계 등의 의미 전환이 대단히 중요함)** → & 결론

& 본론

- **이론적 배경**
- **기존이론 등의 한계점 혹은 보완점 등**
- **한계점과 보완점을 극복하는 대안, 방안, 설계 혹은 효과 등**

& 결론

본론작성 답안지활용과 Meaning Block Model

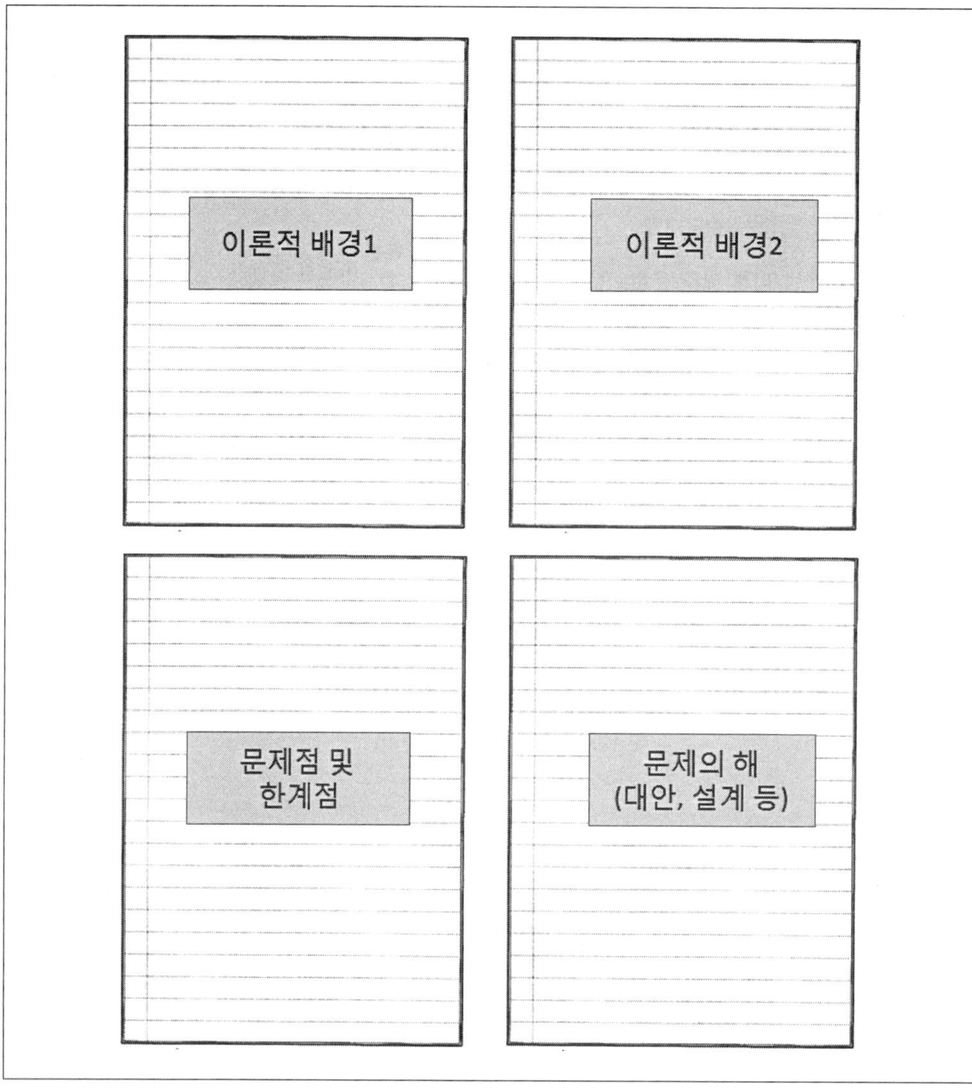

본론은 전체적으로 3장~4장으로 구성되도록 하며 각각의 장에는 역시 3장~4장의 Meaning Block이 들어가게 구성한다.

1. 디자인 및 논술 전략

본론은 서론에 대한 이론 / 개념을 통한 근거를 제시함으로써 서로에서 제시된 아이디어의 구체적인 형태인 방안, 설계, 효과, 차이 등을 논술을 통해서 검증하는 핵심적인 요소이다.

❖ 디자인의 의미

초기에 제기된 전체의 문제와 객관적인 기술 과정에서 사용될 객관적 이론과 개념 사이의 연결방법

초기에 제기된 문제가 일관성 있게 검증되기 위한 과정을 위한 전체의 모양 혹은 프레임워크를 제기

제기된 문제에 대하여 해결된 방법을 제시하는 데 필요한 전반적인 구조이며 계획이다

개념과 이론에 대한 분석 및 결론에 이르는 모든 활동을 논리적으로 계획을 세워 강구하는 것이다.

서론에서 축소된 범위에의 의해서 제기된 문제의 해를 어떻게 설명해 갈 것인가에 대한 전체적인 그림 즉 설계(design)을 제시하는 것이다.

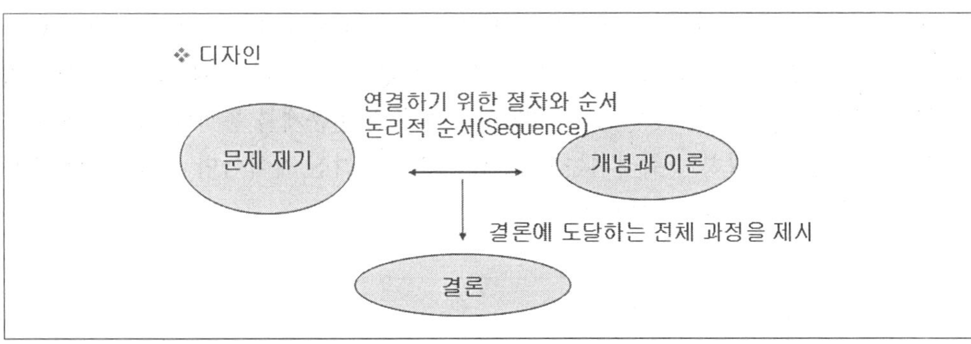

디자인이란 서론에서 제기된 문제제기와 이론적인 근거로서 이론 / 개념을 연결하기 위한 절차와 순서 즉 논리적인 순서를 통하여 결론 즉 해의 타당성을 얻는 전체적인 과정을 설명하는 것이다.

제2차시험 문제로부터 설명하고자 하는 혹은 주장을 중심으로 이를 검증하기 위해서 필요한 개념과 이론을 제기하고 이를 문제제기와 연결하여 세워진 해(법) 혹은 새로운 대안, 설계된 개념 등이나 전제를 검증하고 이로부터 결론을 도출하는 것을 디자인이라고 한다.

2. 이론적 배경

서론에서 제기된 문제제기와 문제정의가 인사노무 분야에서 어떤 위치를 나타내고 있는 지를 명확하게 보여주는 것, 즉 수험자가 설명하고자 하는 영역을 정확하게 표현하고 나타내고자 하는 것을 설명해주는 역할을 하는 것이 이론 / 개념이다.

왜 이론 및 개념 및 문헌의 사용 및 활용이 필요한가?

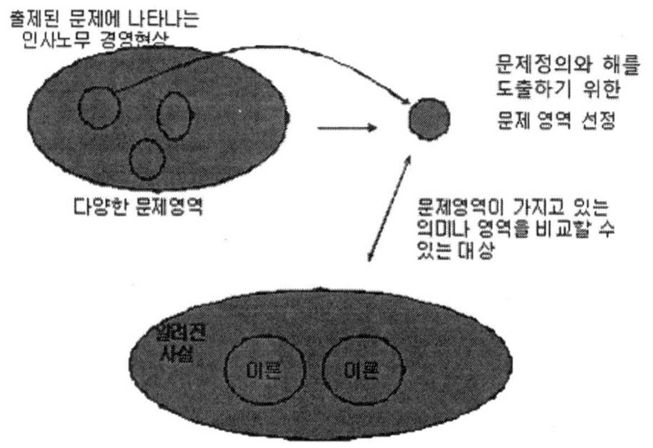

출제된 문제에는 다양한 유형의 인사노무 혹은 인적자원관리와 연관된 경영현상 등이 내포되어 있다. 이 내포되어 있는 모든 문제에 대하여 설명하고 논증하는 것은 너무 많은 시간이 소요된다. 따라서 서론에서도 제시하였듯이 다양한 문제영역에서 특정의 문제로 축소하고 집중하는 것이 중요하다. 이렇게 축소된 문제를 통하여 해를 도출하고 이 해를 논증하고 설명하기 위해서는 이미 검증되고 알려진 지식이며 사실인 이론 / 개념 혹은 사례 등과 비교하는 것이 무엇보다 중요하다.

❖이론과 문헌의 중요성

➢ 역사적인 사실과 현재 사실과의 차이부각

지금 설명하고자 하는 논제가 이미 알려진 과거의 사실과 어떤 차이가 있고 또 무엇이 밝혀지지 않은 부분이며, 또한 설명하고자 하는 것이지에 대한 의미 부여

➢ 이미 알려진 원리와 어떤 위치인지 확인

네 논증의 뿌리가 어디서 출발하고 있고 어떤 흐름선상에서 설명을 하고자 하는 지에 대한 위치를 설명 해줌

➢ 어떤 입장을 지지하는지에 대한 관점 제시

수 많은 상이한 입장 중에서 어떤 관점을 지지하고, 어떤 입장에서 문제를 풀고자 하는 지를 제시해줌

문제제기를 통해서 제시된 문제의 범위와 해(방안, 설계, 효과, 차이 비교 등)의 논리적 근거와 해가 가지는 논리적 타당성을 제시하는 중요한 역할을 하는 것이 이론과 문헌 및 개념이다. 이를 적절하게 활용함으로써 해가 가지는 주관적 오류를 배재하고 객관성을 확보하게 되는 것이다(주관적 오류란 개인의 경험에 기반하여 발생할 수 있는 논리적인 오류이다).

문제의 해에 대한 객관성과 논리성을 확보하기 위한 이론과 문헌은 다음과 같은 특징을 가진다.

이론과 문헌의 특징
- 선행적으로 이미 검증된 사실이다. : 수많은 학자들이나 현장경험자들에 노력으로 법칙성이나 규칙성 등이 밝혀져서 공개적으로 제시된 사실이다. - 객관적이며 보편적인 속성을 가지고 있다. : 어떤 시간이나 장소에서도 동일한 속성을 가지고 있으며, 누구나 사용하여도 같은 의미를 가진다. - 현상의 이면에 있는 원리들을 설명하고 있다. : 불규칙하게 보이는 현실적인 관계들이나 현상들 혹은 다르게 보이는 현상들이라도 그들의 존재원리나 이면에는 유사한 원리가 숨어있다.

❖이론과 문헌의 기능

➤ 문제 정의 이전 단계

현상(2차 시험 논술 주제)에 대한 경험적인 일반화의 내용을 예측하고,
이로부터 수험자(내)가 설명하거나 주장하고자 하는 바가
일반적인 예측이나 설명하고자 하는 내용인지를 보여줌

➤ 문제 정의 이후 단계

검증 단계에서 예측되는 결과를 비교하거나, 논리적으로 통합할 수 있는
이론적인 근거를 제공

검증한 결과를 요약정리 할 수 있도록 도와준다.

서론에서 문제의 범위를 줄이고, 축소된 문제의 영역을 재설명하였다. 재설정된 문제 영역에 대한 문제정의를 제시하였고, 문제 정의된 영역에서 해를 도출하기 위해 필요한 지식과 연관된 이론 및 개념 등을 통해 문제영역과 해의 객관성을 확보할 수 있다.

서론에서 전체적으로 제시된 관련되거나 연관된 이론이나 개념의 전체적인 개념과 이를 구성하는 하위 개념의 이론의 전체적인 의미를 제시해 주어야 한다.

3. 이론적 배경과 내용 설명 방법

(1) 정의 활용하기

특정 현상의 범위나 범주를 규정하기 위하여 사용하는 방법이 정의이다. 즉 수험자가 현상과 이론 / 개념 등을 사용하며 기술하고자 하는 대상의 범위를 제한하고자 할 때 사용하는 것이다. 명확하게 대상의 의미나 크기 등을 규정함으로써 좀 더 깊이 있는 내용을 기술할 수 있도록 도와주는 방법이 정의를 활용하는 것이다.

정의 종류
- 사전적 정의(real definition) : 실제 그대로의 정의 : 사전에 정의된 것을 의미 : 모호하고 추상적인 것은 사용하지 않는다. 예) 온난화 현상 : 사전적으로 혹은 통념적으로 사용하는 정의가 있다. : 산업화에 따른 이산화탄소의 증가로 인한 지구온도 상승현상 - 개념적 정의(conceptual definition) : 수험자 자신이 설명하고자하는 대상에 대한 범주나 영역을 정의하는 것이다. : 논리적이고 유사한 개념을 사용하여 일반적으로 통용될 수 있는 정의를 제시한다. 예) 우수인재 - 외적인 환경 변화에 대응력을 가진 지식과 노하우, 전문성을 가지고 있는 인력 → 사전적 정의보다는 개념적 정의를 활용하여 제시된 문제의 범위를 좁혀나가는 것이 고득점으로 가는 중요한 수단이다.

(2) 예시(사례)와 비유 활용하기

제시된 아이디어나 문제점 및 해결방안에 연관되어 있는 현상에 대한 비유보다는 예시를 활용해라. 예시는 제시된 문제에 적절한 사례를 제시하면 된다. 사례는 기업의 구체적인 경영특성을 제시하거나 혹은 적절한 이론이나 개념 등을 논리적으로 제시하는 것을 의미한다. 적절한 사례의 제시는 논리적인 견고함과 높은 이해를 획득할 수 있게 한다. 그러나 너무 동떨어져 있거나 관련되지 않는 예를 제시하는 것은 반대로 논리의 일관성을 떨어트리고, 문제와 해의 본질을 약화시키는 결과를 초래할 것이다.

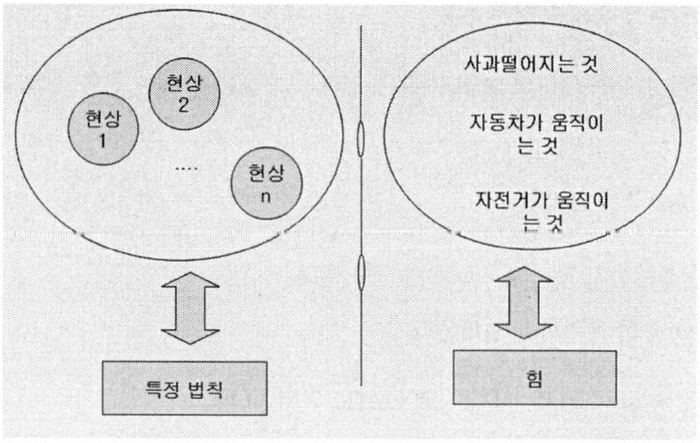

예를 들어 직무평가에 대한 이론적인 설명을 할 경우 직무평가에 대한 패턴이나 원리를 설명하고 그에 부합하는 아래의 예처럼 설명하면 더욱 더 설명력이 좋아진다.

직무평가(Job Evaluation) : 각 직무의 가치를 결정하는 것

- 직무급 임금제도의 기초로 활용
- 주의점 : 각 직무의 수행의 난이도 및 복잡도, 권한과 책임의 범위, 업무수행환경 등을 고려하여 직무 그 자체를 평가

부처명	전문적 노하우	관리적 노하우	사고 환경	사고의 도전도	행동의 자유도	직무 규모	직무난이도 평균
재정경제부	4.04	4.19	4.62	4.08	3.92	4.12	4.16
교육인적자원부	3.64	3.52	4.20	3.84	3.76	3.80	3.79
과학기술부	3.36	3.32	3.86	3.59	3.23	3.23	3.43
노동부	3.13	3.56	3.49	3.49	3.33	2.85	3.31
건설교통부	3.75	3.69	4.23	3.83	3.51	3.74	3.79
산업자원부	3.96	3.89	4.22	4.30	3.78	3.85	4.00

자료 : 감사원

(3) 분류 및 범주 활용하기

분류와 범주는 유사현상끼리 묶어주기 위한 방법이다. 특히 분류는 다양한 기준을 통해서 구분되어야 한다.

❖ 유사현상 끼리 묶어주는 것

특정 현상에 대하여 의미가 같은 것이거나 같은 의미로 묶을 수 있는 것
끼리 묶어준다.

예: ucc와 현실변화

현실변화의 관점에서 UCC를 묶어준다.

→ 같은 문제끼리 엮어준다

→ 정치, 경제, 사회 문제 단위로 엮어준다.

현상의 특성들을 분류하기 위해서는 몇 가지의 조건을 만족하여야 한다. 예를 들어 다양한 경영학 현상들을 이론적으로 분류한 경우는 그 조건을 사용한다.

(4) 표 활용하기

개념간 비교를 하거나 관점 사이의 등의 비교를 하는 경우에 표를 사용하여 표현하면 전체적인 개념의 구조를 보여주는 데 유리하다. 아래의 예는 인적자원관리의 개념을 전통적 개념과 현대적 개념을 비교하였다.

인적자원관리의 최근 추세를 전통적 인적자원관리와 현대적 인적자원관리로 분류하였는데 분류조건으로 인적자원을 바라보는 초점1/2. 행동, 기업사명과의 관계, 조직, 인간을 바라보는 관점으로 분석하였다.

- 1970년대 말을 기점으로 인적자원관리의 전략적 중요성이 증가하면서 인적자원관리에 대한 전략적 접근이 부각
- 기본논리: 외부환경의 변화에 대한 내부 적응능력향상을 통한 성과의 향상

항 목	전통적 인적자원관리	현대적 인적자원관리
초 점(1)	관리적	전략적
초 점(2)	생산중심	서비스중심
행 동	반응적	선도적
기업사명과의 관계	분리되고 격리된 상태	주요한 부분을 차지
조 직	권한의 수직라인을 지닌 조직	• 과정중심 조직 • 수평적 책임의 제네럴리스트 • 스페셜리스트의 기업 팀
인간을 보는 관점	비용으로서의 인간	투자로서의 인간

(5) 도식을 사용하여 개념설명하기

시각적인 방법을 사용하여 개념을 표현하면 이해가 용이하며, 다양한 개념의 형상을 표현하고 제시할 수 있다. 도식은 기호와 도형을 사용하여 개념을 시각적으로 표현하는 것이다.

e-HRM

1) 정 의

회사의 인트라넷 또는 인터넷 등을 통해 효과적으로 인사서비스를 제공하고 구성원들과 양방향으로 의사소통하는 시스템을 일컫는다. 따라서 전통적인 인사행정 업무는 축소되거나 사라지고 구성원이 직접 서비스를 찾아 컨설팅을 받을 수 있게 된다.

2) 대두배경

IT기술의 급격한 발달로 스피드경영을 하지 않으면 급변하는 환경에 능동적대처가 어렵게 되었고 이는 기업의 생존을 위협하는 요소로 등장하게 되었다. 따라서 빠르고 다양한 커뮤니케이션을 통한 정보의 획득과 공유는 필연적 요소가 되었고 이의 매개체로서 e-HRM이 등장하였다.

3) e-HRM vs 기존의 인적자원관리

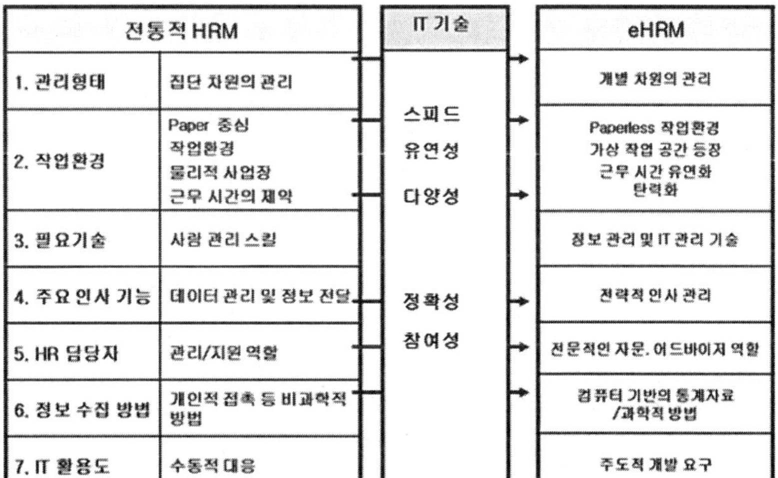

(6) 하위개념 설명하기

경영학의 개념과 이론들은 다양한 하위 시스템 혹은 개념을 다양한 관점에 의해서 가지고 있다. 하위개념과 상위개념을 적절하게 사용함으로써 개념의 일관성과 관점에 따른 비교를 가능하게 해준다. 상위개념에서 하위개념으로의 분화는 개념을 구체화 시켜주는 과정이다.

❖ 분류를 도식으로 표현

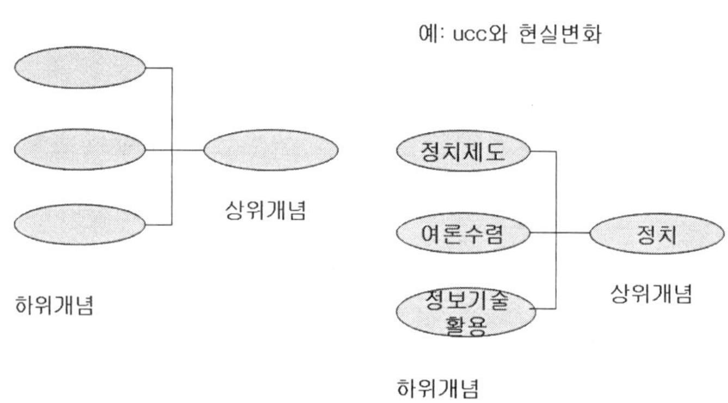

(7) 글머리 기호 활용하기

글머리 기호는 개념을 간략하게 전체적인 구조 등을 요약 정리하는 데 사용하는 것이거나, 생각을 구분하는 데 이용하는 것이다.

직무분석의 새로운 경향

인적자원관리의 외적 환경의 변화에 따라 인적자원관리의 패러다임에 새로운 변화가 나타난다.

① 내부노동시장 중심에서 외부노동시장 중심으로
② 집단주의에서 개인주의로
③ 사람중심에서 직무중심으로
④ 인사의 스탭(Staff)기능 중심에서 현장관리자 중심으로
⑤ 연공중심에서 성과중심으로
⑥ 범용적 인재중심에서 특성화된 전문가형 인재중심으로
⑦ 수동적 인재관리에서 능동적이며 환경 변화 대응적 인재로 바뀌어 가고 있다.

불확실한 환경에서 직무 중심으로 능동적인 인적자원관리 또는 성과 중심적 인적자원관리로 발전하였다.

1) 전략적인 혁신의 관점에서 직무분석 수행

직무분석을 하는 인력들은 기업의 전략적 방향이 무엇이며 이를 달성하기 위해 해당 직무는 어떻게 혁신되어야 하는가를 고민하고 분석해야 한다. 불확실한 환경에서 창의적이며 진취적인 업무수행과 프로세스적인 가치창출활동이 중요하다.

2) 유연성

직무의 변화속도가 빠른 현대 조직에서 직무기술서에 얽매이지 않고 직무가 변화함에 따라 유연하게 대처함으로써 경쟁력을 제고하려는 기업이 늘고 있다. 정형화되고 고정된 업무를 탈피하여 비정형화된 업무 수행능력이 요구된다.

3) 역할중심의 직무분석

직무를 과업중심에서 역할중심으로 분석하려는 노력이 보이고 있다. 이는 직무분석을 통해 조직내 구성원간 역할관계가 규명될 수 있다는 장점이 있다. 또한 다양한 팀들 사이의 공유 활동을 강화하기 위해서도 중요하다.

4) 동태적 직무분석

일상적이고 정규적 직무를 중심으로 정태적으로 직무를 분석하는 종래의 방식에서 벗어나 문제해결과 혁신 중심으로 동태적 직무분석을 시도하는 경향이 두드러지고 있다.

5) 프로세스 중심의 직무분석과 핵심역량 분석

가치창출을 위한 Process 중심으로 직무분석이 이루어지고, 이를 통해 직무간의 협력과 환경변화에 따른 직무변동 등에 대한 체계적인 분석이 되어야 한다. 더불어 기업의 핵심역량 강화를 위한 직원들의 역량에 대한 체계적인 분석이 필요하고, 경력개발의 기준을 제시하기 위해서, 새로운 경영전략을 지원할 수 있는 인사관리 체계를 재정립하기 위해서 직무분석의 효용성이 제고되고 있다.

6) 시가주의(市價主義)에 입각한 직무분석

직무의 분류와 직무에 대한 가치매김에 있어서 시장원리가 도입되는 경향이 강하다. 즉 한 기업의 직무와 직무요건이 동종업계, 동일 노동시장내에 일의 동등한 비교가치를 지니는지 분석하는 경향이 늘고 있다.

7) 브로드밴딩(Broadbanding) 현상

단위직무를 지나치게 세분화하기 보다는 유사한 직무를 크게 묶는 현상을 말한다.

Broadbanding은 직무의 묶음을 통해서, 과거 수직적이고 긴 의사결정체계를 가진 조직이 flat 조직으로 변화하는 추세에 맞추어 유연한 인사관리가 가능하도록 하는데 있다.

제4장
결론 만들기

본론은 글의 마무리이다. 그러나 글 전체에 대한 가치를 높여주는 방향으로 제시됨을 통하여, 채점자로 하여금 한번 더 채점에 오류는 없는지에 대한 인식을 심어주게 기술한다.

1. 결론의 의미

- 서론과 본론의 내용 요약하기
- 도출된 해의 사회적 공헌과 미래 가치 등 제시하기

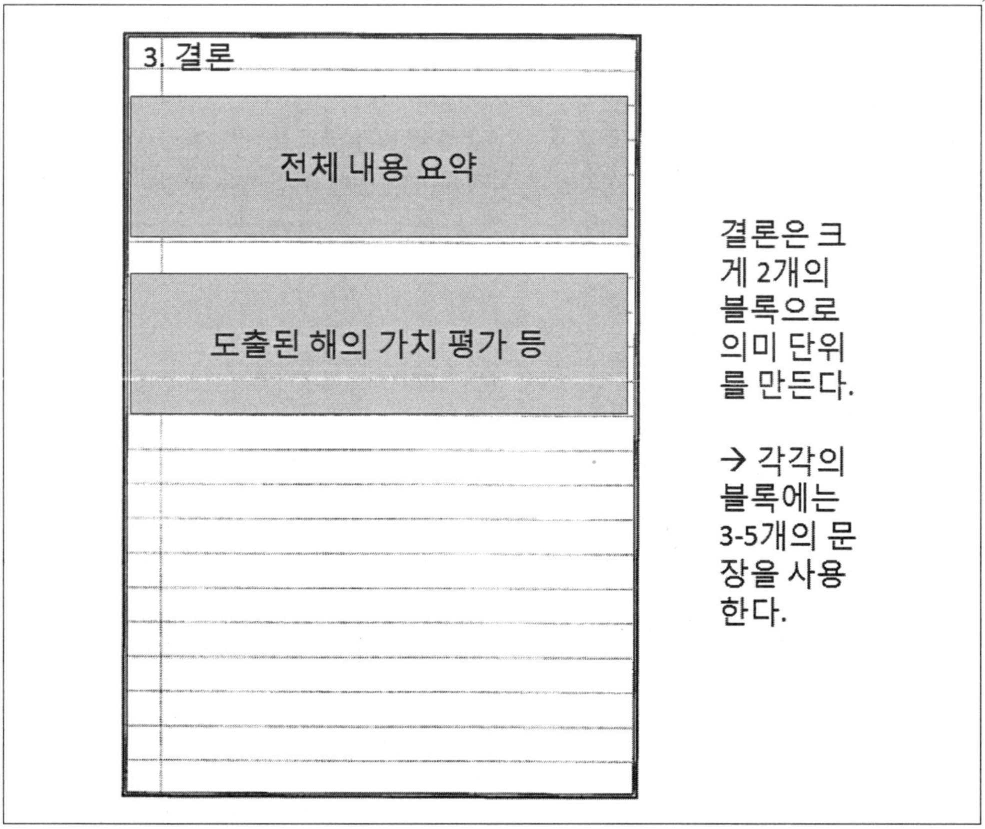

결론의 핵심은 전체의 내용을 요약하고, 명확하게 문제의 유형에 맞추어 다시 한 번 재음미 해주는 것이다.

예제 문제 풀이 : 답안지 구성과 작성 방법

제1단계 : 전체적인 밑그림과 답안 설계도면 작성 방법 제2단계 : 연습지에 전체 답안 설계도면 제3단계 : 답안지에 문장과 단락으로 설계도면에 따른 글쓰기

제1단계 Step by Step Writing and Problem-solving 모형을 단계적으로 적용하여 답안 작성을 한다.

step 1. 문제의 유형을 분석한다(설명, 논증, 그리고 설계 등).
2. 제시된 문제에서 정보를 최대한 추출한다.
3. 문제와 관련된 다양한 이슈와 배경 등을 탐색한다.
4. 설명, 논증, 그리고 설계에 따라서 아이디어를 도출한다.
5. 도출된 아이디어로부터 적절한 문제의 해를 제시한다.
6. 그 해를 검증 혹은 논증하는 과정을 추론한다.
7. 관련 이론 등을 제시하고 전체적인 글의 내용과 구조를 구성한다.
8. 서론 본론 결론의 각 구성요소를 결정하여 논증이나 검정을 작성한다.

예제 문제풀이

1. 자원관점에서 전략적 인적 자원관리에 대하여 논하시오.(50점)

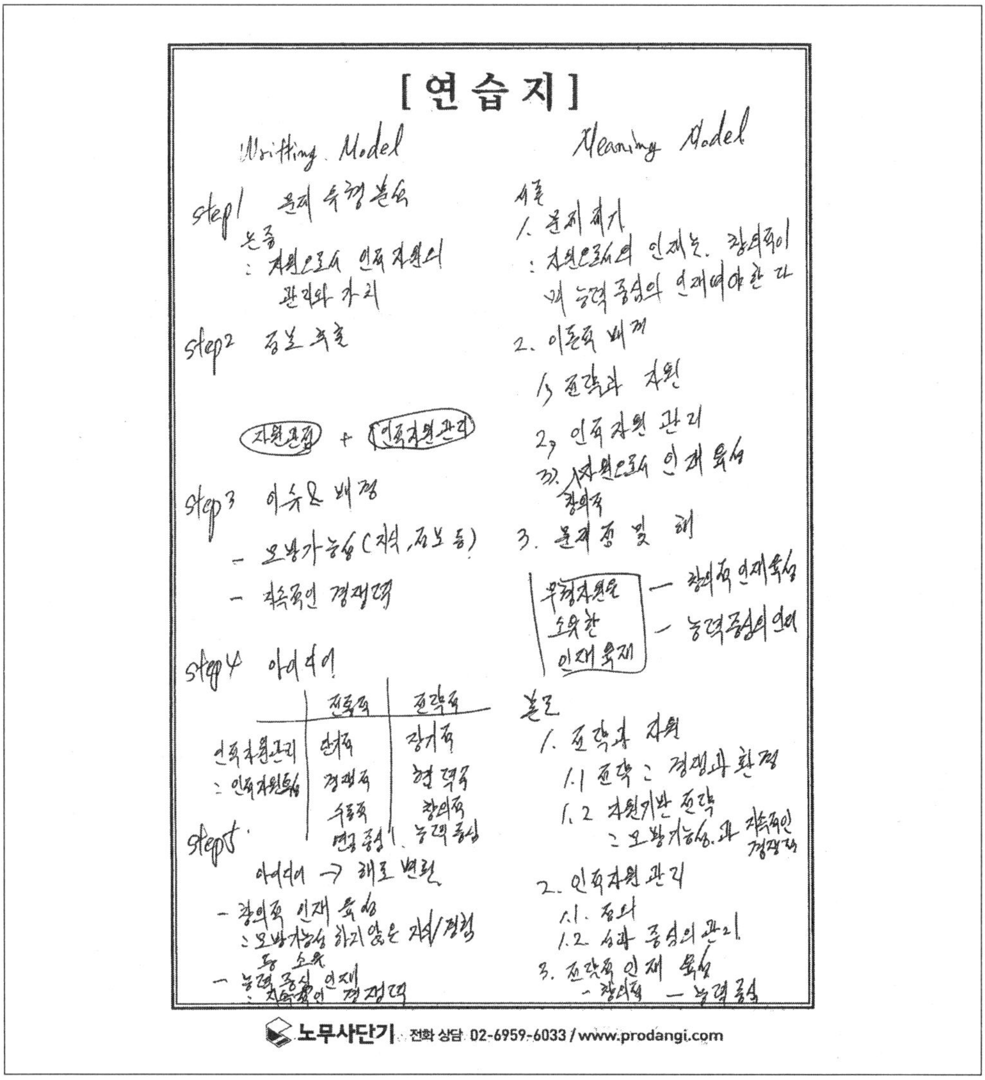

[연습지]

Writing Model

step1 문제 유형 분석
본론
: 자원으로서 인적 자원의 관리와 가치

step2 정보 추출

(자원관점) + (인적자원관리)

step3 이슈 & 배경
- 모방가능성 (지식, 정보 등)
- 지속적인 경쟁력

step4 아이디어

	전통적	전략적
인적자원관리	단기적	장기적
: 인적자원육성	경쟁적	협력적
	수동적	창의적
	연공중심	능력중심

step5
아이디어 → 해로 변환
- 창의적 인재 육성
: 모방가능성 하지 않은 지식/경험 등 소유
- 능력 중심 인재
: 지속적인 경쟁력

Meaning Model

서론
1. 문제 제기
: 자원으로서의 인재는, 창의적이며 능력 중심의 인재여야 한다
2. 이론적 배경
1) 전략과 자원
2) 인적자원 관리
3) 자원으로서 인재 육성 (창의적)
3. 문제점 및 해
무형자원을 소유한 인재 육재 — 창의적 인재육성 / — 능력중심의 인재

본론
1. 전략과 자원
1.1 전략 : 경쟁과 환경
1.2 자원기반 전략
: 모방가능성과 지속적인 경쟁력
2. 인적자원 관리
2.1. 정의
2.2. 성과 중심의 관리
3. 전략적 인재 육성
- 창의적 — 능력중심

노무사단기 전화 상담 02-6959-6033 / www.prodangi.com

제2단계 단락과 문장을 활용한 문제 풀이

경영학과목의 문제 유형이 약술형 혹은 논술형 문제이던지 최종적으로는 서술형 답안 작성은 서론, 본론, 결론으로 구성한다. 서론, 본론, 결론에는 아래의 내용과 같은 구성 요소를 가지고 있다.

1. 서 론

- 문제제기(문제영역 / 문제배경 / 문제 정의)
- 연관된 개념/이론 제시(문제와 연관된 관점 / 시각을 설정)
- 문제영역과 현실이슈 등을 비교하여 한계점이나 문제점과 해를 도출
- 전체적인 글의 구성과 요약 정리(아이디어 도출과 구체적 방안, 효과, 대안, 설계 등의 의미 전환이 대단히 중요함)

2. 본 론

라이팅 모델	Meaning Block Model
• 디자인 및 논술 전략 • 이론 / 개념 및 문헌 활용 • 개념과 구성개념 적용 • 문제와 정의 연결하기 • 관점 비교 • 예시와 비유 • 분류 및 비교 • 적절한 해 도출하기 • 사례활용하기 • 사례와 해 연결하기	• 이론적 배경 • 기존이론 등의 한계점 혹은 보완점 등 • 한계점과 보완점을 극복하는 대안, 방안, 설계 혹은 효과 등

3. 결 론

- 서론과 본론의 내용 요약하기
- 도출된 해의 사회적 공헌과 미래 가치 등 제시하기

2. 서 론

- 문제제기(문제영역 / 문제배경 / 문제정의)
- 연관된 개념 / 이론 제시(문제와 연관된 관점 / 시각을 설정)
- 문제 영역과 현실 이슈 등을 비교하여 한계점이나 문제점과 해를 도출
- 전체적인 글의 구성과 요약 정리(아이디어 도출과 구체적 방안, 효과, 대안, 설계 등의 의미 전환이 대단히 중요함)

• 문제제기(문제영역 / 문제배경 / 문제정의)

문제 제기의 핵심은 글 전체의 방향을 제시하는 것이다. [연습지]에 기록한 내용을 참조하면서 순차적으로 작성한다.

기본적인 가정은

→ 자원으로의 인재는 창의적이며 능력중심이다(핵심문장).

단락은 핵심문장과 핵심문장을 설명하는 부가 문장으로 구성한다. 단락은 3~5개 정도의 문장으로 구성한다.

문제의 배경과 문제영역 등을 활용한다.

예를 들어

현대경영에서의 당면 문제는 동태적인 환경에서 지속 가능한 성장을 추구하는 것이다(문제의 배경이며 설명문장).

지속가능한 성장을 위해서 가장 중요한 자원이 인적자원이다(문제의 영역이며 설명문장).

전체적으로 핵심문장과 설명문장을 결합하여 문제제기 문장을 완성한다. 수험생의 특성이나 개인적인 취향 등에 따라 글의 구성은 달라질 수 있다.

서론의 문제제기 단락은 문제의 배경과 영역을 부가적인 설명문장으로 구성하고,

핵심문장을 그 다음에 문제 제기와 문제의 방향으로서 구성한다.

문제제기 단락 구성

설명 문장 1. +

설명 문장 2. +

핵심 문장으로 구성한다.

• 연관된 개념 / 이론 제시(문제와 연관된 관점 / 시각을 설정)

이론적인 특성은 [연습지]의 내용을 참조한다.
1. 전략과 자원
2. (전략적) 인적자원관리
3. 창의적 자원으로서 인적자원육성

• 문제영역과 현실이슈 등을 비교하여 한계점이나 문제점과 해를 도출

창의적 인적자원을 육성과 발굴은 인적자원의 특성이 모방가능하지 않은 지식과 경험과 연관된다. 이런 인재의 육성은 환경변화에 잘 적응하고 대응한다.
1. 창의적 인재 육성(모방가능하지 않은 지식과 경험관리)
2. 능력 중심 인재(지속적인 경쟁력)

• 전체적인 글의 구성과 요약 정리(아이디어 도출과 구체적 방안, 효과, 대안, 설계 등의 의미 전환이 대단히 중요함)

지속적인 경쟁력을 유지하기 위한 자원관점에서의 인적자원관리 방안을 창의적 인재와 능력 중심으로 설명한다.

3. 본 론

라이팅 모델	Meaning Block Model
• 디자인 및 논술 전략 • 이론 / 개념 및 문헌 활용 • 개념과 구성개념 적용 • 문제와 정의 연결하기 • 관점 비교 • 예시와 비유 • 분류 및 비교 • 적절한 해 도출하기 • 사례활용하기 • 사례와 해 연결하기	• 이론적 배경 • 기존이론 등의 한계점 혹은 보완점 등 • 한계점과 보완점을 극복하는 대안, 방안, 설계 혹은 효과 등

• 이론적 배경

1. 전략과 자원

경쟁기업과 경쟁은 필연적이다(설명문장 1). 기업이 경쟁에서 승리하기 위해서는 경쟁무기가 반드시 필요하다(설명문장 2). 또한 경쟁무기는 지속가능한 특성을 가지고 있어야 한다(설명문장 3). 최근 동적인 환경에서 지속가능한 경쟁력을 유지할 수 있는 경쟁 무기는 정보나 경험 등의 무형의 자원이다(핵심문장).

자원은 크게 두 가지 유형으로 분류한다. 무형의 자원과 유형의 자원이다.

• 유형의 자원(기계나 설비 등의 물적자원과 인적자원)

• 무형의 자원(브랜드, 특허, 정보와 지식, 경험 등)

전통적인 기업에서는 유형의 자원인 기계나 설비 등이 주요한 경쟁무기였으나, 현대기업에서는 무형의 자원이 주 경쟁무기이다. 현대경영의 주요한 문제는 환경의 동태적인 변화이다. 이런 동태적인 환경변화를 예측하고 대응하기 위해서 필요한 자원은 무형의 자원이다.

특히, 미래시장의 개척, 새로운 제품과 서비스의 창조는 소비자의 기호변화나 시장에서 경쟁자들의 제품을 분석하고 예측하는 능력이 중요하다. 이런 능력은 무형의 자원인 정보와 지식 및 경험 등에 기반한다. 무엇보다 이런 무형의 자원은 많은 경우 인적자원에 내재되어 있다. 최근 인적자원관리에서 이런 자원을 다루는 영역을 전략적 인적자원관리라고 한다.

2. (전략적)인적자원관리

전략적 인적자원관리의 핵심은 무형의 자원인 정보, 지식 및 경험을 소유하고 인재를 필요시 확보하고 활용하는 것이다.

항 목	전통적 인적자원관리	전략적 인적자원관리
초 점(1)	관리적 / 기능적 / 단기적	전략적 / 장기적
초 점(2)	생산중심	서비스중심
행 동	반응적 / 수동적	선도적 / 능동적
기업사명과의 관계	분리되고 격리된 상태	주요한 부분을 차지
조 직	권한의 수직라인을 지닌 조직	과정중심 조직 · 수평적 책임의 제네럴리스트 · 스페셜리스트의 기업 팀
인간을 보는 관점	비용으로서의 인간	투자로서의 인간

전략적 인적자원관리는 장기적 관점에서 능동적인 인재를 요구하는 데, 이런 인재가 무형의 자원인 정보, 지식 및 경험을 통제하고 관리할 수 있는 인재이다. 이런 창의적 인재의 관리와 육성이 중요하다.

3. 창의적 자원으로서 인적자원육성

• 기존 이론 등의 한계점 혹은 보완점 등을 제시

불확실하고, 동태적인 기업환경에서 경쟁기업과의 경쟁에서 지속적인 성장에서 중요한 역할을 수행하는 창의적인 인재의 육성은 기업의 성장과 발전과 밀접하게 연관되어 있다. 창의적 인적자원의 육성은 다음과 같은 특성을 가져야 한다.

- 경영환경과의 적합성
- 기업전략과의 일관성 확보
- 제반 인적자원관리의 유기적 관계를 유지
- 지속적이며 모방 가능하지 않은 무형자원의 관리

현대 경영에 있어서 경쟁무기이며 핵심역량은 사람 즉 인재이다. 특히 인재에게 내재되어 있는 무형의 자원인 노하우, 지식, 경험은 누구도 쉽게 모방할 수 없는 핵심적인 자원이다. 이런 자원을 보유하고 있는 인적자원에 대한 관리는 능력 중심의 사고가 요구된다.

4. 능력 중심의 인재 육성 방안

• 한계점과 보완점을 극복하는 대안, 방안, 설계 혹은 효과 등

정형화되고 표준화된 작업공정과 사전에 정의된 제품을 생산하는 전통적인 기업에서는 정형화된 업무절차를 수행하는 숙련된 사람들이 중요하다면, 환경이 불확실하고 예측하기 어려운 현대에서는 혁신적인 변화와 환경변화에 능동적인 인재가 중요하다.

'연공서열 위주의 인사가 아닌 능력과 성과에 의해 평가하고 이를 근거로 급여지급, 능력개발 등이 이루어지는 과거 연공주의에 비교되는 인사관리 흐름'이다.

(1) 성과주의 인적자원관리의 특성

개인들의 다양한 능력을 조직의 목표에 부합시키고, 이를 다시 개인의 능력을 발전시키는 순화적인 구조이며 사람들의 능력을 극대화 시킬 수 있는 것이 성과주의 인적자원관리이다.

① 개인화 및 환경변화에 대응하기 위하여 유연한 경영
② 21세기에 조직이 필요로 하는 다양하고 우수한 인재를 확보, 양성하는 데 적합
③ 개인 및 조직의 가치를 높이는데 기여
④ 개인의 개성, 창의력, 잠재력, 고용가능성을 높임

(2) 성과관리의 과정

직무성과를 통해서 조직과 개인 등에 대한 전체적인 업적 평가를 수행하고 이를 기초하여 조직의 인사정책을 재평가하고, 이에 따른 다양한 인적자원관리의 토대로 활용하고 이를 기초하여 정책을 수립한다. 수립된 정책에 기초하여 개인과 조직의 역할을 재수행하도록 조정한다.

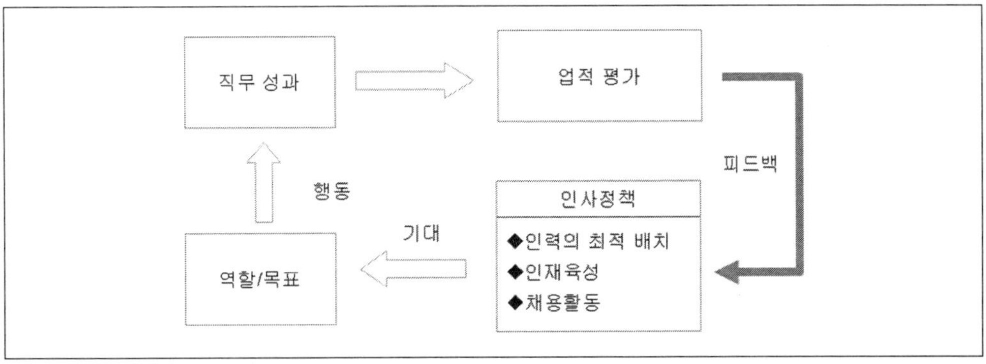

특히 최근에는 기업들이 객관적인 평가요소로서 직무수행과 달성에 대한 관심이 모아졌다. 이런 업적 평가를 중심으로 인적자원의 평가 등이 이루어지고 이를 토대로, 조직안에서 우수인재에 대한 역할과 목표 등이 재평가되고 있다.

4. 결 론

- 서론과 본론의 내용 요약하기
- 도출된 해의 사회적 공헌과 미래가치 등 제시하기

경쟁기업들 사이의 경쟁강도와 방법은 지속적으로 변화되고 있다. 이런 변화속에서 기업의 성장과 발전은 무형의 자원인 노하우, 지식 및 정보 등이 중요한 자원이다. 이런 핵심자원을 소유하고 있는 인적자원의 관리는 전략적으로 중요하고, 이런 인재를 관리하기 위해서는, 노하우, 지식 및 경험을 활용하고 적용할 수 있는 능력중심적이며, 객관적인 평가 등이 요구되는 성과중심적인 인적자원관리가 요구된다.

제5장

단계와 실제 답안지 작성풀이

1. Meaning Block → 단락과 문장

Meaning Block으로서 단락은 의미 전달의 기본이며 전체 글 구성은 의미 단위인 단락으로 구성하고 이를 통해서 글쓰기를 완성한다.

| 단락의 구성 |

'화제문 + 뒷받침문장 ① + 뒷받침문장 ② + 뒷받침문장 ③ + 맺음문'으로 구성되어 있다.

모든 문장들이 꼭 이 공식을 따르는 것은 아니다.

2. Meaning Block Model과 답안 작성

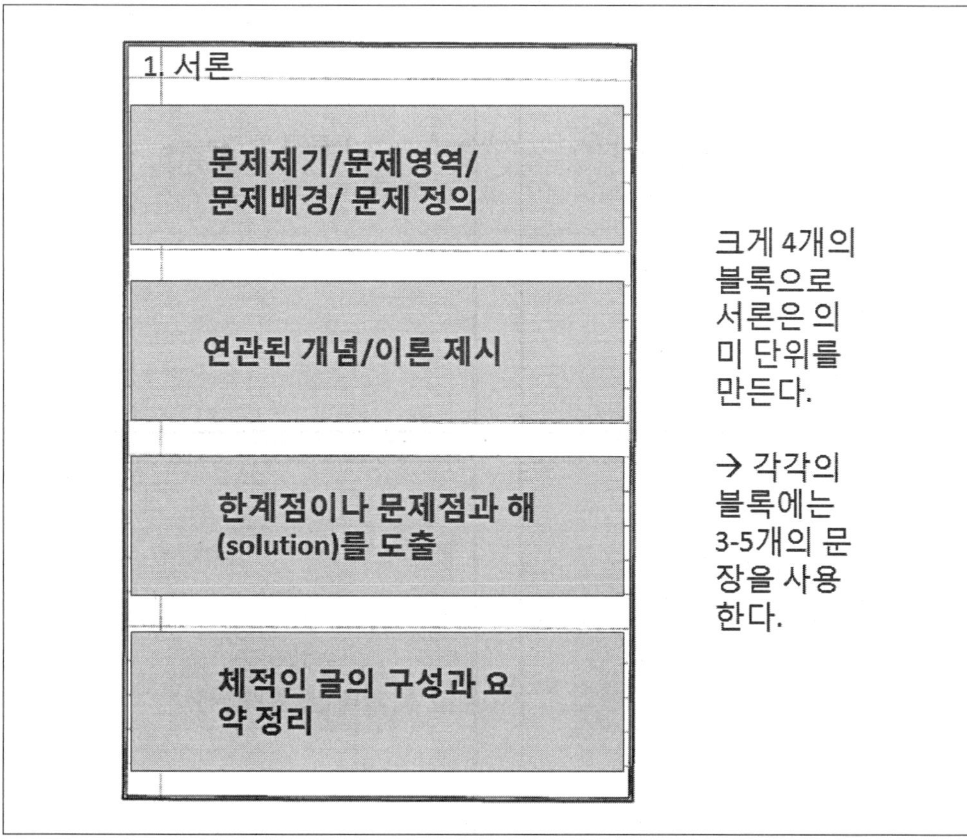

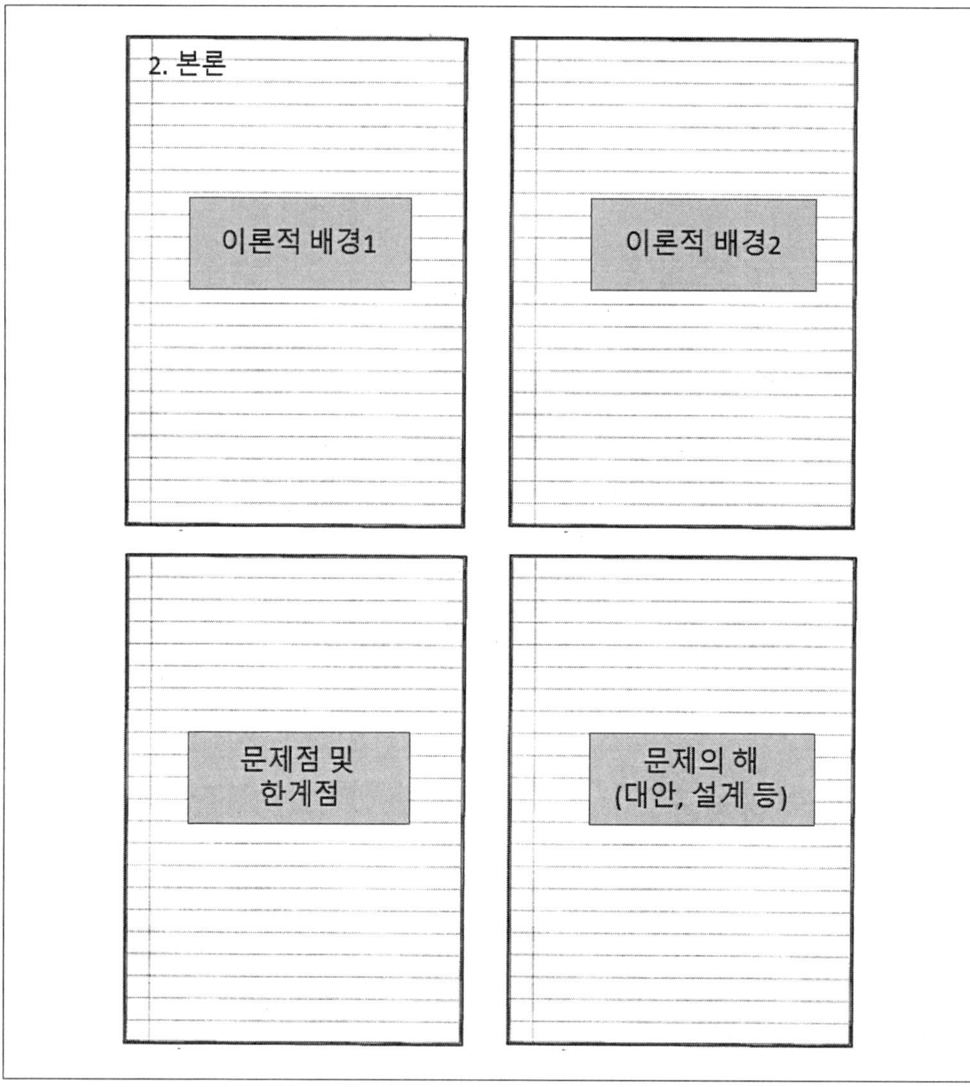
2. 본론
이론적 배경1
이론적 배경2
문제점 및 한계점
문제의 해 (대안, 설계 등)

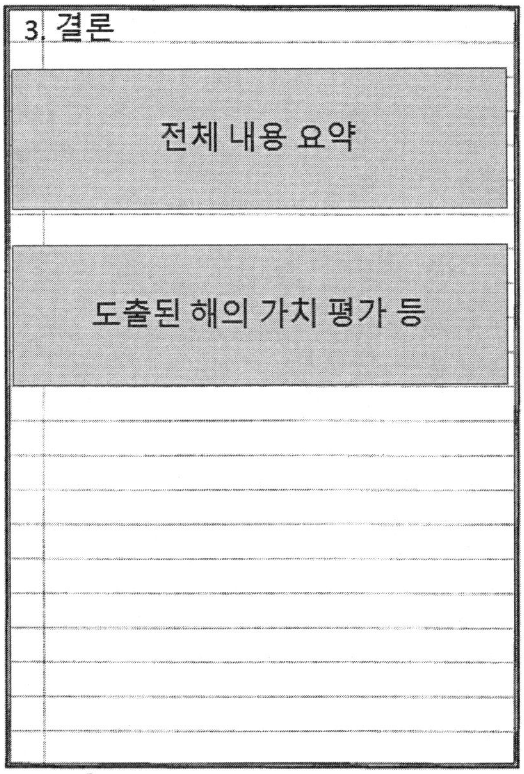

결론은 크게 2개의 블록으로 의미 단위를 만든다.

→ 각각의 블록에는 3-5개의 문장을 사용한다.

3. Meaning Block Model을 적용한 실제 답안 작성 예

I 서론 (Introduction)

현대 경영에서의 당면 문제는 동태적인 환경에서 지속 가능한 성장을 추구하는 것이다. 지속 가능한 성장을 위해서 가장 중요한 자원이 인적 자원이다. 자원으로서의 인재는 창의적이며 능력 중심의 인재여야 지속가능한 성장을 이끌어 줄 수 있다.

이론적 배경은 자원으로서의 인재 특성과 창의적 인재 육성 등을 설명할 것이다.

- 전략과 자원
- 인적 자원 관리(전략 관점)
- 창의적 자원으로서 ~~인적 자원 육성~~ 인적 자원 육성

창의적 인적자원을 육성하고 발굴하고 관리하기 위해서 인적 자원 모방가능하지 않는 지식/경험 등을 소유해야 한다. 이런 인재의 육성은 환경 변화시 대응이 유리하므로

- 창의적 인재 육성(모방 가능하지 않는 지식과 경험 관리)
- 능력 중심 인재(지속적인 경쟁력)

지속적인 경쟁력을 유지하기 위한 자원관점에서의 인적자원관리 방안은 창의적 인재와 능력 중심으로 설명한다.

Ⅴ. 이론적 배경 (혹은 본론)

1. 전략과 자원 (경쟁력과 경쟁우위 관점)

경쟁기업과의 경쟁은 필연적이다. 경쟁에서 기업이 승리하기 위해서는 반드시 경쟁 우위가 필요하다. 또한 경쟁 우위는 지속가능한 특성을 가지고 있어야 한다. 최근 동적인 환경에서 지속 가능한 경쟁력을 유지할 수 있는 경쟁 우위는 정보와 경험 등의 무형의 자원이다.

자원은 크게 두 가지 유형으로 분류된다. 두가지 유형은 다음과 같다.

○ 유형의 자원 (기계나 설비 등의 물적자원과 인적자원)
· 무형의 자원 (브랜드, 특허, 정보와 지식, 경험 등)

전통적인 기업에서는 기계나 설비 등의 물적 자원(유형의 자원) 등이 중요한 경쟁 우위였다. 그러나 현대 기업에서는 무형의 자원이 곧 경쟁우위이다. 현대 경영의 중요한 문제는 환경의 동태적인 변화이다. 이런 동태적인 변화를 예측하고 대응하기 위해서 필요한 자원은 무형의 자원이다.

3/

특히, 새로운 혹은 미래 시장의 개척, 신규 서비스나 ~~신규~~ 신제품과 같은 소비자의 기호 변화나 시장에서 경쟁자들의 행동을 분석하고 예측하는 능력이 핵심이다. 이런 능력은 구성원의 차원인 정보와 지식, 및 경험 등에 기반한다. 무엇보다 이런 자원은 ~~자원~~ 많은 경우 인적 자원에 내재되어 있다. 최근 인적자원관리에서 이런 자원을 다루는 영역을 전략적 인적자원관리라 한다.

2. 전략적 인적자원 관리

전략적 인적자원관리의 핵심은 구성원의 차원인 정보, 지식 및 경험을 내재하고 있는 인재를 필요시 확보하고 활용하는 것이다. 다음의 표에 간략하게 비교 요약하였다.

항목	전통적 인적자원관리	전략적 인적자원관리
관리초점	관리적/기능적/단기적	전략적/장기적
행동	반응적/수동적	선도적/능동적
조직특성	수직 라인 책임과 권한이 명확	수평적 조직 동기부여 중심
인재관점	비용으로서 인간	투자로서 인간

전략적 인적자원관리는 장기적 관점에서 능동적

4/6

인재를 요구하는데, 이런 인재가 무형의 자원인 정보, 지식, 및 경험을 통제하고 관리할수 있는 인재이다. 이런 창의적 인재의 관리와 육성이 중요하다

3. 창의적 자원으로서 인적자원 육성

불확실하고, 동태적인 기업환경에서 경쟁기업과의 경쟁에서 지속적인 성장의 중요한 역할은 창의적인 인재 육성과 연관된다. 창의적 인적자원의 육성은 다음과 같은 특징을 지닌다

- 경영환경의 복잡성
- 기업전략과 일관성
- 기본 인적자원관리와 유기적 관계특성
- 지속적이며 모방가능하지 않은 무형자원의 공유

현대 기업의 핵심자원이며 역량은 인재이다. 특히 인재에 내재되어 있는 무형의 자원인 노하우, 지식, 경험은 누구나 쉽게 모방할 수 없는 핵심적인 자원이다. 이런 자원을 보유하고 있는 인적자원의 관리는 능력과 성과 중심의 관리 방법이 요구된다

5/6

4. 능력 중심의 인재 육성 방안

정형화되고 표준화된 방식의 직무수행을 탈피하여 비정형화된 직무수행은 동태적인 환경 변화에 필수적이다. 이런 능동적인 인재는 연공 중심적 관리 방법에서 성과 중심적이며 능력 중심적인 변화를 요구한다.

성과주의 인적 자원 관리의 특징은 ① 개인화에 기반한 유연한 경영, ② 다양하고 우수한 인재, ③ 조직의 가치를 높이는 관리 ④ 개별 인재의 자율, 창의성, 잠재력 등을 중시하는 것이다.

성과 주의 인적 자원 관리의 과정은 직무 성과를 통한 인적 평가가 중요한 요소이다. 그 과정은 다음과 같다

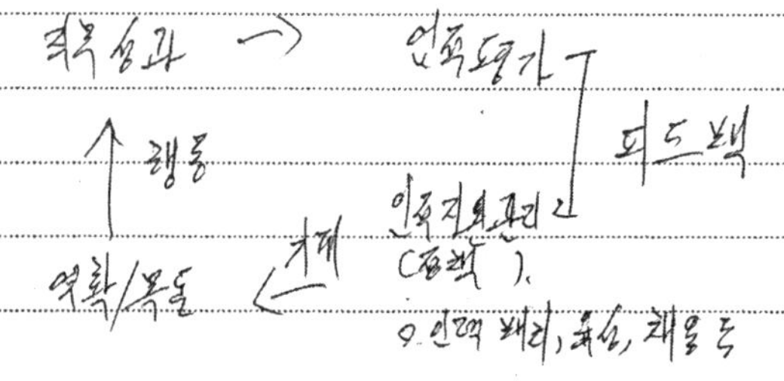

특히 최근에는 기업들이 객관적인 평가요소로 직무 수행과 달성에 대한 관심이 높아졌다. 이런 업적

6/6

평가를 중심으로 인적자원에 대한 평가 등이 이루어지고 이를 토대로, 조직안에서 우수 인재에 대한 역할과 보상 등이 재평가되고 있다

Ⅲ 결론

경쟁 기업들 사이의 경쟁의 강도와 방법은 지속적으로 변화되고 있다. 이런 변화속에서 기업의 성장과 발전은 무형의 자원인 노하우, 지식 및 정보 등이 중요한 자원이다. 이런 핵심 자원을 소유하고 있는 인적 자원의 관리는 전략적으로 중요하고, 이런 인재를 관리하기 위해서는 노하우, 지식 및 경험을 활용하고 적용할 수 있는 능력중심 측면에 성과중심적인 인적자원 관리가 요구된다

제3부 인적자원관리 기출개략

제1장

전략적 인적자원관리

제1문

상황이론의 관점에서 지식경영시대의 인적자원관리에 대하여 논하시오.(50점)

제2문

자원관점에서 전략적 인적자원관리에 대하여 논하시오.(50점)

1. 제1문 모의시험 문제와 문제풀이

(1) 상황이론의 관점에서 지식경영시대의 인적자원관리에 대하여 논하시오.(50점)

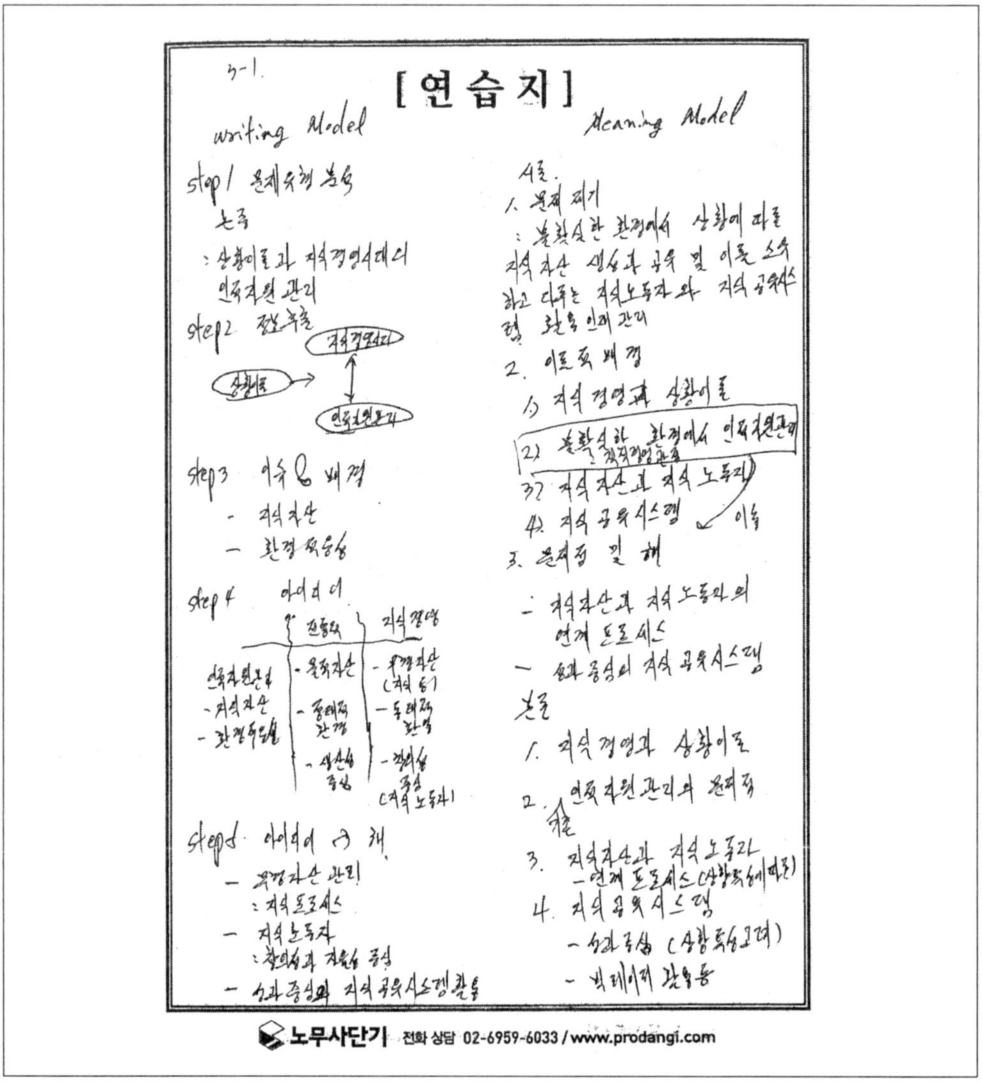

3-1.

[연 습 지]

Writing Model

step1 문제유형 분석

논증

: 상황이론과 지식경영시대의 인적자원관리

step2 정보추출

(상황이론) → (지식경영시대) ↕ (인적자원관리)

step3 이슈 & 배경

- 지식자산
- 환경 불확실성

step4 아이디어

	전통적	지식경영
인적자원관리 - 지식자산 - 환경불확실성	- 물적자산 - 정태적 환경 - 생산성 중심	- 무형자산 (지식 등) - 동태적 환경 - 창의성 중심 (지식노동자)

step5 아이디어 → 해

- 무형자산 관리
  : 지식프로세스
- 지식노동자
  : 창의성과 자율성 중심
- 성과중심의 지식공유시스템 활용

Meaning Model

서론.

1. 문제 제기
   : 불확실한 환경에서 상황에 따른 지식자산 생성과 공유 및 이를 소유하고 다루는 지식노동자와 지식공유시스템 활용 인재 관리
2. 이론적 배경
   1) 지식경영과 상황이론
   2) 불확실한 환경에서 인적자원관리 (지식경영 관점)
   3) 지식자산과 지식노동자
   4) 지식공유시스템 → 이슈
3. 문제점 및 해
   - 지식자산과 지식노동자의 연계 프로세스
   - 성과중심의 지식공유시스템

본론

1. 지식경영과 상황이론
2. 인적자원관리의 문제점
3. 지식자산과 지식노동자
   - 연계 프로세스 (상황적합에 따른)
4. 지식공유시스템
   - 성과중심 (상황특성고려)
   - 빅데이터 활용 등

노무사단기 전화 상담 02-6959-6033 / www.prodangi.com

(2) 문제풀이

1) 서론

> • 문제제기(문제영역 / 문제배경 / 문제정의)
> • 연관된 개념 / 이론 제시(문제와 연관된 관점 / 시각을 설정)
> • 문제 영역과 현실 이슈 등을 비교하여 한계점이나 문제점과 해를 도출
> • 전체적인 글의 구성과 요약 정리(아이디어 도출과 구체적 방안, 효과, 대안, 설계 등의 의미 전환이 대단히 중요함)

• 문제제기(문제영역 / 문제배경 / 문제정의)

문제제기의 핵심은 글 전체의 방향을 제시하는 것이다. [연습지]에 기록한 내용을 참조하면서 순차적으로 작성한다.

기본적인 가정은

→ 상황에 따른 지식자산 등을 관리하고 활용하는 지식 노동자 및 지식공유 시스템 활용 가능한 인재를 관리한다(핵심문장).

단락은 핵심문장과 핵심문장을 설명하는 부가 문장으로 구성한다. 단락은 3~5개 정도의 문장으로 구성한다.

문제의 배경과 문제영역 등을 활용한다.

예를 들어, [연습지] step 3의 내용을 참조

불확실한 환경에서의 상황 적응력은 정보나 지식 및 노하우 같은 지적자산과 밀접한 연관이 있다(문제의 배경이며 설명문장).

이런 지적자산은 환경 변화에 대한 대응성과 반응성을 높이는 데 중요한 역할을 수행한다(문제의 영역이며 설명문장).

전체적으로 핵심문장과 설명문장을 결합하여 문제제기 문장을 완성한다. 수험생의 특성이나 개인적인 취향 등에 따라 글의 구성은 달라질 수 있다.

서론의 문제제기 단락은 문제의 배경과 영역을 부가적인 설명문장으로 구성하고,

핵심문장을 그 다음에 문제제기와 문제의 방향으로서 구성한다.

문제제기 단락 구성 설명문장 1. + 설명문장 2. + 핵심문장으로 구성한다.

문제제기의 Meaninlock

불확실한 환경에서의 상황 적응력은 정보나 지식 및 노하우 같은 지적자산과 밀접한 연관이 있다. 이런 지적자산은 환경변화에 대한 대응성과 반응성을 높이는 데 중요한 역할을 수행한다. 상황에 따른 지식자산 등을 관리하고 활용하는 지식 노동자 및 지식 공유 시스템을 활용 가능한 인재를 관리한다.

- 연관된 개념 / 이론 제시(문제와 연관된 관점 / 시각을 설정)

이론적인 특성은 [연습지]의 내용을 참조한다.
1. 지식경영과 상황특성 및 이론
2. 인적자원관리(불확시한 환경하에서)
3. 지식자산과 지식노동자 관리
4. 지식공유시스템

- 문제영역과 현실이슈 등을 비교하여 한계점이나 문제점과 해를 도출

전통적 기업의 인적자원관리는 정태적 환경하에서 생산성 중심인 반면에 지식경영 시대에서는 동태적 환경에서 지식정보 등의 지적자산을 중심으로 하는 창의성 높은 인적자원관리가 요구된다. 지식자산과 지식노동자 및 지식공유가 중요한 관리대상이다.
1. 지식자산과 지식노동자 연계 관리
2. 지식공유 시스템 구축 및 활용

- 전체적인 글의 구성과 요약 정리(아이디어 도출과 구체적 방안, 효과, 대안, 설계 등의 의미 전환이 대단히 중요함)

최근 빅데이터(big data)의 활용 등의 정보기술의 발전은 지식자산과 지식노동자, 및 지식자산 관리 시스템의 활용과 이런 인재들을 위한 새로운 인적자원관리가 요구된다.

2) 본론

라이팅 모델	Meaning Block Model
• 디자인 및 논술 전략 • 이론 / 개념 및 문헌 활용 • 개념과 구성개념 적용 • 문제와 정의 연결하기 • 관점 비교 • 예시와 비유 • 분류 및 비교 • 적절한 해 도출하기 • 사례활용하기 • 사례와 해 연결하기	• 이론적 배경 • 기존이론 등의 한계점 혹은 보완점 등 • 한계점과 보완점을 극복하는 대안, 방안, 설계 혹은 효과 등

• 이론적 배경

1. 지식경영과 상황특성

(1) 조직이나 개인이 얻은 경험을 체계적으로 정리한 정보와, 노하우, 기술, 정보 등을 총망라하여 지식이라 한다. 정보 및 지식사회에서는 정보와 지식을 누가 많이 보유하고 이를 잘 사용하느냐가 경쟁력과 부를 좌우하는 핵심요소가 되었다. 특히 정보 통신 기술의 빠른 발달은 많은 양의 정보들을 효율적으로 활용하기 위해 이들을 정제하여 지식 형태로 만들어 사용하는 데 유리하다. 이런 일련의 지식을 기업의 경쟁력을 위해 활용하는 것이 지식경영이다.

(2) 지식경영의 핵심은 기업 내외부의 동태적인 변화에 대응하기 위해서는 지식 등의 무형의 자원을 관리하는 것이 효과적이라는 것이다. 상황이론은 효과적인 조직구조나 관리방법은 환경 등의 상황요인에 따라 달라지기 때문에 구체적인 상황인 환경, 기술, 구조 등에 따라 적합한 조직구조나 관리방법을 찾아내는 것이다.

다변화는 기업의 상황 특성에 따라 경쟁력을 유지하기 위해서는 지식 경영이 요구되고, 이 지식을 소유하고 있는 인적자원에 대한 새로운 관심이 집중되고 있다.

2. 지식(혹은 지적) 자산과 지식 노동자 관리

(1) 지식 혹은 지적 자산은 기업이 보유하고 있는 각종 지식 등을 말한다. 눈에 보이지 않는 것이어서 이를 기업경영에 반영하는 것이 무척 힘들다. 그러나 지식경영의 정도를 측정하거나 기업의 실제 가치를 정확히 파악하는 데 지식 혹은 지적 자

산을 제대로 분석하는 것이 중요하다. 지적 자산은 인적자산, 구조적자산, 고객자산의 세 가지 범주로 구성되어 있다.

(2) 과거 기업의 가치는 유형 자산의 크기, 자본의 크기, 자본의 투자수익률 등에 의해 평가 되었지만, 이제는 지식노동자라는 무형자산의 크기, 지식노동자의 활용 정도에 의해 평가되는 시대가 되었다. 근로자의 지식, 기업의 아이디어, 경험 등을 엮어서 시대를 앞서는 제품개념을 소비자들에게 제시해야 하며 기업의 신속한 변화와 함께 다른 기업에 앞서 실패의 가능성에 대한 인식이 필요하다. 실패의 가능성을 줄이는 것은 경쟁력의 향상을 의미하기 때문이다.

(3) 지식경영은 지식관리시템적 접근 방방과 지식 창조론적 접근 방법이 있다. 각 방법에 따라 인적자원관리 전략과 관리 대상인 지식 노동자에 대한 접근 방법은 상이하다. 각 특성을 아래 [표]에 설명하였다.

구 분	지식관리시스템적 접근	지식창조론적 접근
인적자원 관리 전략	• 정보기술을 활용하는 지식의 재활용해결대안의 신속한 실행분야 등에서 뛰어난 능력을 보유한 대졸출신채용 • 컴퓨터를 활용하는 원격교육으로 집단학습을 통한 신입사원 교육	• 문제해결능력과 창의력, 복잡성과 애매성에 대응할 줄 아는 mba 출신채용 • 일대일 멘토링을 통해 전문성을 도제식으로 전수
지식노동에 대한 보상과 평가	지식공유시스템에 대한 정보를 문서화시켜 축적한 사람에게 높은 보상 부여	지식을 다른 사람과 직접공유한 사람, 가장 많이 도움을 요청받은 사람에게 높은 보상 부여

• 기존이론 등의 한계점 혹은 보완점 등을 제시

3. 지식공유시스템

지식경영의 성패는 지식 관리과 핵심이다. 지식과 지식 자산의 관리에서 최근 더욱 중요한 요소 중에 하나가 정보기술이다. 각각의 접근 방법에 따라서 지식 경영의 추진 전략 등이나 정보 기술의 관리 방법 등이 상이하다. 다음의 [표]에서 각각의 차이를 설명하였다.

구 분	지식관리시스템적 접근	지식창조론적 접근
지식경영 추진전략	기존지식을 문서화·전파·공유하고 관리하는데 역점	새로운 지식을 창조하고 암묵적 지식의 전파·공유되어지는 과정에 역점
정보기술에 대한 관심과 투자	정보기술을 활용하여 가시적인 지식 시스템구축에 역점	암묵적지식의 공유과정과 노하우를 지니고 있는 전문가간의 대화촉진을 위해 정보기술 활용

4. 지식경영과 인적자원관리의 확장

(1) 지식경영이란 기업내외의 지식자원을 획득, 교환, 결합하여 새로운 지식을 창출하고, 이를 토대로 기업 및 조직의 부가가치를 창출하고 경쟁력을 확보하는 경영방식을 말한다. 지식 경영에서 핵심 자원은 지식이며, 지식중심의 인적자원관리를 위한 내용은 다음과 같다.

- 고도의 지식노동자의 양성
- 지식의 활용과 공유의 장 마련
- 지식자산의 평가

(2) 고도의 지식 노동자의 양성의 목표는 모든 종업원을 고도의 지식노동자로 개발하여 그들 각자가 많은 부가가치를 창출하도록 하는 것이다. 지식의 활용과 공유의 장 마련은 조직원과 공통적이고 유기적으로 상호 협동하는 가운데 경험의 공유가 활발해지고 조직역량이 배가되도록 한다. 또한 지식자산의 평가는 지식이라는 것은 무형의 자산이므로 그 계산에 상당한 어려움이 있다. 그러나 기업은 정확한 측정치가 아니더라도 부단한 노력을 투입하여 지식의 평가에 소홀해서는 안될 것이다.

(3) 지식중심 인적자원관리의 핵심은 지식 노동자를 관리하고 양성하는 것이다. 지식노동자의 특징으로는 ① 일반근로자보다 범조직의 성향 ② 범조직은 회사내부의 승진보다 자신의 전문분야에서 성공하는 것을 중요시 ③ 회사업무가 자신의 관심사와 유사할 때 그 업무에 깊게 몰입하고 최상의 결과를 도출 ④ 관료적 분위기를 싫어하며 높은 자율성을 추구한다.

(4) 지식과 지식 노동자와 지식관리 시스템은 유기적으로 연동해야 한다. 이 유기적인 연동을 통하여 기업의 경쟁력과 성과를 높일 수 있다. 특히 최근 빅데이터의 활용을 통하여 환경 변화에 대한 예측성을 높이고, 예측된 정보와 지식을 활용하여 지식노동자의 활동 폭을 높여 주는 것이 중요하다.

3) 결론

- 서론과 본론의 내용 요약하기
- 도출된 해의 사회적 공헌과 미래 가치 등 제시하기

지식경영이란 기업내외의 지식자원을 획득, 교환, 결합하여 새로운 지식을 창출하고, 이를 토대로 기업 및 조직의 부가가치를 창출하고 경쟁력을 확보하는 경영방식이다. 지식중심 인적자원관리의 핵심은 지식노동자를 관리하고 양성하는 것이다. 또한 지식과 지식노동자와 지식관리 시스템은 유기적으로 연동해야 한다. 이 유기적인 연동을 통하여 기업의 경쟁력과 성과를 높일 수 있다.

2. 제2문 모의시험 문제와 문제풀이

(1) 자원관점에서 전략적 인적자원관리에 대하여 논하시오.(50점)

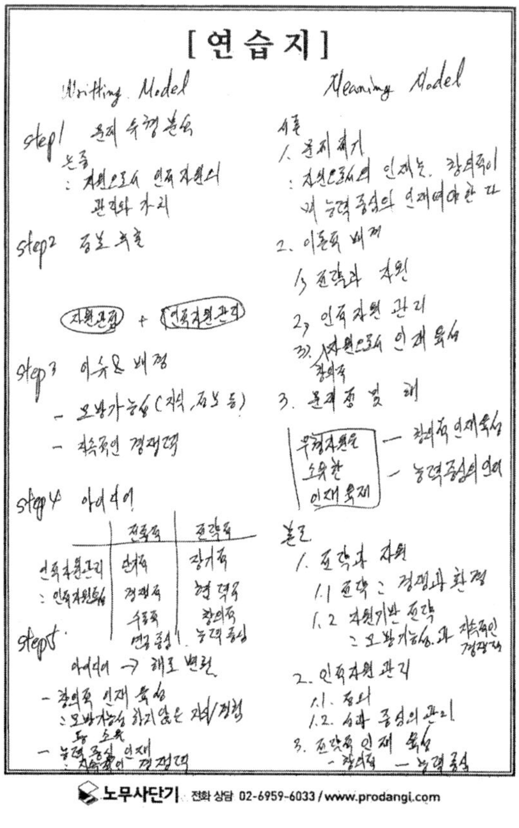

(2) 문제풀이

1) 서론

- 문제제기(문제영역 / 문제배경 / 문제정의)
- 연관된 개념 / 이론 제시(문제와 연관된 관점 / 시각을 설정)
- 문제영역과 현실이슈 등을 비교하여 한계점이나 문제점과 해를 도출
- 전체적인 글의 구성과 요약 정리(아이디어 도출과 구체적 방안, 효과, 대안, 설계 등의 의미 전환이 대단히 중요함)

• 문제제기(문제영역 / 문제배경 / 문제정의)

문제제기의 핵심은 글 전체의 방향을 제시하는 것이다. [연습지]에 기록한 내용을 참조하면서 순차적으로 작성한다.

기본적인 가정은

→ 자원으로의 인재는 창의적이며 능력중심이다(핵심문장).

단락은 핵심문장과 핵심문장을 설명하는 부가 문장으로 구성한다. 단락은 3~5개 정도의 문장으로 구성한다.

문제의 배경과 문제영역 등을 활용한다.

예를 들어

현대경영에서의 당면 문제는 동태적인 환경에서 지속 가능한 성장을 추구하는 것이다(문제의 배경이며 설명문장).

지속가능한 성장을 위해서 가장 중요한 자원이 인적자원이다(문제의 영역이며 설명문장).

전체적으로 핵심문장과 설명문장을 결합하여 문제제기 문장을 완성한다. 수험생의 특성이나 개인적인 취향 등에 따라 글의 구성은 달라질 수 있다.

서론의 문제제기 단락은 문제의 배경과 영역을 부가적인 설명문장으로 구성하고,
핵심문장을 그 다음에 문제제기와 문제의 방향으로서 구성한다.

문제제기 단락 구성 설명문장 1. + 설명문장 2. + 핵심문장으로 구성한다.

• 연관된 개념 / 이론 제시(문제와 연관된 관점 / 시각을 설정)

이론적인 특성은 [연습지]의 내용을 참조한다.

1. 전략과 자원
2. (전략적)인적자원관리
3. 창의적 자원으로서 인적자원육성

• 문제영역과 현실이슈 등을 비교하여 한계점이나 문제점과 해를 도출

창의적 인적자원을 육성과 발굴은 인적자원의 특성이 모방가능하지 않은 지식과 경험과 연관된다. 이런 인재의 육성은 환경변화에 잘 적응하고 대응한다.

1. 창의적 인재 육성(모방가능하지 않은 지식과 경험관리)
2. 능력 중심 인재(지속적인 경쟁력)

• 전체적인 글의 구성과 요약 정리(아이디어 도출과 구체적 방안, 효과, 대안, 설계 등의 의미 전환이 대단히 중요함)

지속적인 경쟁력을 유지하기 위한 자원관점에서의 인적자원관리 방안을 창의적 인재와 능력중심으로 설명한다.

2) 본론

라이팅 모델	Meaning Block Model
• 디자인 및 논술 전략 • 이론 / 개념 및 문헌 활용 • 개념과 구성개념 적용 • 문제와 정의 연결하기 • 관점 비교 • 예시와 비유 • 분류 및 비교 • 적절한 해 도출하기 • 사례활용하기 • 사례와 해 연결하기	• 이론적 배경 • 기존이론 등의 한계점 혹은 보완점 등 • 한계점과 보완점을 극복하는 대안, 방안, 설계 혹은 효과 등

• 이론적 배경

1. 전략과 자원

경쟁기업과 경쟁은 필연적이다(설명문장 1). 기업이 경쟁에서 승리하기 위해서는 경쟁무기가 반드시 필요하다(설명문장 2). 또한 경쟁무기는 지속가능한 특성을 가지고 있어야 한다(설명문장 3). 최근 동적인 환경에서 지속가능한 경쟁력을 유지할 수 있는 경쟁 무기는 정보나 경험 등의 무형의 자원이다(핵심문장).

자원은 크게 두 가지 유형으로 분류한다. 무형의 자원과 유형의 자원이다.

• 유형의 자원(기계나 설비 등의 물적자원과 인적자원)

• 무형의 자원(브랜드, 특허, 정보와 지식, 경험 등)

전통적인 기업에서는 유형의 자원인 기계나 설비 등이 주요한 경쟁무기였으나 , 현대 기업에서는 무형의 자원이 주 경쟁무기이다. 현대경영의 주요한 문제는 환경의 동태적인 변화이다. 이런 동태적인 환경변화를 예측하고 대응하기 위해서 필요한 자원은 무형의 자원이다.

특히, 미래시장의 개척, 새로운 제품과 서비스의 창조는 소비자의 기호변화나 시장에서 경쟁자들의 제품을 분석하고 예측하는 능력이 중요하다. 이런 능력은 무형의 자원인 정보와 지식 및 경험 등에 기반한다. 무엇보다 이런 무형의 자원은 많은 경우 인적자원에 내재되어 있다. 최근 인적자원관리에서 이런 자원을 다루는 영역을 전략적 인적자원관리라고 한다.

2. (전략적) 인적자원관리

전략적 인적자원관리의 핵심은 무형의 자원인 정보, 지식 및 경험을 소유하고 인재를 필요시 확보하고 활용하는 것이다.

항 목	전통적 인적자원관리	전략적 인적자원관리
초 점(1)	관리적/기능적/단기적	전략적/장기적
초 점(2)	생산중심	서비스중심
행 동	반응적/수동적	선도적/능동적
기업사명과의 관계	분리되고 격리된 상태	주요한 부분을 차지
조 직	권한의 수직라인을 지닌 조직	과정중심 조직 • 수평적 책임의 제네럴리스트 • 스페셜리스트의 기업 팀
인간을 보는 관점	비용으로서의 인간	투자로서의 인간

전략적 인적자원관리는 장기적 관점에서 능동적인 인재를 요구하는 데, 이런 인재가 무형의 자원인 정보, 지식 및 경험을 통제하고 관리할 수 있는 인재이다. 이런 창의적 인재의 관리와 육성이 중요하다.

3. 창의적 자원으로서 인적자원육성

• 기존이론 등의 한계점 혹은 보완점 등을 제시

불확실하고, 동태적인 기업환경에서 경쟁기업과의 경쟁에서 지속적인 성장에서 중요한 역할을 수행하는 창의적인 인재의 육성은 기업의 성장과 발전과 밀접하게 연관되어 있다. 창의적 인적자원의 육성은 다음과 같은 특성을 가져야 한다.

- 경영환경과의 적합성
- 기업전략과의 일관성 확보
- 제반 인적자원관리의 유기적 관계를 유지
- 지속적이며 모방가능 하지 않은 무형자원의 관리

현대 경영에 있어서 경쟁무기이며 핵심역량은 사람 즉 인재이다. 특히 인재에게 내재되어 있는 무형의 자원인 노하우, 지식, 경험은 누구도 쉽게 모방할 수 없는 핵심적인 자원이다. 이런 자원을 보유하고 있는 인적자원에 대한 관리는 능력 중심의 사고가 요구된다.

4. 능력중심의 인재육성 방안

• 한계점과 보완점을 극복하는 대안, 방안, 설계 혹은 효과 등

정형화되고 표준화된 작업공정과 사전에 정의된 제품을 생산하는 전통적인 기업에서는 정형화된 업무절차를 수행하는 숙련된 사람들이 중요하다면, 환경이 불확실하고 예측하기 어려운 현대에서는 혁신적인 변화와 환경변화에 능동적인 인재가 중요하다.

'연공서열 위주의 인사가 아닌 능력과 성과에 의해 평가하고 이를 근거로 급여지급, 능력개발 등이 이루어지는 과거 연공주의에 비교되는 인사관리 흐름'이다.

(1) 성과주의 인적자원관리의 특성

개인들의 다양한 능력을 조직의 목표에 부합시키고, 이를 다시 개인의 능력을 발전시키는 순화적인 구조이며 사람들의 능력을 극대화시킬 수 있는 것이 성과주의 인적자원관리이다.

① 개인화 및 환경변화에 대응하기 위하여 유연한 경영
② 21세기에 조직이 필요로 하는 다양하고 우수한 인재를 확보·양성하는 데 적합
③ 개인 및 조직의 가치를 높이는데 기여
④ 개인의 개성, 창의력, 잠재력, 고용가능성을 높임

(2) 성과관리의 과정

직무성과를 통해서 조직과 개인 등에 대한 전체적인 업적 평가를 수행하고 이를 기초하여 조직의 인사 정책을 재평가하고 이에 따른 다양한 인적자원관리의 토대로 활용하고 이를 기초하여 정책을 수립한다. 수립된 정책에 기초하여 개인과 조직의 역할을 재수행하도록 조정한다.

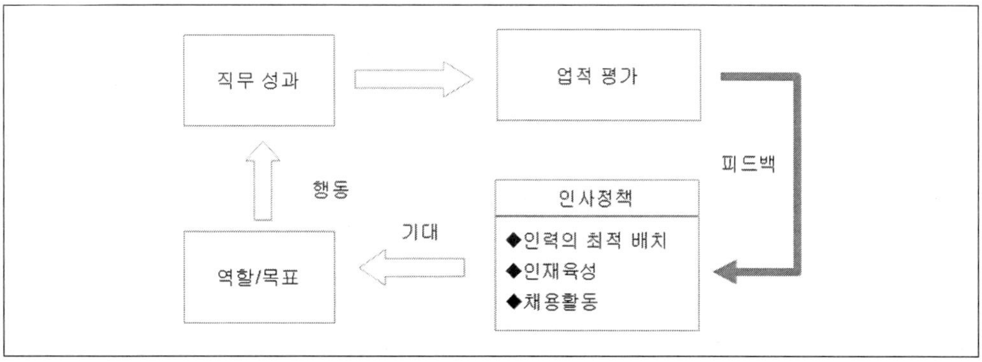

특히 최근에는 기업들이 객관적인 평가요소로서 직무수행과 달성에 대한 관심이 모아졌다. 이런 업적 평가를 중심으로 인적자원의 평가 등이 이루어지고 이를 토대로, 조직안에서 우수인재에 대한 역할과 목표 등이 재평가되고 있다.

3) 결론

- 서론과 본론의 내용 요약하기
- 도출된 해의 사회적 공헌과 미래가치 등 제시하기

경쟁기업들 사이의 경쟁강도와 방법은 지속적으로 변화되고 있다. 이런 변화속에서 기업의 성장과 발전은 무형의 자원인 노하우, 지식 및 정보 등이 중요한 자원이다. 이런 핵심자원을 소유하고 있는 인적자원의 관리는 전략적으로 중요하고, 이런 인재를 관리하기 위해서는, 노하우, 지식 및 경험을 활용하고 적용할 수 있는 능력중심적이며, 객관적인평가 등이 요구되는 성과중심적인 인적자원관리가 요구된다.

(예) 실제답안지 작성풀이

Ⅰ. 서론 (Introduction)

현대 경영에서의 당면 문제는 동태적인 환경에서 지속 가능한 성장을 추구하는 것이다. 지속 가능한 성장을 위해서 가장 중요한 자원이 인적 자원이다. 자원으로서의 인재는 창의적이며 능력 중심의 인재여야 지속가능한 성장을 이끌어 줄 수 있다.

이론적 배경은 자원으로서의 인재 특성과 창의적 인재 육성 등을 설명할 것이다.

- 전략과 자원
- 인적 자원 관리(전략 관점)
- 창의적 자원으로서 ~~인적 자원 육성~~ 인적 자원 육성

창의적 인적자원을 육성하고 발굴하고 관리하기 위해서 인적 자원 모방가능하지 않은 지식/경험 등을 소유해야 한다. 이런 인재의 육성은 환경 변화에 대응이 유리하고

- 창의적 인재 육성 (모방 가능하지 않은 지식과 경험 관리)
- 능력 중심 인재 (지속적인 경쟁력)

지속적인 경쟁력을 유지하기 위한 자원관점에서의 인적자원관리 방안은 창의적 인재와 능력 중심으로 설명한다.

Ⅱ 이론적 배경 (혹은 본론)

1. 전략과 자원 (경쟁력과 경쟁우위관점)

경쟁기업과의 경쟁은 필연적이다. 경쟁에서 기업이 승리하기 위해서는 반드시 경쟁 우위가 필요하다. 또한 경쟁 우위는 지속가능한 특성을 가지고 있어야 한다. 최근 동적인 환경에서 지속 가능한 경쟁력을 유지할 수 있는 경쟁 우위는 정보와 경험 등의 무형의 자원이다.

자원은 크게 두 가지 유형으로 분류한다. 두가지 유형은 다음과 같다.

- 유형의 자원 (기계나 설비 등의 물적자원과 인적자원)
- 무형의 자원 (브랜드, 특허, 정보와 지식, 경험 등)

전통적인 기업에서는 기계나 설비 등의 물적 자원(유형의 자원) 등이 중요한 경쟁 우위였다. 그러나 현대 기업에서는 무형의 자원이 곧 경쟁우위이다. 현대 경영의 중요한 문제는 환경의 동태적인 변화이다. 이런 동태적인 변화를 예측하고 대응하기 위해서 필요한 자원은 무형의 자원이다.

3/

특허, 새로운 혹은 미래시장의 개척, 신규서비스나 ~~신선~~ 신제품의 창조는 소비자의 기호변화나 시장에서 경쟁자들의 제품을 분석하고 예측하는 능력이 핵심이다. 이런 능력은 구성원의 차원인 정보와 지식, 및 경험등에 기반한다. 우리는 이런 자원을 ~~자원~~ 많은 경우 인적자원에 내재되어 있다. 최근 인적자원관리에서 이런 자원을 다루는 영역을 전략적 인적자원관리라 한다

2. 전략적 인적자원 관리

전략적 인적자원관리의 핵심은 구성원의 차원인 정보, 지식 및 경험을 내재하고 있는 인재를 필요시 확보하고 활용하는 것이다. 다음의 표에 간략하게 비교 요약하였다

항목	전통적 인적자원관리	전략적 인적자원관리
관리초점	관리적/기능적/단기적	전략적/장기적
행동	반응적/수동적	선도적/능동적
조직특성	수직 관계 책임과 권한이 명확	수평적 조직 동기부여중심
인재관점	비용으로서 인간	투자로서 인간

전략적 인적자원관리는 장기적 관점에서 능동적

인재를 요구하는데, 이런 인재가 보유한 재능, 지식, 및 경험은 통제하고 관리할수 없는 영역이다. 이런 창의적 인재의 관리와 육성이 중요하다

3. 창의적 자본으로서 인적자원 육성

불확실하고, 동태적인 기업환경에서 경쟁기업과의 경쟁에서 지속적인 성장의 중요한 역할은 창의적인 인재 육성과 연관된다. 창의적 인적자원의 육성은 다음과 같은 특징을 지닌다

- 경영환경의 적합성
- 기업전략과 일관성
- 기존 인적자원관리와 유기적 관계특성
- 지속적이며 모방가능하지 않는 무형 자원의 관리

현대 기업의 핵심자원이며 역량은 인재이다. 특히 인재에 내재되어 있는 무형의 자원인 노하우, 지식, 정보은 누구나 쉽게 모방할 수 없는 핵심적인 자원이다. 이런 자원을 보유하고 있는 인적자원의 관리는 능력과 성과 중심의 관리 방법이 요구된다

4. 능력 중심의 인재 육성 필요

정형화되고 표준화된 방식의 직무수행은 탈피되면서 비정형화된 직무수행은 동태적인 환경 변화에 필수적이고 이런 능동적인 인재는 연공 중심적 관리 방법에서 성과 중심적이면서 능력 중심적인 변화를 요구한다.

성과주의 인적 자원 관리의 특징은 ① 지식화에 기반한 유연한 경영, ② 다양하고 우수한 인재, ③ 조직의 가치를 높이는 관리 ④ 은 개별 인재의 지식, 창의력, 잠재력 등을 중시하는 것이다.

성과 주의 인적 자원 관리의 과정은 직무 성과를 통한 인적 평가가 중요한 요소이다. 그 과정은 다음과 같다.

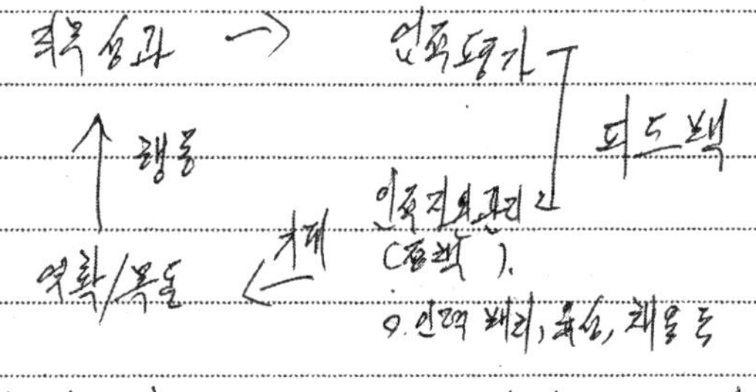

특히 최근에는 기업들이 객관적인 평가요소로 직무 수행과 달성에 대한 관심이 높아졌다. 이런 업적

6/6

평가를 중심으로 인적자원에 대한 평가 등이 이루어지고 이를 토대로, 조직안에서 우수 인재에 대한 역할과 목표 등이 재 평가 되고 있다

Ⅳ 결론

경영 기업들 사이의 경쟁의 강도와 방법은 지속적으로 변화되고 있다. 이런 변화속에서 기업의 성장과 발전은 무형의 자원인 노하우, 지식 및 정보 등이 중요한 자원이다. 이런 핵심 자원을 소유하고 있는 인적 자원의 관리는 전략적으로 중요하고, 이런 인재를 관리하기 위해서는 노하우, 지식 및 경험을 활용하고 적용할 수 있는 능력중심적이며 성과중심적인 인적자원 관리가 요구된다

제2장
인적자원관리

1. 인적자원관리란

인적자원관리(human resources management)
: 인적자원의 확보, 개발, 활용, 보상, 유지와 관련된 관리 활동

특성 : 목표를 세우는 것도 사람, 물적자원을 조달하고 운용하는 것도 사람, 전략을 세우고 정보를 관리하는 것도 사람, 관리의 주체 · 대상도 사람체계
확보관리 : 우수한 인력을 어떻게 확보할 것인가?
개발관리 : 종업원의 잠재능력을 어떻게 개발하여 최대한 발휘할 수 있도록 할 것인가?
보상관리 : 금전적(경제적), 비금전적(비경제적)인 보상을 어떻게 할 것인가?
유지관리 : 노조와의 관계는 어떻게 유지할 것인가?

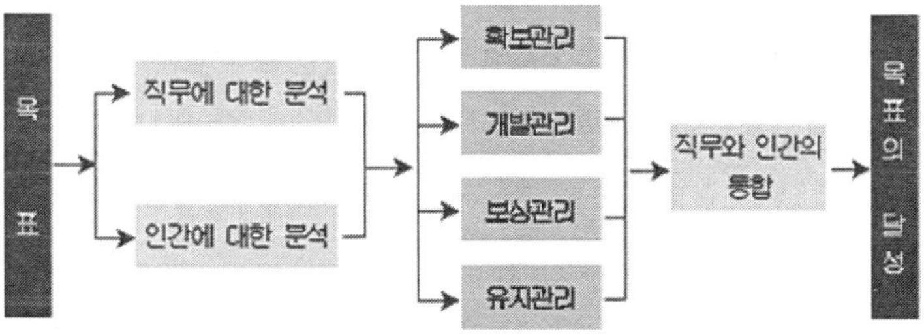

(1) 인적자원관리 활동의 체계

인적자원관리 활동의 체계는 전사적 / 전략적 목표달성을 위한 우수 인적자원의 계획, 확보, 개발, 활용, 보상, 유지 및 이직관리와 관련된 관리 활동이다. 또한 전사적 / 전략적 목표를 세우는 것도 사람이고, 물적자원인 설비나 기계 등을 투자 및 조달하고 운용하는 것도 사람이다. 그리고 전략을 세우고 정보를 관리하는 것도 사람, 관리의 주체도 대상도 모두 사람이라는 특징이 있다.

(2) 인적자원(resource)의 분류

유형의 자원과 무형의 자원으로 구분

1) 유형의 자원

기업이 가치 창출을 위하여 투입되는 요소로서 크게 물적자원과 인적자원으로 구분

2) 무형의 자원

개인이나 조직에 내재된 자원으로 지식, 정보, 노하우 등임

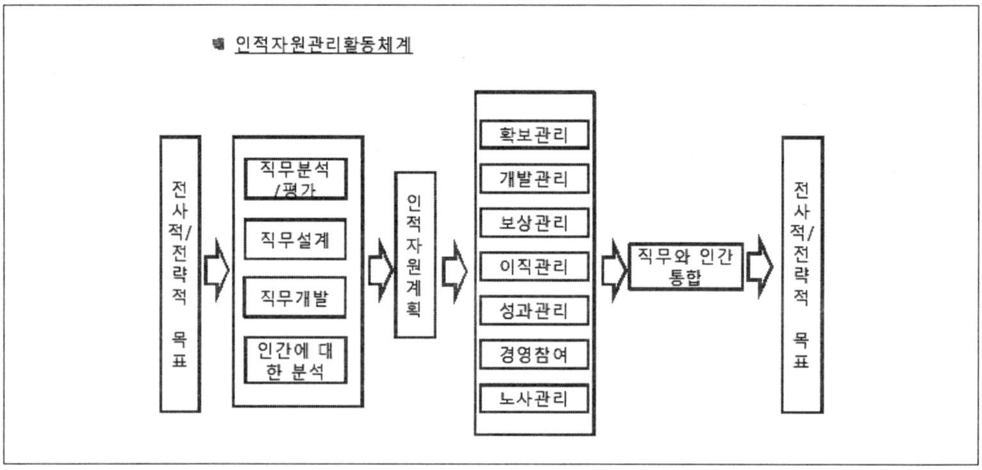

2. 인적자원관리 과정

(1) 인적자원관리의 전개과정

1) 기계론적 접근방법(생산성 강조시대)

- 노동도 자본이나 토지와 같이 가능한 한 싸게 획득하는 생산의 한 요소
- 종업원행동은 완전히 예측할 수 있고 통제 가능
- 인적자원관리활동에 간섭을 해올지 모르는 정부와 노동조합 등의 외부 세력과 기업을 차단시킬 필요가 있음

2) 가부장적 접근방법(인간성 강조시대)

- 기계론적 접근방법은 능률향상이란 측면에서 기업에 긍정적인 효과를 가져왔지만 노사분규가 급증하고 노동조합 숫자가 크게 증가하는 현상이 빈번해지면서 종업원의 사기를 높이며 노조를 위축

• 경영자가 일방적 의사를 통해 종업원들의 충성심을 사는 형태의 인적자원관리 활동인 가부장적 접근방법 대두
• 관리목표를 감정의 논리를 중심으로 한 개인적인 만족의 증대에 두고 인센티브와 교화 등의 수단을 사용

3) 개방체계적 접근방법(생산성과 인간성의 동시추구시대 : 현대 인적자원관리)
• 인적자원관리문제는 다양하며 때로는 갈등적인 세력관계를 포함하는 복잡한 구조를 갖는 체계라는 인식에 기초
• 조직 또는 기업을 외부확장체계로 불려질 수 있는 복잡한 환경과 상호작용을 하는 개방체계로 인식
• 기업내부의 변환과정에는 기업고유의 다양한 활동들이 포함되고 이중 기업활동의 한 부분 즉 하위시스템으로서 기업성과향상이라는 목표를 달성하고자 하는 인적자원관리활동이 존재

(2) 인적자원관리의 특징

항 목	전통적 인적자원관리	현대적 인적자원관리
초 점(1)	관리적/기능적/단기적	전략적/장기적
초 점(2)	생산중심	서비스중심
행 동	반응적/수동적	선도적/능동적
기업사명과의 관계	분리되고 격리된 상태	주요한 부분을 차지
조 직	권한의 수직라인을 지닌 조직	과정중심 조직 • 수평적 책임의 제네럴리스트 • 스페셜리스트의 기업 팀
인간을 보는 관점	비용으로서의 인간	투자로서의 인간

1) 인적자원관리의 기준

◆ 통제인가? 개발인가?
• 전통적 모델 : 감독과 통제
• 인간관계 모델 : 성취욕구, 자긍심의 충족
• 인적자원 모델 : 개발과 투자

◆ 자산인가? 투자인가?

- 자산관점 : 총산출(노동생산량) – 총비용(인건비)
- 자본관점 : 교육·훈련(노동력의 증식)

2) 인적자원관리 패러다임의 변화추세

- 반응적 관리에서 선재(행)적 관리로
- 일차원적 관리에서 다차원적 관리로
- 비용 중심에서 투자 중심으로
- 연공 중심에서 능력 중심으로
- 표준형 인재관에서 창조적 인재관으로
- 개인 중심에서 팀 중심으로

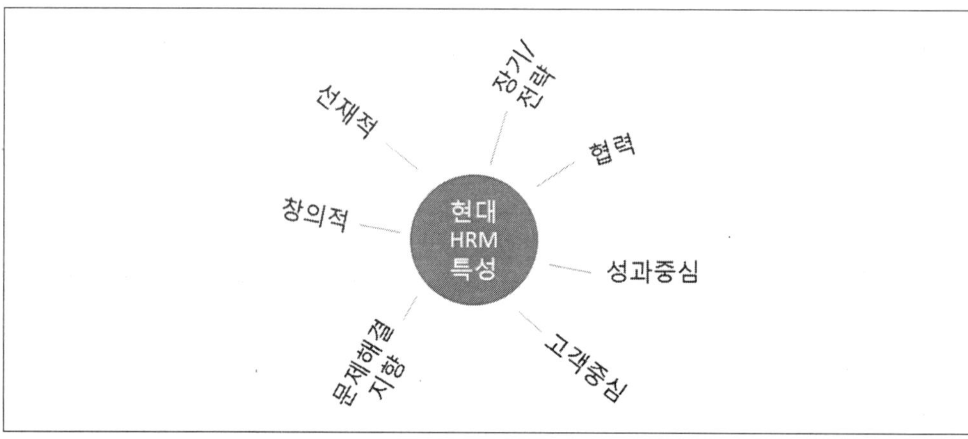

(3) 조직의 라이프 싸이클에 따른 인적자원관리

• 각 단계별로 상이한 인적자원관리 활동이 필요

	도입기	성장기	성숙기	쇠퇴기
지배적 가치	기업가정신 및 도전적, 모험적 정신	시장확대 (영업 및 마케팅)	지속 가능한 경쟁력	비용통제
확 보	우수한 기능공, 전문가의 영입	내부노동시장의 급속한 성장	이직장려, 배치전환 강조	인력감축계획과 실행, 종업원 배치전환
개발(훈련)	미래의 기능요건 확인과 경력경로 설정	경영자개발을 통한 효과적인 경영팀 개발, 조직개발	고령인력의 기능과 유연성을 유지	재훈련실시와 경력상담
평가 (인사고과)	사업계획 달성도 기준	시장점유율 등 성장성 기준	효율성 및 이윤기준	원가절감기준
보 상	고임금 또는 경쟁적 임금수준 혹은 주식배분으로 인력유인	외적경쟁성유지, 내적 공정성 확립, 공식적 임금구조 확립	비용통제	엄격한 비용통제
노사관계	노사관계의 기본철학 정립과 조직계획	산업평화의 유지와 종업원 동기부여 및 사기의 유지	노무비 통제와 산업평화의 달성, 생산성 개선	작업규칙의 유연성 확보와 생산성 증진, 직무안전과 고용조정정책의 협상

(4) e-HRM

1) 전통적 HRM 부서와 e-HRM 부서

인터넷을 활용하여 직원채용 공고를 내고 인터넷 상으로 접수를 받아 결과를 알려주는 것에서부터 기업 내부적으로 인사고과에서 인터넷과 정보통신 기술을 활용하는 것까지 모두 포함

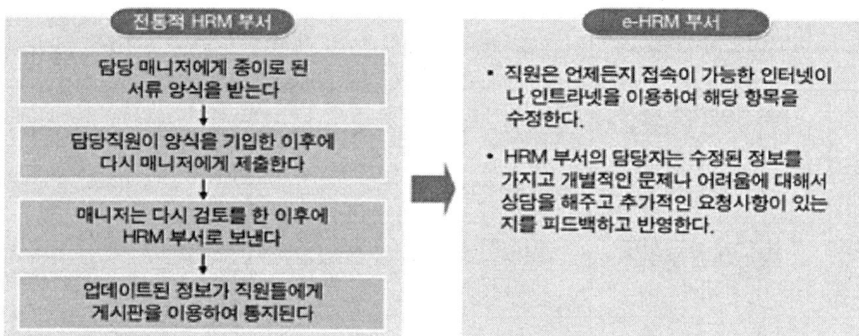

2) e-HRM의 활용방법

① 정보유지 및 관리

과거의 서류양식에서 탈피하여 조직과 구성원사이의 정보를 유지시킬 수 있고 전자화된 DB구축을 통해 효과적으로 정보를 관리할 수 있게 한다.

② 커뮤니케이션

채팅과 메신저, 홈페이지, e-메일 등을 이용하여 거리와 입지를 초월한 실시간 커뮤니케이션이 가능해진다.

③ 교육관리

이 또한 시간적, 공간적 제약에서 벗어나 온라인 강의, 연수를 통해 비용절감과 능동적인 교육, HR의 개발을 가능하게 한다.

④ 급여관리

복잡한 급여계산을 용이하게 하고 직원 스스로 급여명세서의 확인을 통해 투명한 임금관리가 가능해진다.

⑤ 온라인 채용(on-line recruitment)

홈페이지나 전자우편으로 모든 채용을 관리함으로써 많은 인재를 보다 빨리 선발할 수 있는 계기가 되었다.

⑥ 웹기반 인사평정(web-based assessment)

과거에는 상급자가 고과자가 되어 주관적으로 인사고과를 했다면 e-HRM 도입으로 360도 평가를 익명성을 가지고 평가함으로써 인사평가의 신뢰성과 타당성을 더 높일 수 있다.

⑦ 이직자 풀관리

퇴사 후 이직자나 자발적 이직에 의한 이직자의 관리와 더불어 다양한 비공식적인 활동을 지원함으로써 공동체 의식과 조직문화를 유지시킨다.

제3장

불확실성시대와 전략적 인적자원관리

1. 경영전략과 인적자원관리

(1) 현대 기업에서는 인적자원관리가 현재와 미래의 조직 성과요인이며, 더욱이 기업의 지속적인 경쟁우위를 창출할 수 있는 핵심자원으로 인적자원의 효율적이며 전략적인 관리가 요구된다.

(2) 인적자원관리는 조직경영의 한 대상으로서 기업의 경영전략, 환경, 및 조직 구조와 연관되어 있으며 조직의 목표달성에 중요한 역할을 수행한다.

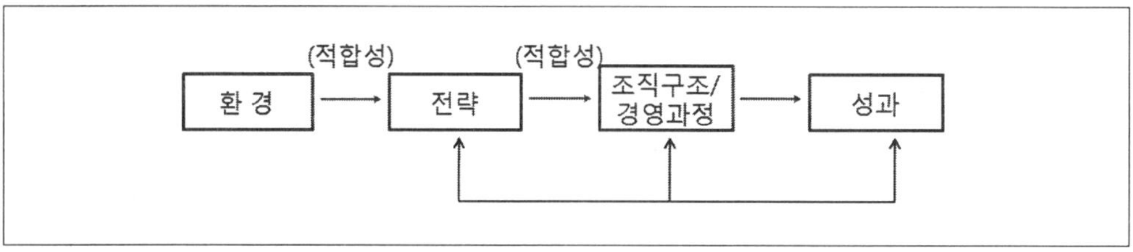

환경, 전략. 조직구조/경영과정 및 성과(첸들러 모형)

(3) 인적자원관리를 통해 조직 성과와 경쟁우위를 달성하려면 조직의 전략형성과정에 인적자원요소들이 고려되어야 하고, 전략수행과정에서 조직의 전략목적이 인적자원관리에 직접 반영되어 인적자관리가 전략경영과 연계되어 전개되어야 한다.

2, 전략적 인적자원계획 및 관리

(1) 전략적 인적자원계획(strategic human resource planning)은 조직의 목적(혹은 전략)을 달성하는 데 필요한 인적자원을 적시에 확보하기 위한 인적자원관리 과정이다.

(2) 기업은 조직에서 요구되는 인력의 자질과 수요를 내부의 기존인력이나 외부인력으로 충당하고, 불필요한 인력은 통제나 조정함으로서 인적자원을 관리한다.

(3) 인적자원계획은 외부 인력고용을 위해 모집과 선발, 내부인력의 장단기 훈련 / 개발, 스읫 / 배치, 및 해임/조정, 및 조직계획과 조직구조설계 등 필요인력 확보와 조달에 관련되 인적자원관리 기능의 총합이다.

전략계획 ↔ 인적자원계획 ↔ 인적자원관리

(4) 인적 자원은 조직이 필요로 할 때 즉각적으로 대처하기는 어려운 점이 있다.
(5) 필요한 인적자원을 확보하려면 전력계획과 연계하에서 조직의 인력수요를 예측하여 장기적인 목표하에서 인력을 개발하고, 수요인력에 따라 외부인력을 장기적으로 충원하는 체계적이고 지속적인 관리과정이 필요하다.

3. 전략적 인적자원관리(SHRM : Strategic Human Resource Management)

(1) 1980년대는 세계화 및 글로벌화의 추진은 기업의 경쟁환경이 무한경쟁의 시대로 돌입하였고, 이로 인해 기업의 경쟁우위확보를 위한 우수인재 확보 및 개발에 대한 관심이 증대되었다. 이는 인사부서가 기업의 전략과 목표를 수립하고 집행하는데 중요한 역할을 담당하도록 하는 계기를 형성했다.
(2) 전략적 인적자원관리(SHRM : Strategic Human Resource Management)란 성장전략이나 경쟁전략의 형성 및 집행과정에 인사전략을 통합시킴으로써 인사전략의 일관된 방향성을 설정하는 것으로 인적자원의 부가가치를 최대한 이끌어 내어 기업의 전략적 목표를 이루는 것이다.
(3) 기존의 인사관리나 인적자원관리와의 차이점
- 경영환경과의 적합성을 지녀야 하며
- 기업전략과의 일관성 확보하여야 하고
- 제반 인사제도와의 유기적 관계를 유지해야 한다.

(4) 경쟁우위와 인적자원관리

외부 환경변화가 예측할 수 없고 동적인 환경에서 인적자원은 경쟁우위를 획득할 수 있는 중요한 자원이다. 경쟁우위를 가질 수 있는 인적자원의 획득과 관리는 기업이 미래의 성장 동력이며 혁신의 무기이다.

제4장 성과중심적 인적자원관리

1. 성과주의 인적자원관리의 개념

(1) 현대 경영에 있어서 경쟁무기이며 핵심역량은 사람 즉 인재이다. 특히 인재에게 내재되어 있는 무형의 자원인 노하우, 지식, 경험은 누구도 쉽게 모방할 수 없는 핵심적인 자원이다.

(2) 이런 무형자원은 기업에게 경쟁우위를 달성할 수 있는 경쟁무기이며 다른 조직이나 기업이 쉽게 모방할 수 없는 자원이고 또한 이를 내재하고 있는 인재를 양성하고 관리하는 것은 기업의 성과달성에 핵심적인 요소이다.

(3) "획일화된 경영, 획일화된 인재상을 버리고 다양하고도 유연한 경영, 다양한 인재양성에 주력해야 한다."〔허드슨 연구소(미국), 근로인력 2000(workforce 2000) 프로젝트 보고서〕

(4) IMF 여파로 인한 세계적 흐름인 성과주의의 지향, 극심한 경쟁으로 인한 생존의 위협 속에서 인적자원의 성과지향이란 동기부여를 통해, 경쟁력 있는 인재확보와 이직방지, 정보기술(IT: Information technology) 및 스마트기기(Smart Devices)등의 첨단 기술발달로 인해 환경변화는 동적으로 변화되고 있고, 이에 대응하기 위해서는 과감한 경영활동을 통한 성과달성이 더욱 더 중요하게 인식되었다.

2. 성과주의의 개념

(1) 정형화되고 표준화된 작업공정과 사전에 정의된 제품을 생산하는 전통적인 기업에서는 정형화된 업무절차를 수행하는 숙련된 사람들이 중요하다면, 환경이 불확실하고 예측하기 어려운 현대에서는 혁신적인 변화와 환경변화에 능동적인 인재가 중요하다.

(2) '연공서열 위주의 인사가 아닌 능력과 성과에 의해 평가하고 이를 근거로 급여지급, 능력개발 등이 이루어지는 과거 연공주의에 비교되는 인사관리 흐름'이다.

3. 성과주의 인적자원관리의 특성

개인들의 다양한 능력을 조직의 목표에 부합시키고, 이를 다시 개인의 능력을 발전시키는 순화적인 구조이며 사람들의 능력을 극대화시킬 수 있는 것이 성과주의 인적자원관리이다.

- 개인화 및 환경변화에 대응하기 위하여 유연한 경영
- 21세기에 조직이 필요로 하는 다양하고 우수한 인재를 확보, 양성하는 데 적합
- 개인 및 조직의 가치를 높이는데 기여
- 개인의 개성, 창의력, 잠재력, 고용가능성을 높임

4. 성과주의 인적자원관리의 지향

동적으로 변화되는 환경에 대응하기 위해서는 무형의 자원을 창출하고 관리할 수 있는 인재는 능력 중심의 평가와 이를 뒷받침해줄 수 있는 다양한 제도적인 보완없이는 확보하고 유지하는 것은 더욱 더 어려울 것이다. 아래 [표]에서 연공주의와 성과주의 기본적인 특징의 차이를 설명하였다.

구 분	연공주의	성과주의
확보관리	학력, 남성위주, 정시모집, 신입사원위주, 인사부서중심채용	자격이나 직무, 수시채용의 활성화, 경력사원중심, 현장부서 및 직무 중심으로 우수인력확보
경력관리	과나 부서위주의 집단 및 제너럴리스트(generalist) 중심의 경력개발	개인적이며 맞춤식 경력개발로 스페셜리스트(specialist) 중심의 경력개발
급여관리	나이, 성별, 직위별에 따른 연공급 중심	직무수행능력과 성과에 따른 직무급, 능력급, 연봉제 등의 인센티브제도 지향
인사고과	상, 벌 중심의 감점주의	현재수준파악을 통한 능력개발에 초점을 두는 가점주의
교육 및 훈련	일괄적이고 집단적 교육훈련	우수인재와 지식근로자의 양성을 위한 방편과 개개의 능력에 맞는 맞춤식 훈련(training)
복리후생	일괄된 복리후생	동기부여를 강조하는 카페테리아 등의 복리후생

업무형태	풀타임, 정규직 중심의 형태	시간제, 파견근로자, 외주를 통해 생산성과 비용편익의 이점을 이용 또는 유연근무제
국제화	자국중심인력 운용	글로벌화된 인적자원의 내외국인 구분이 없음
정보화 인력	IT활용능력은 일부에 제한적	IT활용능력 및 정보 수집 / 분석 등이 개인의 능력일 정도로 큰 비중차지

5. 성과관리의 과정

직무성과를 통해서 조직과 개인 등에 대한 전체적인 업적평가를 수행하고 이를 기초하여 조직의 인사정책을 재평가하고 이에 따른 다양한 인적자원관리의 토대로 활용하고 이를 기초하여 정책을 수립한다. 수립된 정책에 기초하여 개인과 조직의 역할을 재수행하도록 조정한다.

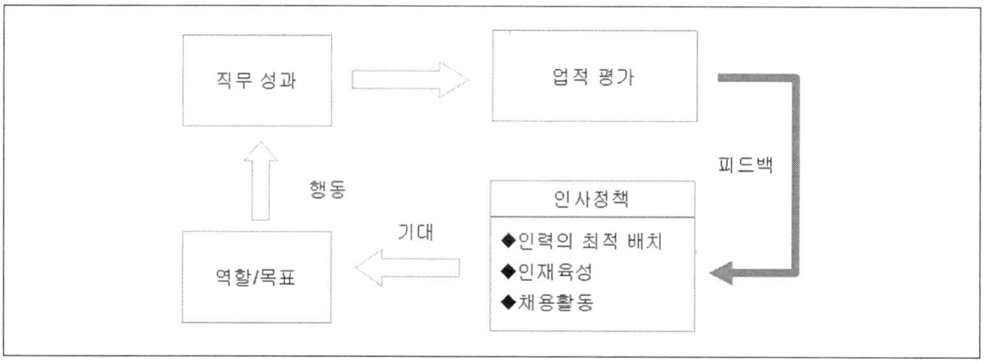

제5장

논술과 글쓰기: Meaning Block

1. 답안작성을 위한 표현과 글쓰기 준비

답안작성은 준비단계를 거쳐 시작단계에서 실제로 답안을 작성하는 단계로 이루어진다. 각 단계를 통하여 답안작성의 문제점을 확인하고 수험생 자신의 고득점 혹은 좋은 글쓰기 습관을 만든다,

1. 2차시험 답안작성과 글쓰기 문제점

답안작성 전

✓ 답안작성 즉, 무엇인가를 써야 한다는 자체가 스트레스다.
✓도대체 무엇을 어떻게 작성해야 할지 모르겠다.
✓첫 줄을 어떻게 시작해야 할 지가 스트레스이다.

답안작성 시작

✓마땅한 첫 문장 혹은 첫 줄이 잘 떠오르지 않는다.
✓ 첫 문장을 쓰는 데 지나치게 많은 시간을 보낸다.
✓ 답안의 내용과 관련해 아는 게 너무 없거나 체계적이지 않다.
✓ 다른 수험생들은 어떻게 답안을 작성하는 지 궁금하다.

답안작성 진행과정

✓머리 속에 생각을 문장으로 표현하려니 잘 안 된다.
✓경영학적인 적절한 용어나 단어가 떠오르지 않는다.
✓ 문장과 문장을 이어나가기 힘들다.
✓ 겨우 몇 줄을 쓰고 나면 무엇을 더 써야 할지 모르겠다.
✓ 문장이 자꾸 길어진다.
✓ 문장을 짧게 쓰면 전체 분량이 줄어들 것이 걱정이다.
✓ 분량을 늘리려고 연관성이 낮은 다른 이론이나 개념/사례 등을 자꾸 확대 사용한다.
✓ 답안지의 적정 분량을 채우는 것이 어렵다.
✓ 답안의 구성이 작성하면서 이상한 방향으로 진행된다.
✓ 논리적인 구성이 잘 안 된다.
✓ 출제된 문제에 배경 지식과 이론 등이 부족함 절실히 느낀다.

2. 글쓰기를 위한 단락활용

: Meaning Block → 단락

Meaning Block으로서 단락은 의미전달의 기본이며 전체 글 구성은 의미단위인 단락으로 구성하고 이를 통해서 글쓰기를 완성한다. 즉 실제 종이 답안지 전체를 구성하는 전략이다.

1. 단락을 알면 답안 구성과 논리가 강해진다.

잘못된 단락 인식과 활용

- 수험생들은 단락구성에 취약하다.
- 한 문장을 쓰고 나서 그 다음에 쓸 문장이 무엇인지 혼란스럽다.
- 한 단락의 길이가 짧다; 글의 호흡이 짧다.
- 길게 쓰려고 한 단락에 여러 개의 생각을 이어 붙인다; 혼란스럽다.
- 답안작성 내용에 대한 아이디어와 문제제기 방향이 잘 연결되지 않는다.
- 답안 전체에 대한 구성과 이론 개념 및 논리에 대한 지식이 부족하다.
- 한 단락에서 다음 단락으로 넘어가는 것이 자연스럽지 못하다.
- 결국 답안전체의 구성과 논리 등이 부족해진다.

단락을 알면 답안 구성과 논리가 강해진다.

단락의 핵심 내용

- 하나의 단락에는 하나의 중심 생각/의견/주장/설명만 들어 있어야 한다.
- 단락은 '핵심문장(주제문장)+설명/근거/사례문장'으로 구성된다.
- 단락은 자기주장(핵심문장)에 대한 경영학적인 이론과 개념 및 배경 지식 등을 요구한다.
- 단락 구성은 문장과 문장을 연결하는 기술이며, 단락과 단락의 연결은 논리이며, 답안의 흐름이다.

단락의 이해

- 답안의 내용/ 구성 등이 명료해진다.
- 답안이 논리적으로 된다.
- 답안이 채점자에 대한 설득력이 높아진다.
- 장문의 답안을 보다 쉽게 작성할 수 있다.

제4부 직무분석과 인적자원관리 계획

제1장

모의시험 문제와 문제풀이

제1문
직무분석의 목적, 절차, 방법, 기법에 대해 약술하시오. (25점)

제2문
인적자원의 수요 / 공급의 의미와 예측 방법 등에 대하여 역술하시오. (25점)

1. 제1문 모의시험 문제와 문제풀이

(1) 직무분석의 목적, 절차, 방법, 기법에 대해 약술하시오. (25점)

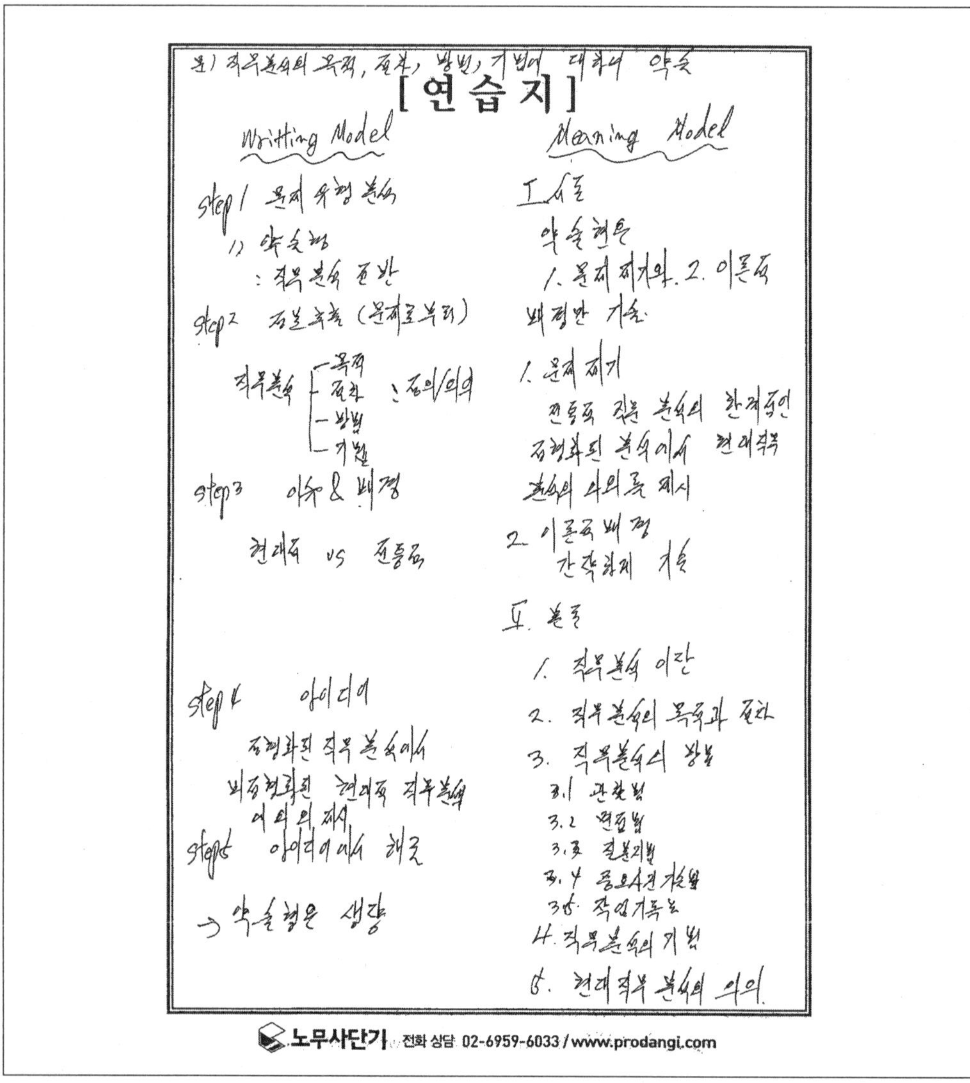

(2) 문제풀이

1) 서론

• 문제제기(문제영역 / 문제배경 / 문제정의) • 연관된 개념 / 이론 제시(문제와 연관된 관점 / 시각을 설정) → 약술형은 문제제기와 연관된 이론을 중심으로 기술하고 부분적으로 아이디어의 일부를 제시하여 기술한다. • 문제영역과 현실이슈 등을 비교하여 한계점이나 문제점과 해를 도출 • 체적인 글의 구성과 요약 정리(아이디어 도출과 구체적 방안, 효과, 대안, 설계 등의 의미 전환이 대단히 중요함)

• 문제제기(문제영역 / 문제배경 / 문제정의)

문제제기의 핵심은 글 전체의 방향을 제시하는 것이다. [연습지]에 기록한 내용을 참조하면서 순차적으로 작성한다.

기본적인 가정은

[연습지]의 분석내용을 기초하여 작성

전통적 직무와 현대적 직무 특성인 비정화된 직무 등을 비교하여 직무분석의 다양한 특성을 분석한다(핵심문장).

단락은 핵심문장과 핵심문장을 설명하는 부가문장으로 구성한다. 단락은 3~5개 정도의 문장으로 구성한다. 약술형인 경우는 문제제기의 단락은 핵심문장과 설명문장을 하나 정도로 구성한다.

문제의 배경과 문제영역 등을 활용한다.

예를 들어, [연습지] step 3의 내용을 참조

기업이 외적인 환경변화에 대응하기 위해서는 비정형화된 직무가 필요하다(문제의 배경이며 설명문장).

전체적으로 핵심문장과 설명문장을 결합하여 문제제기 문장을 완성한다. 수험생의 특성이나 개인적인 취향 등에 따라 글의 구성은 달라질 수 있다.

서론의 문제제기 단락은 문제의 배경과 영역을 부가적인 설명문장으로 구성하고,
핵심문장을 그 다음에 문제제기와 문제의 방향으로서 구성한다.

문제제기 단락 구성 설명문장 1. + 설명문장 2. +(약술형은 생략해도 무방함) 핵심문장으로 구성한다.

문제제기의 Meaninlock

기업이 외적인 환경변화에 대응하기 위해서는 비정형화된 직무가 필요하다. 전통적 직무와 현대적 직무 특성인 비정화된 직무 등을 비교하여 직무분석의 다양한 특성을 설명한다(핵심문장).

• 연관된 개념 / 이론 제시(문제와 연관된 관점 / 시각을 설정)

이론적인 특성은 [연습지]의 내용을 참조한다.

1. 직무분석의 정의 / 의의. 목적, 절차, 방법, 및 기법
2. 최근의 직무 분석 경향

• 문제영역과 현실이슈 등을 비교하여 한계점이나 문제점과 해를 도출

전통적 기업의 생산성 중심의 내적 효율성을 강조하는 직무특성과 최근 다변화된 기업환경에서 생존하기 위한 비정형화된 직무특성 등과 비교하여 현대적인 직무 분석의 특성 등을 설명한다.

• 전체적인 글의 구성과 요약 정리(아이디어 도출과 구체적 방안, 효과, 대안, 설계 등의 의미 전환이 대단히 중요함)

→ 약술형은 생략함

2) 본론

라이팅 모델	Meaning Block Model
• 디자인 및 논술 전략 • 이론 / 개념 및 문헌 활용 • 개념과 구성개념 적용 • 문제와 정의 연결하기 • 관점 비교 • 예시와 비유 • 분류 및 비교 • 적절한 해 도출하기 • 사례활용하기 • 사례와 해 연결하기	• 이론적 배경 • 기존이론 등의 한계점 혹은 보완점 등 • 한계점과 보완점을 극복하는 대안, 방안, 설계 혹은 효과 등

• 이론적 배경

1. 직무분석이란

직무분석이란 특정직무의 내용을 분석해서 그 직무가 요구하고 있는 종업원의 지식, 능력, 숙련, 책임 등의 제 요건을 명확히 하는 과정, 즉 직무와 관련된 모든 정보를 체계적으로 수집, 분석, 정리하는 것이다.

2. 직무분석의 목적

(1) 개념

직무분석을 통해서 얻어진 정보는 인사관리 전반을 과학적으로 관리하는데 기초를 제공한다. 이 분석을 통해 직무분류, 직무정의, 직무분석을 통한 인원산정, 그 과정 속에서 중복적인 업무의 제거, 이를 통한 업무의 효율성 확보한다. 다음에서 분석의 여러 목적을 설명하였다.

(2) 인적자원 관리 기능(확보, 개발, 보상, 유지 등)

- 인력공급과 수요계획
- 업무의 효율성 등

3. 직무분석 절차

(1) 배경정보의 수집

예비조사의 단계에서 대부분 이루어진다. 조직도, 업무분장표, 현존 직무기술서 및 직무명세서와 같은 이용 가능한 배경정보를 수집한다.

(2) 분석되어야 할 대표직위의 선정

모든 직무를 분석할 수도 있지만 시간과 비용의 문제가 있기 때문에 일반적으로 대표직위를 선정하여 그것을 중점적으로 분석한다.

(3) 직무정보의 획득

이 단계를 보통 직무분석이라고 한다. 여기서 직무의 성격, 직무수행에 요구되는 종업원 행동, 인적 요건 등을 구체적으로 분석한다.

(4) 직무기술서와 직무명세서의 작성

앞에서 얻은 정보를 토대로 직무기술서를 작성하고, 또한 직무기술서를 직무명세서로 전환시킨다.

4. 직무분석의 방법

(1) 관찰법

직무를 수행하는 종업원의 행동을 관찰하여 직무를 판단하는 방법이다.

① 정신적인 작업과 직무수행기간이 긴 작업, 집중을 요하는 직무보다는 생산직 혹은 기능직에 적절한 방법이다.

② 실시는 간편하나 정신적인 작업은 관찰이 불가능하고 직무수행자에게 방해를 줄 우려가 있다. 또한 정보의 신뢰도에 문제가 있을 수 있다(관찰의식, 직무수행 왜곡).

(2) 면접법

직무담당자와 직접적인 대면을 통하여 직무에 관한 정보를 얻는 방법이다.

① 직무수행기간이 긴 작업 및 정신적인 작업 등에도 적용이 가능하다.

② 피면접자가 정보제공을 기피할 수 있고, 직무분석자의 면접능력이 부족할 수 있다.

(3) 질문지법

표준화되어 있는 질문지를 통하여 직무에 관한 정보를 얻는 방법이다.

① 모든 직무에 대하여 적용이 가능하고, 정보수집을 위한 시간과 노력이 많이 절약된다.

② 직무수행자들이 무성의하게 응답할 수 있으며 질문지의 합리적인 작성이 어렵다.

(4) 중요사건서술법

직무행동 가운데 보다 중요한 혹은 가치있는 면에 대한 정보를 수집하는 방법이다.

① 직무행동과 성과간의 관계를 직접적으로 파악할 수 있다.

② 시간과 노력이 많이 소요되며, 해당 직무에 대한 포괄적인 정보획득에는 제약이 있다.

(5) 작업기록법

직무수행자가 매일 작성하는 작업일지나 메모사항을 가지고 해당 직무의 정보를 수집하는 방법이다.

① 엔지니어, 과학자, 고급관리자가 수행하는 비교적 관찰하기 어려운 직무를 분석할 때 많이 활용된다.

② 신뢰도는 상당히 확보할 수 있으나, 직무분석에는 원하는 정보를 충분히 획득하지 못할 수도 있다.

(6) 워크 샘플링법

단순한 관찰법을 세련되게 개발한 것으로 전체 작업과정 동안 무작위적으로 많은 관찰을 행하여 직무행동에 관한 정보를 얻는 방법이다.

이외 두 가지 이상의 기법을 혼합하는 방법이 있는데 직무분석의 주목적, 분석대상 직무의 특성, 직무수행자의 특성, 직무분석 인력과 시간 등을 고려하여 가장 적합한 방법을 선택하여야 한다.

5. 직무분석의 기법

(1) 기능중심의 분석 (Functional Job Analysis)

기능과 작업활동이 무엇인지에 초점을 두고 그 활동기능 분석

자료(data)·사람(people)·사물(thing)의 3차원 기능으로 직무를 분석하는 기법

(2) 직위중심의 분석(직위분석 질문지법)(Position Analysis Questionnaire)

직위를 담당하는 사람의 입장에서 완수해야 하는 일과 역할 등을 분석

질문지는 정보의 투입, 정신적 과정, 성과, 타인과의 관계, 직무환경 및 상황, 기타 직무특성으로 구성

(3) 관리직 분석

대인관계 역할, 정보적 역할, 의사결정 역할 등에 관하여 설문과 면접을 통해 분석

6. 직무분석의 새로운 경향 - 사람중심에서 직무중심의 조직관리

인사관리의 외적 환경의 변화에 따라 인사관리의 패러다임도 ① 내부노동시장 중심에서 외부노동시장 중심으로 ② 집단주의에서 개인주의로 ③ 사람중심에서 직무중심으로 ④ 인사의 스탭기능 중심에서 현장관리자 중심으로 ⑤ 연공중심에서 성과중심으로 ⑥ 범용적 인재중심에서 특성화된, 전문가형 인재중심으로 바뀌어 가고 있다. 즉 성과주의 인사관리 또는 직무중심적 인사관리로 정리할 수 있다.

• 기존이론 등의 한계점 혹은 보완점 등

• 한계점과 보완 점을 극복하는 대안, 방안, 설계 혹은 효과 등

→ 약술형은 생략

3) 결론

• 서론과 본론의 내용 요약하기

• 도출된 해의 사회적 공헌과 미래가치 등 제시하기

직무분석의 정의 / 의의, 목적, 절차, 방법 및 기법 등을 전통적 기업의 생산성 중심의 내적 효율성을 강조하는 직무특성과 최근 다변화된 기업환경에서 생존하기 위한 비정형화된 직무특성 등과 비교하여 현대적인 직무 분석의 특성 등을 설명하였다.

→ 약술형은 결론 부분을 생략하여도 무방하다.

(예) 실제답안지 작성사례

Ⅰ. 서론

서비스업종의 증가 등은 기업 조직에서 정형화된 직무 외에 비정형화된 직무의 도입을 증가시켰다. 현대 기업의 직무 특성인 비정형화된 직무 등의 분석을 확대하여 직무 분석의 다양한 측면 등을 설명한다.

전통적 기업이 생산성 중심이었다면, 최근 기업들은 다변화된 기업 환경 속에서 생존하기 위한 새로운 가치로 발전시켰다. 그래서 직무 분석에 대한 설명을 전통적인 직무의 분석의 목적, 절차, 방법 등과 더불어 최근의 직무 분석 경향 등으로 발전시켜 기술한다.

1. 직무 분석이란

직무분석이란 특정직무의 내용을 분석하여, 그 직무에 필요한 종업원의 지식, 능력, 숙련, 책임 등과 연계하여 이를 체계적으로 수집, 분석, 정리하는 것이다.

2. 직무 분석의 목적

직무 분석을 통해 체계화된 정보를 활용하여 기업 조직 전반에 활용하는 것이 목적이다. 즉 직무 분석의 정보는 인적자원 관리 전반에 적용되고, 조직의 비효율을 심이 높은 업무의 중복성 등을 제거하고, 이대의

기업 조직의 변화 등에 활용된다. 다음과 같은 목적에 활용된다

◦ 인적자원 관리기능(확보, 개발, 보상, 유지 등) 관리
◦ 인력 계획(수요/공급)
◦ 조직의 효율성 등.

3. 직무 분석의 절차

직무 분석을 위한 정보 수집과 분석은 다음과 같은 절차로 수행된다.

◦ 직무 관련 배경 정보의 수집
◦ 분석 될 대표직위 선정
◦ 직무 정보 획득
◦ 직무기술서와 명세서 작성

직무 분석의 직무 배경정보를 수집하고 대표직위를 선정하여 직무 분석 방법(관찰법 등)을 통해 정보를 획득하고 분석하여 직무기술서와 명세서를 작성한다.

4. 직무 분석의 방법

직무 분석 방법에는 관찰법, 면접법, 질문지법, 중요사건서술법 등이 있다. 관찰법은 분석자가 직무 수행자의 활동을 관찰하는 것이고, 면접법은 대면 접촉 등을

통해 직무 등을 분석하고, 결정자법은 구조화된 설문지 등을 사용해서 자료를 수집하고, 중요사건기술법은 핵심적인 사건을 중심으로 분석한다.

5. 직무 분석의 새로운 경향

인적자원에 대한 관리 방법의 변화는 직무분석 시 ~~변화~~ 방법들에 새로운 변화를 가져왔다. ① 내적 노동시장에서 외부 노동시장으로 ② 사람중심에서 직관적인 직무 중심으로 ③ 스텝기능 중심에서 전략 경영 중심으로 ④ 연공에서 성과 중심으로 ⑤ 범용적 인재에서 다중적 전문가 중심으로 발전하였다.

기업의 가치 구조는 새로운 환경 변화 등에 적응하기 위해서 더욱더 유연해 졌다. 이 유연한 변화는 표준화된 직무 특성을, 비표준화되고 비정형적인 직무로 발전시켰다. 이런 직무 변화에 따라 새로운 경향의 직무 분석 방법 등이 새롭게 정착되고 발전되었다.

2. 제2문 모의시험 문제와 문제풀이

(1) 인적자원의 수요 / 공급의 의미와 예측 방법 등에 대하여 역술하시오. (25점)

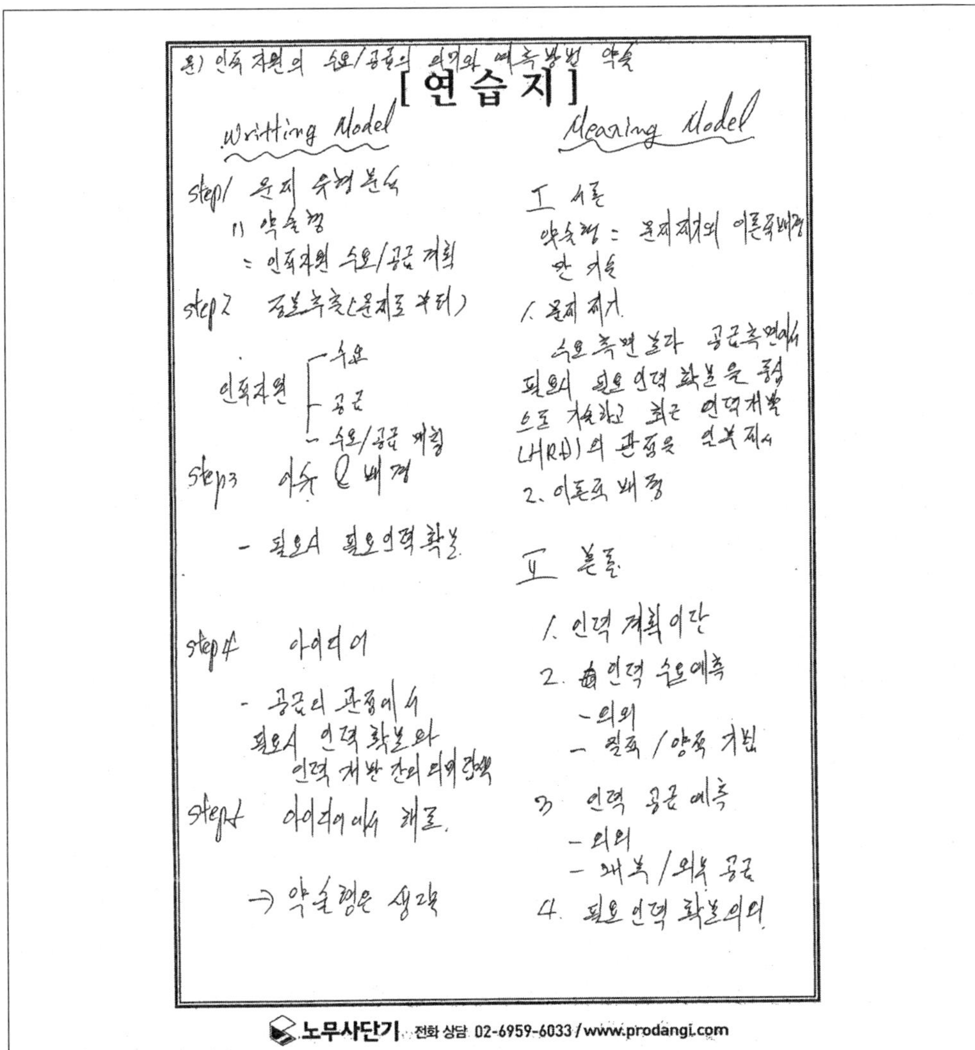

(2) 문제풀이

1) 서론

• 문제제기(문제영역 / 문제배경 / 문제정의) • 연관된 개념/이론 제시(문제와 연관된 관점 / 시각을 설정) → 약술형은 문제제기와 연관된 이론을 중심으로 기술하고 부분적으로 아이디어의 일부를 제시하여 기술한다. • 문제영역과 현실이슈 등을 비교하여 한계점이나 문제점과 해를 도출 • 전체적인 글의 구성과 요약 정리(아이디어 도출과 구체적 방안, 효과, 대안, 설계 등의 의미 전환이 대단히 중요함)

• 문제제기(문제영역 / 문제배경 / 문제정의)

문제제기의 핵심은 글 전체의 방향을 제시하는 것이다. [연습지]에 분석한 내용을 참조하면서 순차적으로 작성한다.

기본적인 가정은

[연습지]의 분석 내용을 기초하여 작성

인적자원의 수요와 공급의 핵심은 필요시 필요인력의 확보다(핵심문장).

단락은 핵심문장과 핵심문장을 설명하는 부가문장으로 구성한다. 단락은 3~5개 정도의 문장으로 구성한다. 약술형인 경우는 문제제기의 단락은 핵심문장과 설명문장을 하나 정도로 구성한다.

문제의 배경과 문제영역 등을 활용한다.

예를 들어, [연습지] step 3의 내용을 참조

미래의 특정 시점에서 인적자원의 수요의 변동에 따른 공급은 기업의 성장과 발전에 대단히 중요하다(문제의 배경이며 설명문장).

전체적으로 핵심문장과 설명문장을 결합하여 문제제기 문장을 완성한다. 수험생의 특성이나 개인적인 취향 등에 따라 글의 구성은 달라질 수 있다.

서론의 문제제기 단락은 문제의 배경과 영역을 부가적인 설명문장으로 구성하고,

핵심문장을 그 다음에 문제제기와 문제의 방향으로서 구성한다.

문제제기 단락 구성 설명문장 1. + 설명문장 2. +(약술형은 생략해도 무방함) 핵심문장으로 구성한다.

문제제기의 Meaninlock

미래의 특정 시점에서 인적자원의 수요의 변동에 따른 공급은 기업의 성장과 발전에 대단히 중요하다. 인적자원의 수요와 공급의 핵심은 필요시 필요인력의 확보다.

• 연관된 개념 / 이론 제시(문제와 연관된 관점 / 시각을 설정)

이론적인 특성은 [연습지]의 내용을 참조한다.

1. 인력계획
2. 인력 수요예측
3. 인력의 공급
4. 필요 인력 확보의 의의

• 문제영역과 현실이슈 등을 비교하여 한계점이나 문제점과 해를 도출

공급의 관점에서 필요시 인력확보의 어려운 점이 있다. 그래서 인력 개발과 연계해서 인력 계획을 수립해야 한다.

• 전체적인 글의 구성과 요약 정리(아이디어 도출과 구체적 방안, 효과, 대안, 설계 등의 의미 전환이 대단히 중요함)

→ 약술형은 생략함

2) 본론

라이팅 모델	Meaning Block Model
• 디자인 및 논술 전략 • 이론 / 개념 및 문헌 활용 • 개념과 구성개념 적용 • 문제와 정의 연결하기 • 관점 비교 • 예시와 비유 • 분류 및 비교 • 적절한 해 도출하기 • 사례활용하기 • 사례와 해 연결하기	• 이론적 배경 • 기존이론 등의 한계점 혹은 보완점 등 • 한계점과 보완점을 극복하는 대안, 방안, 설계 혹은 효과 등

• 이론적 배경

1. 인력계획

인력계획은 현재 및 미래의 각 시점에서 기업이 필요로 하는 사람 수를 예측하고 결정하며, 사내 / 외에 필요한 사람들을 배치하고 계획하는 것이다. 인력계획은 고용관리와 더불어 승진, 인사배지, 훈련계획, 임금계획 등과도 밀접한 관계를 가지고 있다.

2. 인력 수요예측

(1) 의의

미래의 어느 시점에서 해당 기업에 필요한 인력의 수요를 예측하는 활동으로서, 종업원의 수를 예측하는 양적인 측면과 종업원에게 요구되는 직무수행 자격요건을 예측하는 질적인 측면으로 나누어 볼 수 있다.

(2) 질적인력 수요예측

1) 의의

미래의 어느 시점에서 해당 직무를 수행하는데 필요한 작업자의 자격요건을 파악하는 것을 말한다. 이를 위해서는 미래의 시점에서 수행될 직무의 내용과 기대되는 성과가 무엇인지를 밝혀야 한다.

2) 자격요건 분석기법

현재의 직무에 대한 직무기술서 및 직무명세서를 바탕으로 미래의 어느 시점에서의 자격 요건의 변화정도를 예측하는 방법으로, 기업의 직무내용, 조직구조, 기술 환경이 거의 변화하지 않는 경우에 적합하며 주로 단기적 예측에 이용된다.

3) 시나리오 기법

미래에 발생할 경영환경의 변화, 해당기업에 나타날 미래의 기회와 위협에 대한 분석을 바탕으로 개별 직무내용의 변화를 예측하는 기법으로서, 주로 전문가 집단의 브레인스토밍이나 예측 프로젝트 조직에 의해 수행된다. 이 기법은 미래 기업환경 구조가 매우 불안정하고 복잡한 변화가 예상되어 직무구조, 조직구조, 기술환경 변화에 대한 예측이 용이하지 않은 경우에 사용된다.

(3) 양적 수요예측

1) 의의

미래의 시점(t1)에서의 해당기업의 전체, 부문별, 작업집단별로 필요한 인력의 수를 예측하는 활동으로 생산량, 기술수준, 작업조건 등의 변수에 의해 결정된다.

2) 통계적 기법

해당기업의 역사적 자료를 바탕으로 미래의 수요를 예측하는 기법

① 생산성 비율분석

과거 해당기업이 달성했던 생산성의 변화에 대한 정보를 가지고 미래에 필요한 생산라인에 투입할 인력을 예측하는 기법. 생산성에 근거한 인력수요예측은 기본적으로 필요한 인력의 수가 작업량에 따라 비례적으로 증가한다는 가정에 그 바탕을 두고 있다. 생산성에 근거한 예측에서는 기술혁신, 작업자의 숙련향상 등으로 인해 생산성과 수요인력의 비율은 변화될 수 있다. 이와 관련하여 생산성이 경험에 의해 좌우된다는 학습곡선(Learning Curve)을 이용한 예측이 유용한 방법으로 인정되고 있다.

② 추세분석

해당기업에서 과거에 인력변화를 가져다주었던 제반 요인들을 찾아서 이러한 요인들의 시간에 따른 변화정도를 파악하고 이에 따른 인력의 변화정도와 연결시켜 미래의 인력수요를 예측하는 기법이다. 추세분석에 있어서의 어려움은 예측력을 높이기 위해서는 인력변화를 가져오는 주요 요인들에 대한 정확한 파악이 중요한데 이들은 여러 개가 될 수 있기 때문에 예측을 위한 추세선을 도출하는데 많은 시간과 비용이 발생한다.

③ 회귀분석

기업의 인력수요 결정에 미치는 여러 영향요소들의 복합적인 영향력을 계산하여 미래의 인력수요를 회귀방정식을 통해 예측하는 기법으로 주요 영향요소들로는 매출액, 생산량, 생산장비에 대한 투자액, 기술수준의 정도 등을 들 수 있다.

④ 평가

과거자료를 근거로 예측하기 때문에 예측의 정확성에는 한계가 존재할 수밖에 없다. 기업이란 항상 '불연속성'과 '불확실성'속에서 운영되기 때문이다. 따라서 통계적 기법에 의한 예측 수요치에 대한 과신보다 예측기간을 가능한 단기간으로 좁혀 예측치에 대한 수정작업을 계속하는 것이 바람직하다.

3) 노동과학적 기법

작업시간 연구를 기초로 조직의 하위 개별 작업장별 필요한 인력을 산출하는 기법. 이 기법의 중심은 생산량이며 주로 생산직종의 인력수요를 예측하는데 활용된다.

$$\text{수요인력} = \frac{\text{연간총작업시간}}{\text{연간1인당작업시간}}$$

t1(미래의 시점)에서의 생산량이 정확히 예측된다면 인력수요 예측의 정확도는 상당히 높아질 수 있으나 표준 작업시간을 산정하는 과정에서 기업측과 작업자 간에 갈등이 야기될 우려가 있다.

4) 델파이 기법

기업의 미래에 대해 폭넓은 지식과 경험을 가진 전문가로 구성된 집단이 일련의 과정을 거치면서 미래의 수요를 예측하게 하는 거시적 기법. 기업의 미래 환경이 복잡하고 어떤 틀에 의해 정형화시키기 어려울 때 필요하다. 통계적 기법보다 정확한 것으로 인정되고 있으나 시간과 비용이 많이 발생한다.

5) 화폐적 접근법

t1(미래의 시점)에서 기업이 어느 정도 종업원을 보유할 수 있는지 그 지불능력에 초점을 맞추어 인력수요를 예측하는 기법

다른 기법들에 비해 현실적이기는 하나 분석에 필요한 제 정보(1인당 평균 인건비, 부가가치율)의 예측이 매우 어렵기 때문에 기업환경 변화가 빠른 업종에서는 정확성을 확보하기 어렵다.

3. 인력의 공급

(1) 의의

특정 시기에 해당 기업이 보유하게 될 인력에 대한 예측활동을 말하며, 기업 외부 노동시장의 여건에 대한 예측활동도 포함된다. 인력공급 예측은 크게 두 가지로 구분될 수 있다. 하나는 내부 노동시장의 현황을 파악하여 조달하는 것이고 다른 하나는 외부 노동시장의 현황을 파악하여 채용하는 방법이 있다.

(2) 내부노동시장에서의 인력공급 예측

1) 의의

내부 노동시장은 조직 내부의 인적자원 풀을 통해 인력을 조달하는 것이다. 내부공급을 예측하기 위해서는 종업원들의 결근율, 이직 가능성, 그리고 승진과 같은 조직내부 인력의 잠재적인 변화추이를 알아보아야 한다. 또한 노동시간과 작업방식의 변화를 통해 조직 내부에서 이용 가능한 인원수를 예측할 수 있다.

2) 내부승진의 중요성

정보의 양 방대 / 조직원 사기 충전 / 자기개발 유인 / 성취동기

3) 승진도표

현재의 인원수는 인원의 현황파악으로 쉽게 알 수 있으나 장래의 변화에 대해서는 여러 가지 방법으로 변화를 예측하고 또 조정해야 한다. 이 때 현원의 상태를 그 능력의 면에서 면밀히 파악하여 개개의 승진·이동의 시기, 순위, 훈련 등의 요건을 명기해 두고 이를 집계하여 내부인력의 변화를 예측하는 방법을 말한다.

4) 기능목록 (skills inventory)

① 의의

기능목록은 내부공급을 계획하기 위해서는 현직 종업원의 경력, 학력 및 교육, 능력에 관한 정보를 집적해둔 시스템을 말한다. 기능목록은 생산관리의 재고장부의 개념과 유사하다. 기능목록은 특정 직위에 적합한 사람들을 선별하거나 교육훈련의 필요성 분석 나아가 개인의 경력계획 수립에도 유용하게 활용할 수 있다.

② 인적자원 정보 시스템

최근에는 개인 및 조직에 관한 각종 정보와 기능목록이 담고 있는 정보를 연계시켜서 보다 폭넓은 용도로 활용 가능한 인사정보 시스템으로 통합하고 있다.

4) 마아코브 체인법 (markov chain method)

① 의의

승진·이동·퇴사의 일정비율을 적용하여 장래 각 기간에 걸친 현원의 변동 사항을 예측하는 기법이다. 안정적인 조건에서 주로 쓰인다.

② 전이행렬의 개념

전이행렬은 예측기간(대개1년)동안 종업원들이 그의 직무에 계속 재직할 가능성, 조직내 다른 직무로 이동할 가능성, 조직이탈 가능성을 표시해 준다. 전이행렬은 매년 초 각각의 직무에 종사하고 있는 사람들의 숫자를 이동 예상율과 곱하여 나타나는 결과인데 이는 매년 말 각 직무에 종사하는 사람의 수가 몇이나 될 것인지를 나타내는 지표로 활용

③ 평가

마아코브 분석은 실제로 널리 이용되고 있으며 적용하기 쉽다는 장점이 있으나 다음과 같은 약점이 있다.

㉠ 과거와 유사한 인사정책이 미래에도 적용될 것이라는 가정, 즉 고정된 전이행렬이 전제가 되기 때문에 분석이 정확하기 위해서는 이동확률이 비교적 안정적이고 측정 가능해야 한다.

㉡ 각 직무 담당자가 적을 경우에는 전이확률의 신뢰도가 저하된다. 대체로 각 직무에 최소 50명 이상의 인원이 있어야 예측력이 높은 것으로 평가된다.

㉢ 기본적인 가정상 종업원이 특정 직무로 이동할 확률이 현재 어떤 직무를 담당하고 있는가에 의해서 결정되는 것으로 보고 있다. 그러나 실제로 이동확률은 담당 직무만이 아니라 이동 대상인 직무의 공석에 의해서도 영향을 받는다. 이러한 한계를 보완한 대체분석(replacement analysis)이 동태적인 내부이동 및 내부공급분석기법으로 사용되고 있다.

4. 필요 인력 확보의 의의

인적자원의 수요와 공급의 예측이 이루어지면 수요와 공급을 비교하여 필요한 시점에 필요한 인력에 대한 적절한 관리가 되어야 한다. 인력이 부족하면 원할한 기업 활동이 이루어지지 않고, 인력의 과잉이 발생하면 기업의 미래의 성장 동력을 상실하게 되는 문제점이 있다.

또한 미래의 예측하기는 현실적으로 어려운 점이 많으므로 인력의 수요 / 공급의 예측에 따른 인력 수급의 변화 예측에 맞는 인력의 개발계획가 다양한 인력 풀을 연계시키는 것이 미래의 잠재적인 인력 변동에 더욱 더 유연하게 대응할 수 있는 방법이다.

• 기존이론 등의 한계점 혹은 보완점 등
• 한계점과 보완점을 극복하는 대안, 방안, 설계 혹은 효과 등
→ 약술형은 생략

3) 결론

• 서론과 본론의 내용 요약하기
• 도출된 해의 사회적 공헌과 미래 가치 등 제시하기
→ 약술형은 결론 부분을 생략하여도 무방하다.

제2장

직무관리

1. 직무분석의 의의

직무분석(job analysis)이란 직무에 대한 정보를 수집하고 수집된 정보를 분석하여 직무의 내용을 파악한 다음, 각 직무의 수행에 필요한 지식, 능력, 숙련, 책임 등의 제 요건을 명확히 하는 일련의 과정을 의미한다. 직무 분석은 조직이 요구하는 일의 내용을 정리, 분석하는 과정이다.

직무분석은 그 자체로서 뿐만 아니라 다양한 인적자원(확보, 개발, 보상 및 조지관리 등)을 관리하기 위한 정보로서 사용된다.

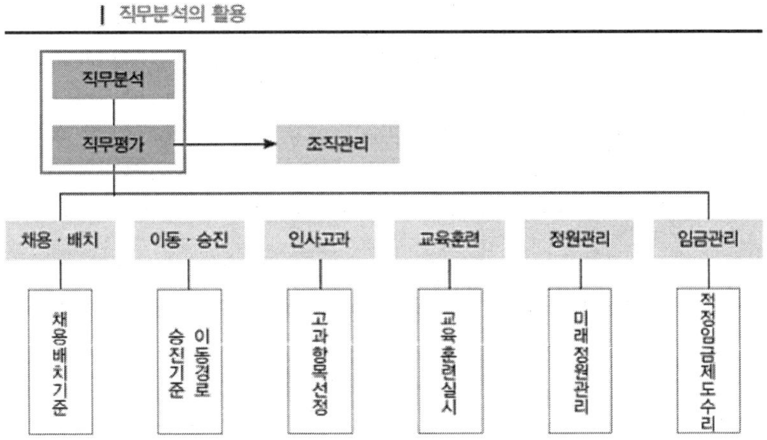

직무분석(job analysis)

특정 직무의 특성과 내용, 지식과 능력, 숙련도, 책임 및 난이도 등을 분석, 직무를 수행하는 데 필요한 등과 같은 직무상의 모든 요건을 체계적으로 결정하고 분석하는 과정

용어	정의
요 소(element)	관련된 동작, 정신적 과정을 분리시켰을 때 가장 작은 단위의 일
과 업(task)	독립된 목적으로 수행되는 하나의 명확한 작업활동
직 무(job)	유사한 과업(task)들이 모여 하나의 일의 범위를 형성하는 것
직 군(job family)	유사한 직무들의 집단

2. 직무분석의 목적

- 직무분석은 인간의 노동력을 관리하기 위한 기본적인 작업이다.
- 인사관리를 조직의 목적에 부합하기 위해서는 직무를 중심으로 하여 직무와 사람 간의 관계를 명확하게 밝혀야한다.
- 직무의 내용과 특징(어떤 일을, 어떤 방법으로, 어떤 목적으로, 어디서 하는가, 그것을 완수하기 위해서는 지식, 경험, 기능, 책임 들을 필요로 하는가)을 명확하게 하여 둘 필요가 있다.

(1) 직무분석의 절차

❖ 직무분석절차

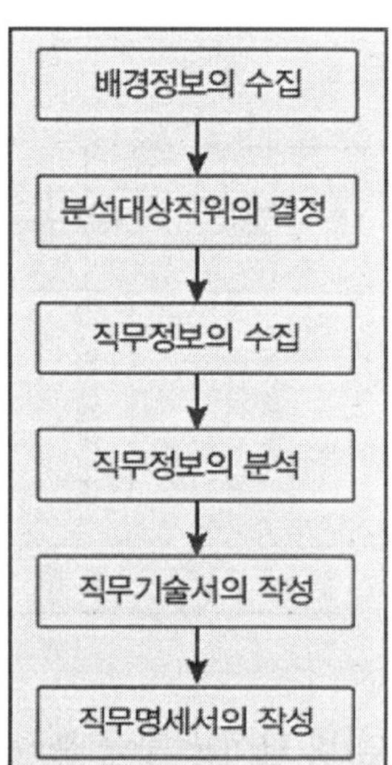

❖ 직무정보 수집방법

• 면접법(Interview) : 직무담당자와 직접 만나 대화하면서 그의 직무에 관한 정보를 파악하는 방법

• 질문지법(Questionnaires) : 표준화되어 있는 일정한 양식에 조사대상자가 직접 직무와 관련된 내용을 기재토록 하는 방법

• 관찰법(Observation) : 직무분석자가 분석대상자를 집중적으로 관찰하는 방법

• 진술서작성법(Written Narratives) : 수행하는 업무내용을 구체적으로 기재하게 한 후 그 기록을 보고 직무분석에 필요한 정보와 자료를 수집하는 방법

1) 배경정보의 수집

현재의 조직도, 업무분장표, 기존의 직무기술서 및 직무명세서를 비롯한 풍부한 사전 작업이 필요하다.

2) 분석대상직위(혹은 대표직위)의 선정

시간과 비용의 문제로 인해 일반적으로 가장 대표적인 직위를 따로 선정하여 중점적으로 분석한다.

3) 직무정보의 수집

직무의 성격, 크기, 내용, 담당자 요건 등에 대하여 면접법(interview), 질문지법(questionnaires), 관찰법(observation) 및 진술서 작성법(written narratives) 등의 방법을 사용하여 직무정보를 수집한다.

4) 직무정보의 분석

직무의 내용 및 요건 등을 분석한다.

① 직무내용 : 일의 주체, 내용, 방법, 목적 등

② 직무요건 : 책임, 숙련도, 능력, 작업조건 등

5) 직무기술서 작성

앞에서 얻은 정보를 토대로 기업전략과 목표에 맞는 직무기술서를 작성한다.

6) 직무명세서 작성

직무기술서에는 구체적으로 기술이 되지 않는 인적자원의 자질, 특성, 기능, 경험 등을 기술한다.

(2) 직무기술서와 직무명세서의 작성

	직무기술서	직무명세서
차이점	① 직무의 내용과 요건에 동일한 비중 ② 종업원과 감독자에게 직무에 관한 개괄적 자료 제공	① 직무내용보다는 직무요건에 특히 인적 요건에 큰 비중 ② 고용, 훈련, 승진, 전직에 기초자료 제공
공통점	직무분석의 결과를 일정한 서식으로 정리·기록한 문서이다.	

[표] 직무기술서와 직무명세서의 비교

(3) 직무분류

1) 의의

① 직무분류는 동일 또는 유사한 성격을 가진 직무들을 묶어 직무군으로 분류하는 것으로 조직 내 모든 직무를 수평(직군), 수직(직급)적으로 분류하는 것이다.

② 직무분류는 반드시 직무분석의 과정을 거친 후에 이루어져야 하는 것은 아니다. 하지만 직무분류를 해놓으면 직무가 더 체계화되기 때문에 직무분석활동을 효과적으로 할 수 있다.

3. 직무평가

(1) 의의

- 각 직무의 가치를 결정하는 것
- 직무급 임금제도의 기초로 활용
- 주의점 : 각 직무의 수행의 난이도 및 복잡도, 권한과 책임의 범위, 수행환경 등을 고려하여 직무 그 자체를 평가

(2) 방법

1) 서열법

① 가장 오래되고 간단한 방법으로, 각 직무를 상호비교하여 순서를 결정하는 방법이다.

② 평가자가 종업원의 직무수행에 있어서 요청되는 지식, 숙련, 책임 등을 비교하여 상대적으로 가장 단순한 직무를 최하위로 놓고, 가장 중요하고 가치있는 직무를 최상위에 놓고 순위를 결정하게 된다.

③ 직무간의 차이가 명확하거나, 평가자가 모든 직무를 잘 알고 있을 경우에만 적용이 용이하다.

2) 분류법

① 서열법에서 좀 더 발전한 것으로, 특정의 기준에 따라서 사전에 만들어 놓은 등급에 각 직무를 적절히 판전하여 맞추어 넣는 평가방법이다.

② 강제적으로 배정하는 특성이 있으므로 정부기관에서 널리 사용되는 경향이 있다.

3) 점수법

① 직무를 구성요소로 분해하고 각 요소별로 중요도에 따라 숫자에 의한 점수를 준 후 이 점수를 계산하여, 개별 직무의 가치를 평가하는 방법이다.

② 점수법은 수량적, 분석적인 가치표현을 하게 되므로 직무의 상대적 차등을 명확하게 정할 수 있으며, 종업원으로부터 평과결과에 대하여 이해 및 신뢰를 얻을 수 있다.

4) 요소비교법

① 기업에 가장 핵심이 되는 몇 개의 기존 직무를 선정하고 각 직무의 평가요소를 기준직무의 평가요소와 비교함으로써 모든 직무의 상대적 가치를 결정하는 방법이다.

② 요소비교법은 복잡하고 실시하는 데 시간과 비용이 많이 들지만 기존 직무만 적절히 선정되면 점수법보다는 합리적이어서 널리 사용되고 있다.

③ 기존직무의 명확성이 결여되거나, 그 내용에 변화가 생긴다면 평가결과에 영향을 미치게 되므로 전체의 측정척도는 변경되어야 하는 단점이 있다.

4. 직무설계

(1) 의의

- 직무설계(job design)는 조직에서 수행되는 업무들을 수행하기 위해 필요한 다양한 과업들을 연결시키고 이를 수해하기 위한 다양한 조건들과 결합하여 조직화하는 것이다.
- 직무설계는 직무를 조직화하는 방법에 따라 직무수행의 효율성과 종업원의 직무만족도가 결정될 수 있다.

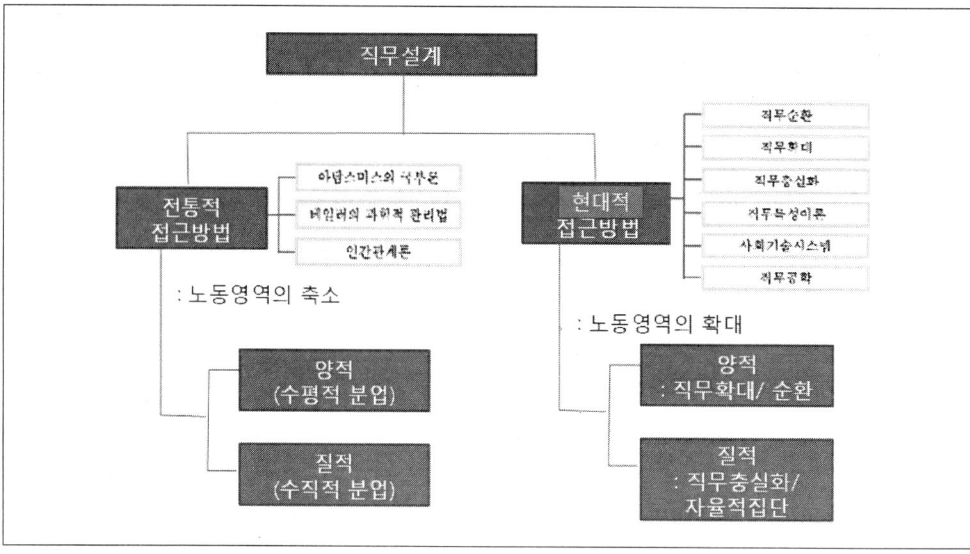

(1) 전통적 직무연구

과학적 관리법에 기반하여 직무를 효율 중심으로 설계하고 낮은 비용으로 높은 성과를 달성, 산업혁명 이후 최고의 직무설계의 가치는 고도의 생산성에 대한 문제였다. 따라서 인간의 욕구나 본성을 고려할 필요가 없이 인간의 희생을 통한 최고의 성과를 달성하는 것이 직무설계의 가치였다.

1) 애덤 스미스의 분업의 효과

분업을 통해 단순하고 쉬워진 부분노동은 작업시간을 단축시키고 공정변화 시 생기는 작업손실을 경감시킬 수 있어서 전체적인 노동생산성을 올릴 수 있었다.

2) 테일러(Tayor)의 과학적 관리법

단순화, 표준화, 전문화를 통해 회사 내의 직무를 최소단위까지 나누어 한 곳에서 하나의 부품이나 제품만을 담당하게 하면서 가장 효율적인 방법을 찾고자하는 방법으로 Taylor가 주장 실천하였으며 경영학에 있어 과거 표류작업을 벗어나서 현대경영학 시작의 시초라고 할 수 있다.

(2) 현대적 직무연구

- 인간을 중심으로 직무를 어떻게 설계할 것인가 연구
- 사회적 / 인간적 욕구까지도 충족시킬 수 있도록 직무내용, 작업방법, 작업간의 상호연관성 등을 연구한다.

전통적인 의미의 직무설계가 보다 낮은 욕구수준에서의 기술적인 욕구충족에만 관심을 집중하고 있는 반면, 현대적 의미에서의 직무설계는 직무담당자의 사회적·인간적 욕구까지도 충족시킬 수 있도록 직무내용, 방법 및 직무상호 간의 관계를 결정하는 것이다.

(3) 직무설계 이론

1) 직무특성이론 (Hackmon & Oldham)

① 개인차를 고려한 직무충실화

② 개인에게 만족감 주고 동기부여 가능

③ 생산성 향상 등 양적 성과에 대한 예측이 어려움

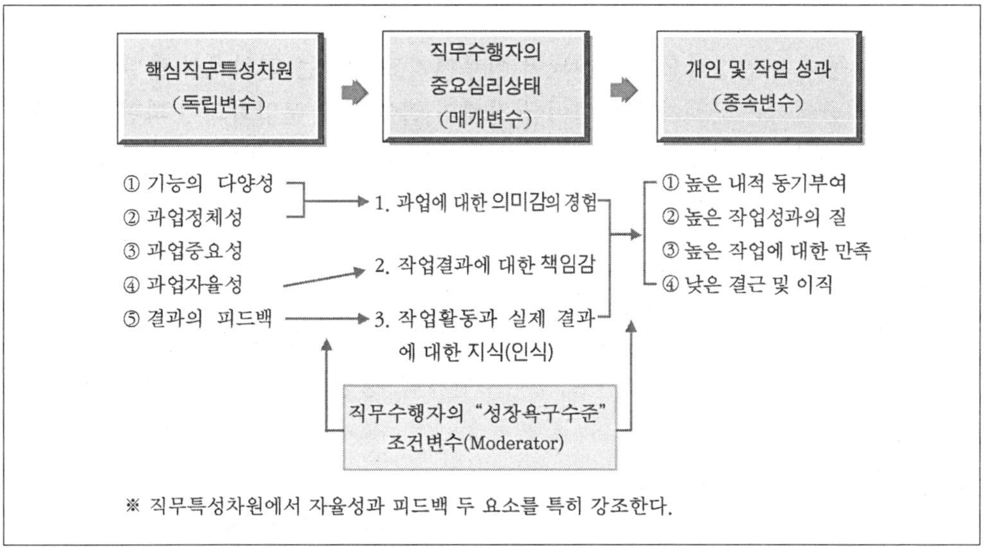

〈그림〉 직무특성이론

- 직무특성 모형에서는 5가지 직무특성을 핵심직무차원이라고 하며, 기술다양성, 과업정체성, 과업중요성, 과업자율성, 결과의 피드백이 있다.
- 작업자의 태도와 행위에 영향을 미치는 직무특성을 규명하는 것
- 직무특성이론은 직무설계이론의 핵심적인 토대 마련
- 터너(A. N. Turner)와 로렌스(P. R. Lawrence)의 연구에 의해 본격화되기 시작
- 핵크맨(J. R. Hackman)과 올드햄(G. R. Oldham)에 의해 하나의 이론으로 완성

2) 사회·기술시스템이론

① 의의

조직을 테일러적인 단순한 기술시스템 또는 인간관계적인 단순한 사회시스템으로 보지 않고, 기술적 요구와 인간적 요구의 동시최적화를 추구하면서 환경적 조건에도 부합되도록 직무를 설계하도록 하는 이론으로 후에 자율적 작업집단의 근거가 된다.

② 직무설계원칙

• 과업의 최적다양성
• 의미 있는 과업형태
• 가치 있는 과업 등

3) 노동의 인간화

① 의의

기존의 노동이 비인간적으로 설계되어 이루어지고 있다는 인식에서 출발하고 있으며, 테일러리즘에서는 근로자들로 하여금 전체의 일이 아닌 분업화되어 파편화된 부스러기 일을 수행하도록 근로자들의 미숙련화와 미성숙화를 야기 한다는 것이다.

② 기업 내 노동의 인간화 방안

• 작업조건의 인간적 설계 : 작업장소, 작업시간
• 직무의 인간적 설계 : 직무순환, 직무의 수평적 / 수직적 확대, 준자율적 작업집단
• 인간적 경영관리 : 인적자원개발, 인적자원계획, 경영참가제도, 민주적 리더십

(4) 직무설계 : 개인과 집단

조직의 목표달성과 개인의 만족감 증대를 위해 직무를 적극적으로 설계하는 것

1) 개인수준의 직무설계

① 직무확대 : 수평적 직무확대

㉠ 개념 및 특징

직무의 범위를 수평적으로 확장하는 것으로 직무를 구성하는 과업의 수를 늘리는 것이다. 다만, 작업자가 수행하는 과업의 수는 늘어나게 되지만 의사결정권한이나 책임의 증대는 동반되지 않는다.

• 맡은 직무를 다양하게 함
• 직무에 대한 단조로움 감소
• 종업원의 동기부여에는 실패

㉡ 기대효과

단순반복업무에서 발생하는 단조로움, 지루함, 싫증을 줄여 직무만족의 향상, 결근율과 이직률의 감소를 가져올 수 있다.

㉢ 한계

추가되는 과업이 단조롭고 흥미 없는 것일 경우 오히려 작업자의 실망이 커질 수 있으며, 작업자의 성장욕구의 강도에 따라 직무확대에 대한 태도가 다를 수 있으나 이를 고려하지 못하고 있다.

② 직무충실화 : 수직적 직무확대

㉠ 개념 및 특징

직무확대처럼 직무의 수를 늘리기 보다는 직무내용을 풍부하게 만들어 작업상의 책임을 늘리며, 능력을 발휘할 수 있는 여지를 크게 하고 도전적이고 보람 있는 일이 되도록 직무를 구성하는 것을 의미한다.

직무충실화에서 강조하는 것은 전통적으로 관리자의 고유기능에 속하였던 계획과 통제를 작업자에게 위양하는 것이다.

- 종업원에게 관리적 기능까지 위임
- 직무를 질적으로 재정의 · 재구성 함
- 허쯔버그의 2요인 이론에 기초
- 개인차 무시, 과다한 비용소요 등의 문제

㉡ 기대효과

종업원의 자유와 독립성이 증대되고, 작업자가 완전한 전면적인 활동을 할 수 있도록 과업이 조직화되며 피드백이 제공되도록 하여 작업자 자신들이 자신들의 업적에 대해 수정조치를 취할 수 있게 된다.

㉢ 한계

종업원 개인의 차이를 고려하지 않았으며, 이의 적용 시 기술/훈련/임금상승 등의 변화를 동시에 시행하기 때문에 과연 직무충실만의 효과인지 혹은 어떤 직무요소가 영향을 미치는지 밝혀지지 않았다. 또한 생산성에 대해서도 확실한 연구결과가 나오지 않고 있다.

2) 집단수준의 직무설계

① 직무순환

다양한 직무를 경험할 수 있도록, 여러 직무를 돌아가면서 수행하는 것이다.

㉠ 개념 및 특징

다양한 직무를 순환하여 수행하도록 함으로써 기술 다양성을 증가시키게 하는 것이다. 다만, 여러 가지 과업이 호환성이 있고, 작업자는 작업흐름에 큰 지장을 주지 않고 과업끼리 순환가능해야 한다.

㉡ 기대효과

지루함을 줄여주고, 작업자의 기능다양성을 제고시키게 되어 인력활용의 유연성을 높일 수 있으며, 작업자에게 직무수행의 기회를 제공하여 경력개발을 돕는다.

㉢ 한계

직무가 바뀌기 때문에 동일수준의 기술을 가정한다고 하더라도 단기간에 생산성의 저하가 발생하며, 직무순환이 가능한 일들은 비교적 낮은 수준으로 높은 수준의 업무는 적용이 어렵다. 또한 작업자의 기대나 직무는 크게 바뀌지 않고 일시적으로 단조로움이나 권태감만 완화시킬 수 있다.

② 직무교차

㉠ 개념 및 특징

각 작업자의 직무의 일부분을 타 작업자의 직무와 중복되게 하여, 중복된 부분을 타 작업자와 공동으로 수행하게 하는 직무설계방식이다. 직무확대가 한명의 작업자를 대상으로 개별설계를 한다면 이는 반드시 다른 작업자와 공동으로 수행해야 한다는 것이다.

㉡ 기대효과

단조로움을 감소시키며, 작업자간의 협동부족에서 오는 소외를 줄일 수 있으며 이를 통해 커뮤니케이션을 향상시켜 준다.

㉢ 한계

교차된 직무를 서로 소홀히 하게 되면 생산성에 문제가 발생할 수 있고, 미루거나 책임을 지지 않으려 할 수 있다.

③ 작업팀

- 통합적 작업팀 : 직무확대의 집단수준 실시
- 자율적 작업팀 : 직무충실화의 집단수준 실시

㉠ 개념 및 특징

직무충실화 프로그램이 집단수준에서 실시되고 있는 경우에 나타나는 기법으로 팀이 수행하고 있는 작업을 수직적 통합을 통해서 심화시키는 방법이다.

작업팀에게 달성해야 할 목표가 부여되고 작업할당, 휴식시간, 검사절차 등을 자유로이 결정하여 처리하도록 일임한다. 때로는 선발과 업적평가까지도 가능하도록 한다.

ⓛ 기대효과

스웨덴의 볼보자동차 회사가 그 시초라 할 수 있는데 결과적으로 생산성이 향상되며, 팀 내 구성원들끼리 자발적으로 노하우가 전수됨으로써 교육훈련비가 경감된다.

ⓒ 한계

기업과 자율적 팀 간의 갈등발생과 작업팀 내 구성원 간 갈등문제가 있을 수 있다.

④ 작업모듈

- 작업모듈은 수시로 집단내부의 일부 과업을 모듈로 편성해서 작업자들에게 할당하는 기법이다.
- 일반적으로 작업모듈은 주로 작업자들이 회피하려는 경향이 있는 작업을 효율적으로 실행하는데 주로 활용되는 기법이다.

⑤ 기타 : 압축근무시간제, 변형근로시간제, QC서클, 동시공학 등

> **집중근무시간제와 압축근무시간제**
> '집중근무시간제'는 지정된 특정 시간동안에는 가급적 회의소집이나 면담, 전화통화를 하지 않는 등 근무시간 중 특정시간대의 업무만을 집중적으로 수행하는 제도이다. 이에 반해 '압축근무시간제'는 주당 법정근로시간의 범위 내에서 근무일수를 줄이는 대신 근무하는 날에는 많은 시간을 일하는 제도를 일컫는다.
>
> **변형근로시간제**
> 변형시간근로제(탄력적 근로시간제)는 근로자의 근무시간을 바쁠 때는 늘리고 한가할 때는 그 이하로 줄이는 등 탄력적으로 운용하되, 일정 기간의 전체 근로시간이 법정시간 이하이면 초과근로수당을 면제하도록 하는 근로제도이다.

(5) 직무분석의 새로운 경향

인적자원관리의 외적 환경의 변화에 따라 인적자원관리의 패러다임에 새로운 변화가 나타난다.

① 내부노동시장 중심에서 외부노동시장 중심으로
② 집단주의에서 개인주의로
③ 사람중심에서 직무중심으로
④ 인사의 스탭(staff)기능 중심에서 현장관리자 중심으로
⑤ 연공중심에서 성과중심으로
⑥ 범용적 인재중심에서 특성화된 전문가형 인재중심으로
⑦ 수동적 인재관리에서 능동적이며 환경 변화 대응적 인재로 바뀌어 가고 있다.

불확실한 환경에서 직무 중심으로 능동적인 인적자원관리 또는 성과 중심적 인적자원관리로 발전하였다.

제3장

인적자원관리 계획

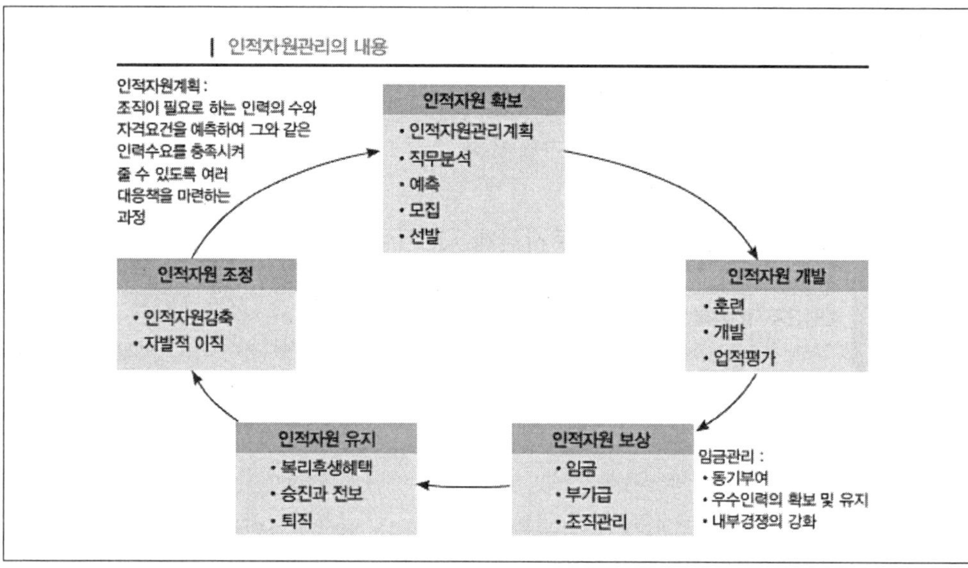

1. 의 의

(1) 인적자원관리 계획은 현재 및 미래의 각 시점에서 기업이 필요로 하는 사람 수를 예측하고 결정하며, 사내/외에 필요한 사람들을 배치하고 계획하는 것이다.

(2) 인적자원관리 계획은 고용관리와 더불어 승진, 인사배지, 훈련계획, 임금계획 등과도 밀접한 관계를 가지고 있다.

2. 인적자원의 수요와 공급

참고

인력계획(Human Resources Planning)
현재 및 미래의 각 시점에서 조직이 필요로 하는 인적자원을 사전에 예측하고(인력수요), 이에 대한 조직 내외의 공급상황을 예측(인력공급)하여 이를 적절히 조화시킬 수 있는 방안을 강구하는 것
- 중요성 : 기업이 특정 인력을 갑자기 필요로 할 때 적당한 사람을 찾기 쉽지 않다.

모집(Recruitment)
능력과 기술을 가진 인적자원을 확보하기 위하여 인적자원을 조직으로 유인하는 활동
- 내부에서 모집하는 방법 : 비공개적으로 적임자를 찾아내는 방법, 원하는 사람을 찾기 위해 모집하는 방법 등
- 외부에서 모집하는 방법 : 광고를 통한 방법, 현재의 임직원으로부터 추천을 받는 방법, 직업소개소나 컨설팅업체 또는 학원 등과 같은 전문적인 인력공급기관으로부터 공급받는 방법

선발(Selection)
모집을 통해서 응모된 지원자 중에서 조직이 필요로 하는 가장 적합한 사람을 찾는 과정

배치(Placement)
신규로 모집 선발된 종업원을 각 직무에 배속시키는 것

| 인적자원계획 과정

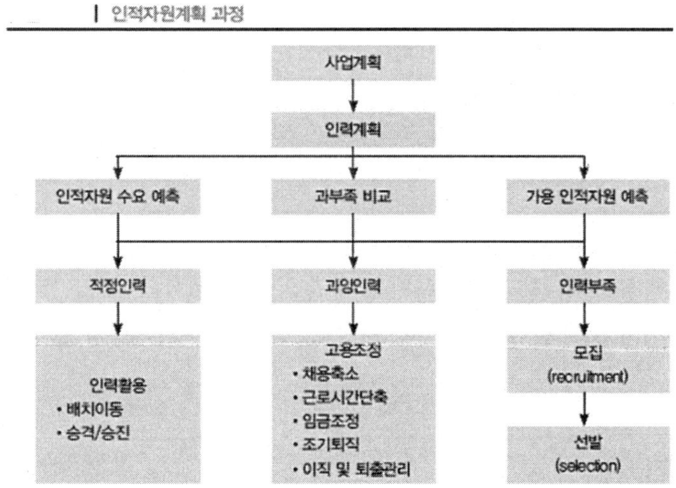

인적자원 수요예측

- 전문가 예측
- 추세분석
- 부서별 예측방법
- 기타방법

인력계획(human resources planning) : 현재 및 미래의 각 시점에서 조직이 필요로 하는 인적자원을 사전에 예측하고[인력수요], 이에 대한 조직 내외의 공급 상황을 예측 [인력공급]하여 이를 적절히 조화시킬 수 있는 방안을 강구하는 것
중요성 : 기업이 특정 인력을 갑자기 필요로 할 때 적당한 사람을 찾기가 쉽지 않다.

(1) 인적자원수요 예측기법

인적자원의 수요예측은 과거의 추세, 현재의 상태 / 상황 및 미래의 변동이나 변화에 따른 예측에 입각하여 이루어진다.

1) 정량(계량)적 방법

정량(계량)적 방법은 인력수용과 연관되어 있는 다양한 변수의 특성과 변수에 의해서 설명되는 인적자원의 수요를 분석한다.

① 추세분석

추세분석(trend analysis)은 과거의 자료를 기반으로 하여 현재와 미래의 추세 변화를 분석하는 방법이다.

② 회귀분석

인적자원의 수요에 영향을 미치는 요인(혹은 변수)들의 인과구조를 분석하여 인적자원 수요를 예측하는 방법이다.

③ 비율분석(ratio analysis)

기업조직의 핵심부서, 즉 생산 / 판매부서 등의 라인부서의 소요인력을 예측하여 관련되는 스텝부서의 소요인력을 예측하는 방법으로써 부서들 간의 안정된 관계가 중요하다.

2) 정성적 방법

인적자원관리에 전문적인 식견을 지니고 있다고 판단되는 전문가가 자신의 경험이나 직관 그리고 판단에 의존하여 조직이 필요로 하는 수요예측방법이다.

① 명목집단기법

서로 다른 분야에 종사하고 있는 사람들을 명목상의 집단으로 간주하고 그들로부터 자유로운 아이디어를 받고 각 아이디어에 대한 각 개인의 익명성을 보장해주면서 반대 논쟁을 극소화하는 수요예측기법이다.

② 델파이기법

특정 문제에 있어서 다수 전문가들(인적자원전문가, 스텝, 내부관리자 등)의 의견을 종합하여 인적자원수요를 예측하는 기법이다.

(2) 인적자원 공급예측기법

인적자원의 수요예측 후에 필요한 인력을 어떻게 확보하고 모집할 것인가에 대한 의사결정이 이루어져야 하고, 요구되는 인력에 대한 공급이 어떻게 이루어져할 것인가에 대한 분석과 예측이 이루어져야 한다.

1) 기능목록

조직 내에서 승진 또는 전환에 가장 적합한 개인을 선발하기 위해 특히 비관리직 구성원들이 보유하고 있는 기능과 능력을 조사하여 결과를 요약해 놓은 자료이다.

일반적으로 보유기능, 조작가능기계 / 장비 / 도구, 담당직무의 내용, 교육수준, 경력, 강점 및 약점 등이 포함된다.

2) 마아코프분석

① 의의

시간의 흐름에 따른 개별 종업원들의 직무이동확률을 파악하기 위한 것으로써 내부노동시장의 안정적 조건하에서 종업원들의 승진, 이동, 이직 등의 일정비율을 적용하여 미래 각 기간에 걸쳐 현재인원의 변동을 예측하는 방법이다.

② 유의점

내부노동시장의 승진, 이동, 이직 등의 과거 확률이 안정적이어야 미래 공급인원을 제대로 예측할 수 있다.

3) 대체도(승진도표)

조직 내 특정 직무가 공석이 된다고 가정할 경우 누가 여기에 투입될 수 있을 것인가를 일목요연하게 파악할 수 있도록 시각적으로 나타낸 표이다. 주로 관리직이나 주요 기술직 구성원들을 대상으로 작성된다.

(3) 인적자원 수요와 공급의 균형

인적자원의 수요와 공급의 예측이 이루어지면 수요와 공급을 비교하여 필요한 시점에 필요한 인력에 대한 적절한 조취가 이루어져야 한다.

1) 인력부족 시

초과근로 / 임시직 고용(비정규직) / 파견근로 / 아웃소싱

2) 인력과잉의 경우

① 직무분할제

- 하나의 풀타임업무를 둘 이상의 파트타임 업무로 전환시키는 것을 말한다. 직무설계 시 직무교차가 하나의 방편이 될 수 있다. 이는 자녀양육 등 가사일이나 개인적인 시간이 필요한 근로자 개인에게 도움이 될 수 있다.
- 효과 : 전문직이나 상위계층의 인력활용의 유연성 / 단조로움을 줄여 근로의욕 상승 / 시너지 효과

② 조기퇴직제도

일정연령에 도달한 구성원이 조기에 퇴직하여 제2의 인생을 시작할 수 있도록 기회를 제공하면서 동시에 조직 내 인력과잉과 이에 따른 경력정체현상을 인원감소를 통해 완화하고자 하는 제도로써 명예퇴직제도, 희망퇴직제도, 선택정년제도 등으로 불리어진다.

③ 다운사이징

- 조직의 경쟁력 제고를 위하여 다수의 인력을 계획적으로 감축하는 것을 말한다.
- 시행이유 : 인건비 감축 / 신기술도입을 통한 인력수요 감소 / 인수합병 시 중복인력의 구조조정 필요

④ 정리해고

조직 내 유효인력을 정리함으로써 인력내 과잉인력을 조절한다.

제4장

논술과 글쓰기 : Meaning Block

1. 답안작성 : 표현과 글쓰기 훈련

답안작성용 글쓰기 과정에서 가장 중요한 것은

- 도전적이며 창의적인 발상
- 변화되고 발전될 수 있다는 믿음

답안작성용 글쓰기 과정은

- 답안작성 훈련은 길고 지루하고 힘든 과정이다.
- 생각보다 시간도 매우 많이 걸린다.
- 힘들다고 포기하면 저득점이다.
- 많은 수험생이 어려움을 겪는다.
- 고득점은 합격이다.
- 글쓰기 훈련이 성과를 내면 더 이상 두렵지 않다.
- 글쓰기를 힘들게 배운 만큼 고득점을 성취한다.

2. 글쓰기 단락과 문장의 활용

단락의 구성

'핵심(화제)문장 + 설명(혹은 뒷받침)문장 ① + 뒷받침문장 ② + 뒷받침문장 ③ + 맺음문'으로 구성되어 있다.

모든 문장과 문장의 집합인 단락이 반드시 이 공식을 따르는 것은 아니다.

단락은 문장의 집합이다. 단락은 문장의 집합으로 의미나 생각을 하나의 단위로 표현한다. 문장을 구성하는 방법과 문장을 활용하여 단락을 구성하는 방법 등을 설명하였다.

문장의 기본원칙

(1) 경영학적으로 적절한 용어 등을 사용해야 한다.
(2) 문장 내에서 주어와 서술어가 적절해야 한다.
(3) 부사어와 서술어가 적절해야 한다.
(4) 주어나 서술어, 목적어를 부당하게 생략해서는 안 된다.
(5) 조사를 올바르게 사용해야 한다.
(6) 수식관계가 정확하고 명확해야 한다.
(7) 논리관계가 정확하고 명확해야 한다.
(8) 단어·구·절을 정확하게 연결해야 한다.
(9) 가능한 문장을 너무 길게 표현하지 않고 간단명료하게 표현한다. 이중피동을 삼가야 한다.
(10) 문장부호가 정확해야 한다.

수험생들이 자주 범하는 문장오류

(1) 문장을 지나치게 길거나, 내용을 설명없이 너무 짧게 쓴다.
(2) 주어와 서술어가 적절하지 하지 않는 문장이 많다.
(3) 경영학적인 용어의 선택이 부적절하다.
(4) 동일한 용어나 어구를 반복해서 쓴다.
(5) 경영학의 전문용어와 외국어 등을 올바르게 표현하지 않는다.
(6) 문장성분을 대등하게 연결할 줄 모른다.
(7) 수식어를 연달아 늘어놓는다.
(8) 수식어의 위치를 잘 모른다.
(9) 조사를 잘못 사용한다.
(10) 문장부호를 적절히 이용할 줄 모른다.
(11) 문장을 너무 복잡하게 기술하여 내용이 제대로 전달되지 않는 문장 오류 등이 발생한다.

수험생들이 자주 범하는 단락오류

(1) 의미나 생각의 단위가 아닌 형식적 길이로 단락을 구분한다.
(2) 여러 개의 생각이나 의미단위를 하나의 단락으로 표현한다.
(3) 핵심 문장만 있거나 설명(뒷받침)분장 등이 부족하거나 아예 없다.
(4) 핵심문장과 설명문장을 구분하지 않는다.
(5) 문장과 문장 등의 연결이 부자연스럽다.
(6) 단락과 단락의 연결이 부자연스럽다.

형식적 길이로 단락을 구분한다

(1) 생각이나 의미단위나 덩어리별로 단락을 나누어 주어야 하는데 그렇지 못하다.
(2) 단락은 일정한 길이를 갖는다는 고정관념을 갖고 있어서 형식적 길이를 먼저 고려해서는 안 된다.
(3) 일정한 형식적 길이가 아니라 생각의 단위, 주장의 단위 혹은 의미단위로 단락을 구분해야 한다.

글쓰기와 문장력

(1) 답안작성에서 표현 혹은 글을 잘 쓰고 못 쓰고는 문장력에서 판가름 난다.
(2) 좋은 문장력은 채점자가 글을 잘 읽도록 할 뿐만 아니라 오래 기억하게 만든다.
(3) 좋은 문장을 쓰려면 오탈자 등이 발생하지 않고, 글자가 바르고 정확하게 써야 한다.
(4) 경영학적인 적절한 어휘 선택, 자연스런 문장, 정확한 조사와 어미의 사용 등의 올바른 사용이 문장을 정확하게 표현한다.
(5) 답안작성 시 효과적인 문장을 써야 한다.
(6) 경영학적인 풍부한 어휘, 짧고 간명한 표현, 문장 성분에 어울리는 적절한 배치 등이 효과적인 문장을 만드는 기본적인 요소이다.

제5부 확보관리와 평가관리

제1장 모의시험 문제와 문제풀이
제2장 확보관리
제3장 평가관리
제4장 논술과 글쓰기 : Meaning Block

제1장

모의시험 문제와 문제풀이

제1문

전통적 기업의 확보관리의 문제점을 설명하고, 이를 극복하기 위한 새로운 방안에 대하여 논하시오. (50점)

제2문

상대 평가(고과)와 절대 평가(고과)를 약술하시오. (25점)

1. 모의시험 문제와 문제풀이

(1) 전통적 기업의 확보관리의 문제점을 설명하고, 이를 극복하기 위한 새로운 방안에 대하여 논하시오.(50점)

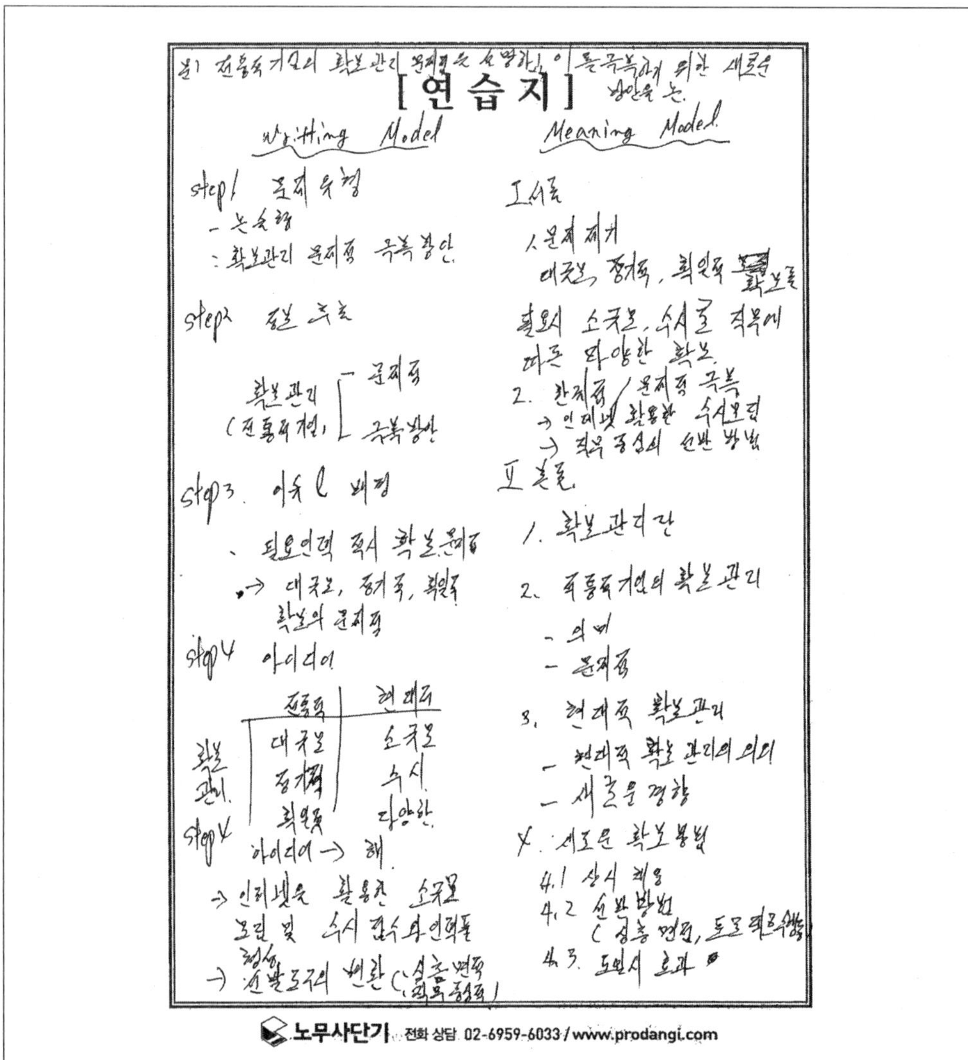

문1 전통적 기업의 확보관리 문제점을 설명하고, 이를 극복하기 위한 새로운 방안을 논.

[연 습 지]

Writing Model

step1 문제유형
- 논술형
: 확보관리 문제점 극복방안

step2 핵심 도출
확보관리 (전통적 기업) — 문제점 / 극복방안

step3 이슈 & 배경
· 필요인력 적시 확보 문제
→ 대규모, 정기적, 획일적 확보의 문제점

step4 아이디어

	전통적	현대적
확보관리	대규모	소규모
	정기적	수시
	획일적	다양한

step5 아이디어 → 해
→ 인터넷을 활용한 소규모 모집 및 수시 필요인력 확보
→ 선발도구의 변환 (심층면접, 적성검사)

Meaning Model

I. 서론
1. 문제제기
대규모, 정기적, 획일적 확보로 필요시 소규모, 수시로 직무에 따른 다양한 확보.
2. 한계점/문제점 극복
→ 인터넷 활용한 수시모집
→ 직무 중심의 선발 방법

II. 본론
1. 확보관리란
2. 전통적 기업의 확보관리
- 의미
- 문제점
3. 현대적 확보관리
- 현대적 확보관리의 의의
- 새로운 경향
4. 새로운 확보방법
4.1 상시 채용
4.2 선발방법 (심층면접, 토론면접)
4.3 도입시 효과

노무사단기 전화 상담 02-6959-6033 / www.prodangi.com

(2) 문제풀이

1) 서론

• 문제제기(문제영역 / 문제배경 / 문제정의) • 연관된 개념 / 이론 제시(문제와 연관된 관점 / 시각을 설정) • 문제영역과 현실이슈 등을 비교하여 한계점이나 문제점과 해를 도출 • 전체적인 글의 구성과 요약 정리(아이디어 도출과 구체적 방안, 효과, 대안, 설계 등의 의미 전환이 대단히 중요함)

• 문제제기(문제영역 / 문제배경 / 문제정의)

문제제기의 핵심은 글 전체의 방향을 제시하는 것이다. [연습지]에 기록한 내용을 참조하면서 순차적으로 작성한다.

기본적인 가정은

→ 최근에는 기업 조직내외의 인력 수요에 조건에 따른 수시로 다양한 확보조건에 따라서 확보는 적시에 확보가 이루어져야 한다(핵심문장).

단락은 핵심문장과 핵심문장을 설명하는 부가 문장으로 구성한다. 단락은 3~5개 정도의 문장으로 구성한다.

문제의 배경과 문제영역 등을 활용한다.

예를 들어, [연습지] step 3의 내용을 참조

인력 수요 변동에 따른 필요 인력의 적시 확보가 중요하다(문제의 배경이며 설명문장).

전통적인 기업은 인력의 확보가 대규모적이고, 정기적이며, 획일적인 방법으로 확보하였다(문제의 영역이며 설명문장).

전체적으로 핵심문장과 설명문장을 결합하여 문제제기 문장을 완성한다. 수험생의 특성이나 개인적인 취향 등에 따라 글의 구성은 달라질 수 있다.

서론의 문제제기 단락은 문제의 배경과 영역을 부가적인 설명문장으로 구성하고,
핵심문장을 그 다음에 문제제기와 문제의 방향으로서 구성한다.

문제제기 단락 구성 설명문장 1. + 설명문장 2. + 핵심문장으로 구성한다.

문제제기의 Meaninlock

인력 수요 변동에 따른 필요 인력의 적시 확보가 중요하다. 그러나 전통적인 기업은 인력의 확보가 대규모적이고, 정기적이며, 획일적인 방법으로 확보하였다. 최근에는 기업 조직내외의 인력 수요에 조건에 따른 수시로 다양한 확보조건에 따라서 확보는 적시에 확보가 이루어져야 한다.

• 연관된 개념 / 이론 제시(문제와 연관된 관점 / 시각을 설정)

이론적인 특성은 [연습지]의 내용을 참조한다.

1. 확보관리의 의미
2. 전통적 기업과 현대적 기업 확보관리 비교
3. 새로운 방향의 확보 관리

• 문제영역과 현실이슈 등을 비교하여 한계점이나 문제점과 해를 도출

정보기술의 발전은 기업의 인력 확보 방안에 새로운 대안을 제시한다. 이 새로운 대안은 공간과 시간의 제약으로부터 기업의 확보활동을 자유롭게 만들고 또한 확보 방법을 확장시키다. 첫째 인터넷이나 모바일 기술의 활용은 소규모 모집과 수시 접수와 다양한 인력풀을 만든다. 둘째는 소셜네트워크서비스(SNS) 등을 활용해 응시자들의 다양한 정보 수집이 가능하고, 이를 통해 직무 중심적인 심층 면접 등에 확장하여 적용할 수 있다.

• 전체적인 글의 구성과 요약 정리(아이디어 도출과 구체적 방안, 효과, 대안, 설계 등의 의미 전환이 대단히 중요함)

새로운 기술의 발전은 기업에게 다양한 기회와 위협을 제공한다. 이런 새로운 기술의 활용하여 소규모적 선발과 더불어 수시로 다양한 인재를 필요시 적시에 확보할 수 있다,

2) 본론

라이팅 모델	Meaning Block Model
• 디자인 및 논술 전략 • 이론 / 개념 및 문헌 활용 • 개념과 구성개념 적용 • 문제와 정의 연결하기 • 관점 비교 • 예시와 비유 • 분류 및 비교 • 적절한 해 도출하기 • 사례활용하기 • 사례와 해 연결하기	• 이론적 배경 • 기존이론 등의 한계점 혹은 보완점 등 • 한계점과 보완전을 극복하는 대안, 방인, 설계 혹은 효과 등

• 이론적 배경

1. 확보관리의 의의

채용관리란 개인과 기업이 관계를 시작하는 단계에서 필요한 제반 인사관리 기능을 말한다. 사람의 확보에 의해서 기업의 경영전략도 수행되고, 성과도 창출될 수 있으므로 채용관리는 매우 중요하다.

특히 글로벌 무한경쟁, 디지털 혁명, 지식기반사회의 도래 등으로 인해서 우수인재 채용의 중요성이 더욱 강조되고 있으나, 기존의 채용방식으로는 급격하게 변화되는 경영환경에 대응하기에 턱없이 부족하다. 그래서 새로운 방법이 모색되어야 한다.

2. 전통적 기업의 확보 방식의 특성과 문제점

(1) 전통적 기업의 확보의 특성

기존 채용방식은 신입사원 위주의 대규모 정기적·획일적 방식이 대부분이었다. 매년 정기적으로 '그물'을 던져 대규모로 인력을 확보한 뒤, 내부에서 키워나가며 하나씩 탈락시키는 방식으로 많은 문제점에 직면하였다.

(2) 전통적 기업의 확보방식의 문제점

1) 인건비 부담 가중

정기공채는 미래에 필요한 인원수를 감안해서 채용이 이루어지게 되므로 초기에는 잉여인력이 많이 생긴다. 그러나 상시 구조조정이 일상화된 오늘날에는 잉여인력으로 인한 인건비 부담이 가중된다.

2) 연공주의 고착화

기존의 정기공채는 입사기수 등 동기의식을 양성함으로써 연공의식을 고착화시켜 능력주의, 성과주의를 정착시키는데 걸림돌이 되고있다.

3) 우수인재 확보 곤란

기존의 대규모 획일적 공채로는 기업들이 추구하는 우수인재를 확보하기 힘들다. 많은 기업들은 소수의 창조적 인재를 선호하고 있으며, 이를 위해서 상시적으로 경력사원 중심의 우수인재를 뽑게 되었다.

4) 전략과의 정합성이 떨어짐

기존의 채용은 장기경영계획 및 인력계획과의 연계가 부족했고, 채용 후의 구체적 활용 모델에 대한 전략적 판단 및 관리가 부족했다.

• 기존이론 등의 한계점 혹은 보완점 등을 제시

3. 확보방식의 새로운 경향

(1) 확보방식의 변화 배경

1) 성과주의 확산

우리기업은 인사관리 전반에 성과주의를 도입하기 위하여 노력하고 있다. 급격한 경영환경의 변화 속에서 더 이상 연공주의로는 버티기 힘들다. 따라서 연공의식을 조장하는 대규모 정기채용을 탈피할 필요가 있다.

2) 인재상의 변화

기업의 성패는 우수인재에 달려있다. 예전처럼 대규모 신입사원을 뽑은 뒤 오랜 시간 육성할 수 없는 처지로, 이제는 전문화된 바로 쓸 수 있는 인력을 선호하게 되었다. 또한 소수의 핵심인재가 기업의 부가가치를 창출하는 시대가 되었기 때문에 기존의 채용방식은 한계에 직면하였다.

(2) 확보 방식의 새로운 경향

1) 변화의 기본 방향

새로운 채용방식의 기본방향은 능력주의와 성과주의에 입각한 우수인재의 확보에 있다. 이를 위해서는 인재포트폴리오 전략에 따른 전략적 채용과 환경변화에 적절하게 대응하는 탄력적 채용이 필요하다.

2) 집단 중심의 정기채용에서 개별 중심의 수시채용으로

연공주의 극복과 능력주의·성과주의 실현을 위해서는 '입사기수에 따른 연공의식'을 깨고 채용 때부터 능력과 성과에 따른 인사관리가 이루어져야 한다. 이에 따라 개별 중심의 소규모 수시채용이 도입되게 되었다.

3) 신입사원 중심에서 경력사원 중심으로

대규모 신입사원 채용은 인건비 부담을 가중시킨다. 따라서 필요한 때 별도의 비용 없이, 소위 '완제품'인 경력사원 중심의 채용을 하게 되었다.

4) 채용방법의 다양화

기업은 코스별 채용관리제, 인터넷 수시채용, 행동관찰면접제 등 다양한 모집, 선발 방법을 활용하고 있다. 이는 인적지원 유형이 전문화되고, 노동시장이 세분화·다양화 되었기 때문이기도 하지만, 핵심인재의 채용을 위해서는 기존 방식으로는 한계에 도달하였기 때문이기도 하다.

5) 인사부서 중심의 채용에서 현장조직 중심의 채용으로

성과를 극대화하기 위해서는 현장의 필요에 따라 현장조직 중심으로 채용이 이루어져야 한다. 따라서 많은 기업들이 현장관리자를 채용과정에 참여시키고 있다.

4. 확보방법과 관련된 현대적 기법

(1) 코스별 채용관리제

업무의 내용과 유형에 따라 몇 개의 코스를 설정하여 서로 다른 채용·배치·승진 등의 인사관리를 하는 제도이다. 개개인의 다양한 직업의식과 경력개발의지를 반영할 수 있어 능력주의 실현에 도움이 된다. 다만, 코스전환의 기회보장과 기존 근로조건의 저하 방지에 유의하여야 한다.

(2) 상시채용제

졸업시즌에 대규모 정기적·획일적으로 모집하던 방식에서 벗어나서, 수시로 응시원서를 접수받아 필요에 따라 채용하는 방식이다. 이를 위하여 기업에서는 인터넷 채용시스템, 채용엽서제, 인재 데이터뱅크 등을 시행한다.

(3) 면접방식의 다양화

선발방식(선발도구)의 신뢰성, 타당성을 제고하기 위해 특히 다양한 면접방식이 활용되고 있다.

1) 행동관찰 면접제

장소에 구애됨 없이 특정한 놀이나 운동 등에서 피면접자가 취하는 행동을 통하여 나타나는 지능, 인성, 능력 등을 관찰하여 평가하는 방식이다. 인물의 내면적인 평가가 가능하나, 비용이 많이 든다.

2) 블라인드 인터뷰제

피면접자의 정보에 대한 기초자료 없이 면접을 하는 방식이다. 면접에서 나타나는 편견을 제거하기 위하여 도입되었다.

3) 다차원 면접제

팀장급 등 실무자로 구성된 면접반을 몇 개조로 편성하여 면접시간, 장소 등에 구애됨이 없이 다양하게 면접을 하는 방식이다.

4) 능력위주 열린 채용

학력파괴, 즉 학력에 구애받지 않고 능력과 자질만 갖추면 누구에게나 채용의 기회가 부여되는 방식이다.

5) 내부 공개채용(job posting)

직무의 공백이 있을 경우 내부 종업원을 대상으로 공개모집·선발하여 성취감과 개발의욕을 높이는 방식이다. 발탁인사제 등 능력주의에 입각하여 시행해야 효과적이다.

6) 정보기술의 활용

정보기술의 발전은 기업의 인력 확보 방안에 새로운 대안을 제시한다. 이 새로운 대안은 공간과 시간의 제약으로부터 기업의 확보활동을 자유롭게 만들고 또한 확보 방법을 확장시킨다. 첫째 인터넷이나 모바일 기술의 활용은 소규모 모집과 수시 접수와 다양한 인력풀을 만든다. 둘째는 소셜네트워크서비스(SNS) 등을 활용해 응시자들의 다양한 정보수집이 가능하고, 이를 통해 직무 중심적인 심층면접 등에 확장하여 적용할 수 있다.

3) 결론

• 서론과 본론의 내용 요약하기
• 도출된 해의 사회적 공헌과 미래가치 등 제시하기

최근에는 기업 조직내외의 인력 수요에 조건에 따른 수시로 다양한 확보조건에 따라서 확보는 적시에 확보가 이루어져야 한다. 이런 다양한 방법에는 직무 중심의 채용문화, 심층면접 등의 선발도구의 개발, 소셜네트워크서비스의 활용 등의 다양한 방법으로 확보관리 방법이 진화하였다.

2. 모의시험 문제와 문제풀이

(1) 상대 평가(고과)와 절대 평가(고과)를 약술하시오. (25점)

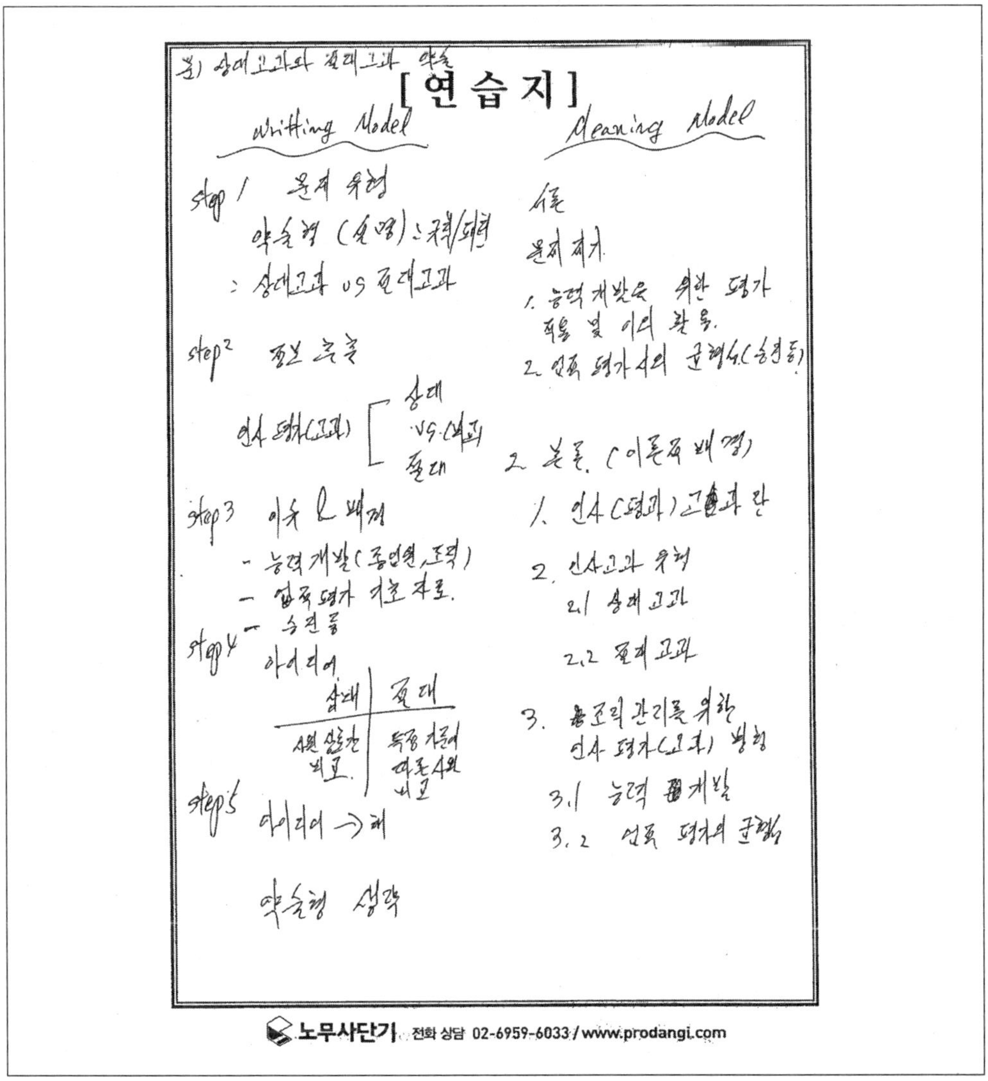
문) 상대고과와 절대고과 약술

[연습지]

Writting Model

step 1 문제 유형
약술형 (설명) : 구체/외연
: 상대고과 vs 절대고과

step 2 정보 추출
인사평가(고과) [상대 vs (비교) 절대

step 3 이유 & 배경
- 능력개발(종업원, 조직)
- 성과평가 기초 자료

step 4 아이디어

상대	절대
사원 상호간 비교	특정 기준에 따른 사원 비교

step 5 아이디어 →

약술형 생략

Meaning Model

서론
문제제기
1. 능력개발을 위한 평가 목적 및 이의 활용.
2. 성과 평가시의 공정성

2. 본론 (이론적 배경)
1. 인사(평가)고과란
2. 인사고과 유형
2.1 상대고과
2.2 절대고과
3. 인적관리를 위한 인사평가(고과) 방향
3.1 능력개발
3.2 성과 평가의 공정성

노무사단기 전화 상담 02-6959-6033 / www.prodangi.com

(2) 문제풀이

1) 서론

- 문제제기(문제영역 / 문제배경 / 문제정의)
- 연관된 개념 / 이론 제시(문제와 연관된 관점 / 시각을 설정)

→ 약술형은 문제제기와 연관된 이론을 중심으로 기술하고 부분적으로 아이디어의 일부를 제시하여 기술한다.

- 문제영역과 현실이슈 등을 비교하여 한계점이나 문제점과 해를 도출
- 전체적인 글의 구성과 요약 정리(아이디어 도출과 구체적 방안, 효과, 대안, 설계 등의 의미 전환이 대단히 중요함)

• 문제제기(문제영역 / 문제배경 / 문제정의)

문제제기의 핵심은 글 전체의 방향을 제시하는 것이다. [연습지]에 기록한 내용을 참조하면서 순차적으로 작성한다.

기본적인 가정은

[연습지]의 분석 내용을 기초하여 작성

인재의 내재되어 있는 다양한 능력을 발굴하고, 업적 평가에서 균형성을 유지해야 한다(핵심문장).

단락은 핵심문장과 핵심문장을 설명하는 부가문장으로 구성한다. 단락은 3~5개 정도의 문장으로 구성한다. 약술형인 경우는 문제제기의 단락은 핵심문장과 설명문장을 하나 정도로 구성한다.

문제의 배경과 문제영역 등을 활용한다.

예를 들어, [연습지] step 3의 내용을 참조

정형화된 업무를 수행하던 인재는 환경변화에 따라 비정형화된 구조와 가치변화를 유도하는 인재로 발전한다(문제의 배경이며 설명문장).

전체적으로 핵심문장과 설명문장을 결합하여 문제제기 문장을 완성한다. 수험생의 특성이나 개인적인 취향 등에 따라 글의 구성은 달라질 수 있다.

서론의 문제제기 단락은 문제의 배경과 영역을 부가적인 설명문장으로 구성하고,

핵심문장을 그 다음에 문제제기와 문제의 방향으로서 구성한다.

문제제기 단락 구성 설명문장 1. + 설명문장 2. +(약술형은 생략해도 무방함) 핵심문장으로 구성한다.

문세세기의 Meaninlock

정형화된 업무를 수행하던 인재는 환경변화에 따라 비정형화된 구조와 가치변화를 유도하는 인재로 발전한다. 다양성을 가진 인재에 내재되어 있는 다양한 능력을 발굴하고, 업적 평가에서 균형성을 유지해야 한다(핵심문장).

• 연관된 개념 / 이론 제시(문제와 연관된 관점 / 시각을 설정)

이론적인 특성은 [연습지]의 내용을 참조한다.

1. 인사평가(고과)의 의미
2. 인사 평가 유형
3. 조직관리를 위한 인사 평가

• 문제 영역과 현실 이슈 등을 비교하여 한계점이나 문제점과 해를 도출

평가를 개인 각자의 업적과 조직 및 조직 구성원과의 상호작용에 의해서 나타나는 다양한 성과에 대한 평가기준과 평가 후의 경력과 능력개발에 공평하게 활용되어야 한다.

• 전체적인 글의 구성과 요약 정리(아이디어 도출과 구체적 방안, 효과, 대안, 설계 등의 의미 전환이 대단히 중요함)

→ 약술형은 생략함

2) 본론

라이팅 모델	Meaning Block Model
• 디자인 및 논술 전략 • 이론 / 개념 및 문헌 활용 • 개념과 구성개념 적용 • 문제와 정의 연결하기 • 관점 비교 • 예시와 비유 • 분류 및 비교 • 적절한 해 도출하기 • 사례활용하기 • 사례와 해 연결하기	• 이론적 배경 • 기존이론 등의 한계점 혹은 보완점 등 • 한계점과 보완점을 극복하는 대안, 방안, 설계 혹은 효과 등

• 이론적 배경

1. 직무분석이란

직무분석이란 특정직무의 내용을 분석해서 그 직무가 요구하고 있는 종업원의 지식, 능력, 숙련, 책임 등의 제 요건을 명확히 하는 과정, 즉 직무와 관련된 모든 정보를 체계적으로 수집, 분석, 정리하는 것이다.

2. 직무분석의 목적

(1) 개념

직무분석을 통해서 얻어진 정보는 인사관리 전반을 과학적으로 관리하는데 기초를 제공한다. 이 분석을 통해 직무분류, 직무정의, 직무분석을 통한 인원산정, 그 과정 속에서 중복적인 업무의 제거, 이를 통한 업무의 효율성을 확보한다. 다음에서 분석의 여러 목적을 설명하였다.

(2) 기능

- 인적자원 관리 기능(확보, 개발, 보상, 유지 등)
- 인력공급과 수요계획
- 업무의 효율성 등

3. 직무분석 절차

(1) 배경정보의 수집

예비조사의 단계에서 대부분 이루어진다. 조직도, 업무분장표, 현존 직무기술서 및 직무명세서와 같은 이용 가능한 배경정보를 수집한다.

(2) 분석되어야 할 대표직위의 선정

모든 직무를 분석할 수도 있지만 시간과 비용의 문제가 있기 때문에 일반적으로 대표직위를 선정하여 그것을 중점적으로 분석한다.

(3) 직무정보의 획득

이 단계를 보통 직무분석이라고 한다. 여기서 직무의 성격, 직무수행에 요구되는 종업원 행동, 인적요건 등을 구체적으로 분석한다.

(4) 직무기술서와 직무명세서의 작성

앞에서 얻은 정보를 토대로 직무기술서를 작성하고, 또한 직무기술서를 직무명세서로 전환시킨다.

4. 직무분석의 방법

(1) 관찰법

직무를 수행하는 종업원의 행동을 관찰하여 직무를 판단하는 방법이다.

① 정신적인 작업과 직무수행기간이 긴 작업, 집중을 요하는 직무보다는 생산직 혹은 기능직에 적절한 방법이다.

② 실시는 간편하나 정신적인 작업은 관찰이 불가능하고 직무수행자에게 방해를 줄 우려가 있다. 또한 정보의 신뢰도에 문제가 있을 수 있다(관찰의식, 직무수행왜곡).

(2) 면접법

직무담당자와 직접적인 대면을 통하여 직무에 관한 정보를 얻는 방법이다.

① 직무수행기간이 긴 작업 및 정신적인 작업 등에도 적용이 가능하다.

② 피면접자가 정보제공을 기피할 수 있고, 직무분석자의 면접능력이 부족할 수 있다.

(3) 질문지법

표준화되어 있는 질문지를 통하여 직무에 관한 정보를 얻는 방법이다.

① 모든 직무에 대하여 적용이 가능하고, 정보수집을 위한 시간과 노력이 많이 절약된다.

② 직무수행자들이 무성의하게 응답할 수 있으며 질문지의 합리적인 작성이 어렵다.

(4) 중요사건서술법

직무행동 가운데 보다 중요한 혹은 가치있는 면에 대한 정보를 수집하는 방법이다.

① 직무행동과 성과간의 관계를 직접적으로 파악할 수 있다.

② 시간과 노력이 많이 소요되며, 해당 직무에 대한 포괄적인 정보획득에는 제약이 있다.

(5) 작업기록법

직무수행자가 매일 작성하는 작업일지나 메모사항을 가지고 해당 직무의 정보를 수집하는 방법이다.

① 엔지니어, 과학자, 고급관리자가 수행하는 비교적 관찰하기 어려운 직무를 분석할 때 많이 활용된다.

② 신뢰도는 상당히 확보할 수 있으나, 직무분석에는 원하는 정보를 충분히 획득하지 못할 수도 있다.

(6) 워크 샘플링법

단순한 관찰법을 세련되게 개발한 것으로 전체 작업과정 동안 무작위적으로 많은 관찰을 행하여 직무행동에 관한 정보를 얻는 방법이다.

이외 두 가지 이상의 기법을 혼합하는 방법이 있는데 직무분석의 주목적, 분석대상 직무의 특성, 직무수행자의 특성, 직무분석 인력과 시간 등을 고려하여 가장 적합한 방법을 선택하여야 한다.

5. 직무분석의 기법

(1) 기능중심의 분석(Functional Job Analysis)

- 기능과 작업활동이 무엇인지에 초점을 두고 그 활동기능 분석
- 자료(data)·사람(people)·사물(thing)의 3차원 기능으로 직무를 분석하는 기법

(2) 직위중심의 분석(직위분석 질문지법, Position Analysis Questionnaire)

- 직위를 담당하는 사람의 입장에서 완수해야 하는 일과 역할 등을 분석
- 질문지는 정보의 투입, 정신적 과정, 성과, 타인과의 관계, 직무환경 및 상황, 기타 직무 특성으로 구성

(3) 관리직 분석

대인관계 역할, 정보적 역할, 의사결정 역할 등에 관하여 설문과 면접을 통해 분석

6. 직무분석의 새로운 경향 - 사람중심에서 직무중심의 조직관리

인사관리의 외적환경의 변화에 따라 인사관리의 패러다임도 ① 내부노동시장 중심에서 외부노동시장 중심으로, ② 집단주의에서 개인주의로, ③ 사람중심에서 직무중심으로 ④ 인사의 스탭기능 중심에서 현장관리자 중심으로, ⑤ 연공중심에서 성과중심으로, ⑥ 범용적 인재중심에서 특성화된 전문가형 인재중심으로 바뀌어 가고 있다. 즉 성과주의 인사관리 또는 직무중심적 인사관리로 정리할 수 있다.

※ Ⅰ. 인사고과 의의

인사고과 또는 근무평정이란, 조직에서 사람을 평가하는 방법을 제도화한 것으로서 구성원 개개인의 잠재능력, 성격, 근무태도, 업적 등을 평가하려는 것이다.

평가는 진보적, 향상적 가치증진의 변화를 측정하고 분석하는 일련의 과정이라고 할 수 있다.

조직에서 인사고과의 중요성은 현대 인적자원관리의 모든 영역에 영향을 미치는 기초 자료로서 역할을 하는데 있다. 구체적으로 살펴보면 첫째, 종업원의 능력개발을 위한 기초자료, 둘째, 사원의 업적향상을 위한 기초자료, 셋째, 사원의 처우를 위한 가장 중요한 기초자료 등으로 활용된다고 볼 수 있다.

Ⅱ. 상대고과 및 절대고과

1. 상대고과

(1) 개념

상대고과란 사원을 상호 비교하여 평가하는 인사고과 방법이다. 따라서 인사관리상의 사정, 선별이 목표일 경우 상대고과의 형태가 합리적이다.

(2) 기법

1) 서열법

피고과자의 업적이나 가치에 대해서 서열 또는 순위를 매기는 서열법이 있다.

2) 강제할당법

사전에 평가의 범위와 수를 결정해 놓고 피고과자를 일정한 비율에 맞추어 강제로 할당, 고과하는 강제할당법이 있다.

(3) 장·단점

① 상대고과법은 절대고과에 비하여 일반적으로 평가가 용이

② 관대화 경향이나 중심화 경향과 같은 개인간의 항상 오차를 제거할 수 있다

③ 상대고과법은 선발, 승진후보자의 결정, 임금관리에 있어서 평가승급의 순서를 결정하는데 유용하다.

2. 절대고과

(1) 개념

절대고과란 사원을 일정한 기준과 비교하여 그것의 소유여부 또는 정도를 평가하는 인사고과방법이다. 따라서 개개인의 능력육성과 직무개선을 목표로 하는 고과라면 절대고과의 형태가 더 합리적일 것이다.

(2) 기법

1) 평정척도법

피고과자의 능력과 업적을 일련의 연속척도 또는 비연속척도에 의하여 평가하는 방법이다.

2) 체크리스트법

종업원의 업적 또는 특성을 특징지울 수 있는 서술문을 배열하고 평가자가 해당 서술문을 체크하여 평가하는 방법이다.

3) 중요사건서술법

효과적이고 성공적인 업적은 물론 비효과적인 행위의 예를 기록하였다가 이 기록을 토대로 평가하는 방법이다.

(3) 장·단점

① 종업원 개개인 능력의 장·단점을 파악할 수 있다.

② 그 결과를 개인에게 피드백 하여 개인의 능력을 육성할 수 있다

③ 절대고과법은 상대고과법에 비하여 더 많은 시간과 비용, 노력이 소요되는 것이 단점이다.

(4) 전제요건

육성을 주체로 하는 절대고과가 되기 위해서는 절대기준, 즉 척도를 준비하는 것이 전제가 되어야 하는데 구체적으로 다음 4가지의 요건이 구비되어야 한다.

① 기업이 기대, 요구하는 기대상(예컨대 직무수행능력 요건)의 명시

② 고과기간에 나타난 직무활동의 구체적 사실을 통한 평가란 분석

③ 인사고과 결과를 본인에게 피드백하여 직무개선, 육성, 배치에 활용

④ 정기적인 고과자 훈련

Ⅲ. 환경변화의 따른 인사고과 방향

1. 능력주의 인사로 변화

오늘날의 인사제도는 연공, 학력, 성별 또는 근속년수에 구애되지 않고 본인의 의사 및 적성과 능력에 따라 육성, 배치, 승진, 처우를 해 나가는 이른바 능력주의 인사로 변화되고 있다. 이런 상황 가운데 인사고과도 능력주의에 부합되는 형태로 크게 변화되고 있다.

2. 구체적 방향

업적고과와 능력고과의 조화, 사정주의와 능력개발주의의 조화, 상대고과에서 절대고과로, 비공개에서 공개주의로의 방향으로 진행되고 있는 것이다.

여기에서 절대고과로 전환하는 방법은 대단히 어려운 일이지만 근본적으로 능력주의에 접근해 가기 위해서는 필수적으로 절대고과가 수반되어야 하는 사항이다.

- 기존이론 등의 한계점 혹은 보완점 등
- 한계점과 보완점을 극복하는 대안, 방안, 설계 혹은 효과 등

→ 약술형은 생략

3) 결론

- 서론과 본론의 내용 요약하기
- 도출된 해의 사회적 공헌과 미래가치 등 제시하기

제2장

확보관리

1. 확보관리의 의의

(1) 확보계획은 현재 및 미래의 각 시점에서 기업이 필요로 하는 사람 수를 예측하고 결정하며, 사내·외에 필요한 사람들을 배치하고 계획하는 것이다.

(2) 확보계획은 고용관리와 더불어 승진, 인사배지, 훈련계획, 임금계획 등의 조직관리와도 밀접한 관계를 가지고 있다.

확보관리

인력을 모집·선발·배치하는 일련의 절차
인력모집방법을 선택
인력충원을 위하여 타당성 있는 도구를 개발하여 인재를 선발
충원된 인력을 적재적소에 배치하는 활동

모집방법

내부모집(기업 내부 승진, 발탁, 전보)
외부모집(광고에 의한 공개 모집, 직업훈련기관 및 직업소개소 이용, 학교의 추천)

선발도구

선발시험(지능, 적성, 성취도, 흥미, 인격검사 등)
면접(지적 능력, 태도, 인품, 성격 등)
배치는 선발된 인원을 적성, 희망, 능력에 따라서 적절한 직무에 할당하는 것

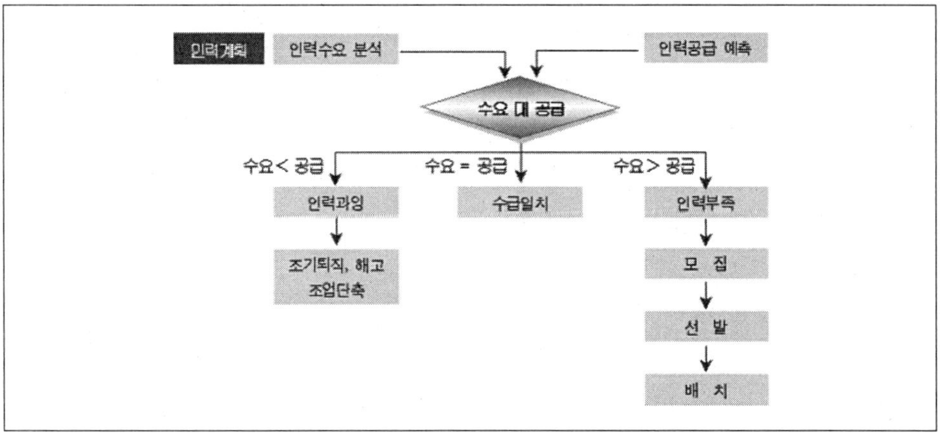

2. 모집관리

① 모집관리는 조직내부의 승진 등의 관리가 아니라 필요인력을 조직외부로부터 공급하는 과정이다.

② 모집이란 선발을 전제로 하여 양질의 인력을 조직으로 유인하는 과정이다.
조직 목적의 달성에 공헌할 수 있는 양질의 인력을 조직적으로 유인하는 과정
인적 수요 결정→모집수단개발→체계적 프로그램개발→적격지원자 확보→모집방법사용 후 우수지원자 기록→모집

(1) 인적자원 모집의 원천모집방법은 조직내의 모집과 조직 밖의 신입사원이나 경력사원 모집 등이 있고, 최근 인터넷 등을 활용한 모집이 많이 사용되고 있다.

1) 모집의 원천 : 조직내외부

구분	장점	단점
내부모집	- 승진기회 확대로 종업원 동기 향상 - 모집에 드는 비용 저렴 / 시간단축 - 기존의 인건비 및 급여수준 유지가능	- 인재선택의 폭이 좁아짐 - 부족한 업무능력 보충을 위한 교육훈련비 증가 - 능력주의와 배치되는 패거리 문화 형성

외부모집	- 인력유입으로 새로운 지식, 경험 축적 가능 - 업무능력 등 자격을 갖춘자를 채용하므로 교육훈련비 감소	- 모집에 장시간과 많은 비용소요 - 리스크발생(적응실패, 기술지식의 차이) - 내부인력의 승진기회 축소

2) 웹기반 모집(e-Recruiting)

구 분	기존 모집	웹기반 모집
소요시간	장시간	단시간
소요비용	고비용	저비용
정보공개	응모자의 개인신상노출	개인신상자료의 비밀유지
예비응모자에 대한 정보	정보획득의 어려움 존재	웹을 통한 다양한 잠재응모자 정보획득 가능
모집도구	기업이 직접개발	모집전문회사와 협조가능

(2) 인적자원 모집의 효과측정

모집을 통한 선발이 성공적이려면 전단계인 모집이 제대로 수행되어야 한다. 따라서 모집의 성공여부를 가리기 위해 다양한 평가지표가 이용된다.

1) 비용 - 효익 분석

기업의 모집활동에는 상당한 비용이 소요되기 때문에 투입된 비용 대비 달성한 성과를 측정하는 것은 모집평가에서 매우 중요하다. 일반적으로 광고비, 모집인 급여, 임직원간의 노력 등 직·간접비가 들어가는데 흔히 근속기간과 모집비용을 비교해서 효과성을 측정할 수 있다.

2) 공석을 채우는데 걸리는 시간측정

공석을 채우기 위해 모집작업이 시작되고 노력의 결과로 공석이 된 직무에 자격을 갖춘 적합한 인원을 최종적으로 선발하여 채우기까지 걸리는 시간을 측정하여 평가하면 그 회사의 모집 노력정도를 계량적으로 측정할 수 있다.

3) 정량적 / 정성적 평가

① 지원자의 인원수(정량적)

선발인원대비 모집인원이 충분해야 한다. 모집인원이 작으면 그만큼 적합한 인재가 지원할 확률도 떨어지고 기업은 기업대로 선발의 오류가 발생하게 된다.

② 지원자의 질(정성적)

지원자의 평균적 자질을 과거자료나 타경쟁사의 자질과 비교해 봄으로써 측정 가능

③ 법률저촉여부 체크(정성적)

근로기준법, 남녀고용평등법등 노동관련법 등의 위반여부 등도 중요한 평가요소이다.

3. 선발관리

① 응시자에 대한 선발을 결정하려면 수험생의 배경정보와 상황정보를 수집하여 종합적으로 평가해야 한다.

② 효율적인 선발정보를 관리하기 위해서는 합리적인 선발도구가 필요하다.

(1) 선발도구 : 시험, 면접, 인·적성

1) 시험

① 시험은 응시자에 대한 상황정보를 얻는 중요한 선발도구이다.

② 가장 일반적으로 사용되는 시험은 필기시험이다.

2) 면접

① 면접이 주관적인 판단의 위험이 있지만 널리 사용되는 선발 도구이다.

② 직무요건에 관한 시험 결과를 확인하거나, 실제 시험에 나타나지 않는 응시자의 정보를 얻기 위하여 사용된다.

3) 인·적성

응시자의 심리적, 직무의 적합성들을 평가하는 선발 도구이다.

(2) 선발도구의 합리성 평가

1) 신뢰성(시험결과의 일관성)

신뢰성이란 시험을 동일한 환경에서 동일한 사람이 몇 번이고 다시 보았을 때 그 결과가 일치하는 정도이다.

2) 타당성(측정대상을 정확히 검정하는 정도)

타당성이란 시험이 측정하고자 하는 내용을 정확히 검정하는 정도를 말한다.

3) 선발상의 과오로 인한 손실

① 능력이 부족한 인재의 채용으로 인한 경쟁력의 약화
② 적당치 않은 인재의 채용으로 경쟁력 약화
③ 유능한 인재 부족의 미래 경영의 차질
④ 중도 퇴직으로 인한 인력 공백
⑤ 인력 채용 및 교육에 들어가는 경영 손실

(3) 선발 오류

① 능력이 부족한 인재의 채용으로 인한 경쟁력의 약화
② 적당치 않은 인재의 채용으로 경쟁력 약화
③ 유능한 인재 부족의 미래 경영의 차질
④ 중도 퇴직으로 인한 인력 공백
⑤ 인력 채용 및 교육에 들어가는 경영 손실

4. 배치(placement)관리

(1) 각 직무에 종업원을 배속시키는 것을 배치라고 하고, 배치된 종업원을 필요에 따라 다른 직무로 바꾸어 재배치하는 것을 이동(transfer)이라고 한다.

- 적재적소 주의기업은 효율성을 중시하므로 어떤 종업원을 그가 소유한 능력·자질·성격 등에 가장 적합한 직위에 배치하여 최고도로 능력을 발휘하게 하는 것을 기대한다.
- 능력주의는 능력을 발휘할 기회를 주어 근무성적을 정확히 평가한 후 평가된 실력과 실적에 대하여 만족할 만한 처우를 해주어야 한다.
- 인재개발육성주의는 장기적으로 조직 발전에 적합한 인재를 육성하고 개발하여 사용해야 한다. 현대 조직에서 인재는 자주성·자율성 및 창의성이 요구된다.

- 균형주의는 기업조직은 사람과 사람과의 관계유지와 발전이 중요하므로 능력 증진·사기앙양 등 조직 전체와 개인의 조화를 이루어야 한다.

(2) 배치과정에서는 다수의 직무와 다수의 종업원 간의 관계를 가장 잘 조합하여 조직의 성과를 전체적으로 높이고, 종업원의 만족도를 높이는 원리에 따른다.

1) 중요성

조직생존 전략의 일보, 환경변화의 대응책

2) 유의 사항

직무중심원칙(직무분석→자격요건 명확→자격충족인원 선발)

3) 조직 분위기

적합원칙(모든 조직은 독특한 조직 분위기 형성→적합한 인재확보)

4) 잠재능력원칙(과거경험과 능력, 현재의 자격→정확한 능력판단)

▶ 구성원의 이상적인 모습
▶ 인적 자원의 확실 비용
▶ 지원자의 관심사항 파악(지원성향 파악 & 자원관리 제로 설립 운영 → 지원 자유인)
▶ 모집 관행에 대한 법적 규제 (모집의 공정성, 남녀 고용평등)

이동의 목적

1. 후계자를 양성하여 다음 세대에 조직을 이끌어 나갈 각 기능, 각 계층의 적격자를 계속적으로 공급합니다.
2. 적재적소배치를 실현하여 고용한 인적능력의 효과적 활용을 도모합니다.
3. 본인에 대한 새로운 일의 기회를 제공하여 능력발전을 도모합니다.
4. 이동은 승진에 맞게 이루어지는 것이 많기 때문에 승진의욕을 자극해서 사기앙양을 시킬 수 있습니다.
5. 동일 직위에 고정적인 정착을 함으로써 생길 수 있는 좋지 않은 타성을 제거합니다.

일반적으로 적재적소의 원칙을 실시하자면 직무분석에 의한 직무의 요구를 파악하고 이에 따라서 인사이동의 공정을 기하기 위해 공정한 인사고과를 실시하여야 합니다.

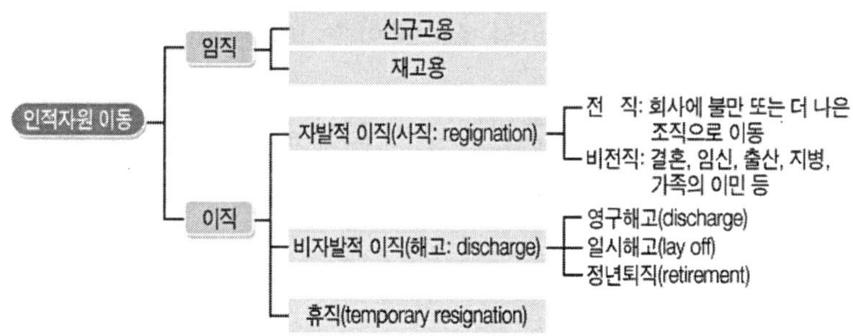

자료 : 이재규 외, 디지털 시대의 인적자원관리(2001), 문영사

제3장

평가관리

1. 인사평가(고과)의 의의

① 인사고과는 종업원의 상대적 가치를 결정하는 것
② 인사고과는 조직구성원들의 현재, 미래의 능력과 업적을 평가함으로써 각종 인사정책에 필요한 정보를 획득 / 활용하는 것을 말한다.
③ 인사고과는 각 직무담당자의 성과를 평가함과 동시에 직무담당자가 지닌 잠재적 능력 및 개발 가능성에도 초점을 둔다.
④ 인사고과는 조직 구성원에게 동기부여의 수단으로도 활용되고, 평가결과를 목표달성을 위한 전체적인 통제의 한 과정으로 활용할 수 있다.

2. 인사고과의 목적

인사고과는 종업원을 대상으로 그 가치를 체계적으로 평가하는 인사관리상의 능률향상과 여러 가지 문제의 해결에 대한 기초를 마련하며 종업원의 자질향상과 사기앙양을 도모하는 데 목적이 있다. 또한 다양한 기업의 인적자원관리의 효율성과 기업성과를 높이기 위한 목적으로도 사용된다.

(1) 상벌결정

기업조직은 조직구성원들의 성과에 대하여 정당한 대우를 해 주어야 하는데, 인사평가를 통한 주기적 성과의 측정을 통해 승진, 승급, 강등, 징계 등의 상벌결정을 내리게 된다.

(2) 능력개발

종업원의 현재수준을 파악하여 성장기회를 충족시켜줄 근거로 활용할 수 있다.

(3) 적정배치

종업원의 적성, 능력 등을 가능한 정확히 평가하여 적재적소의 배치를 실시함으로써 개인과 조직차원 모두 다 도움이 될 수 있는 방법을 찾게 해준다.

(4) 조직개발 및 근로의욕증진

직무담당자의 직무수행 상 결함을 발견하고 개선할 계기를 찾고, 종업원의 성취의욕의 자극제로 활용하게 된다.

(5) 인력계획 및 인사기능의 타당도

인사평가의 결과를 토대로 장·단기 인력배치와 그에 따른 인력의 수요 / 공급계획을 전략적으로 할 수 있도록 하며, 이는 핵심인재 선발에도 영향을 미치게 된다.

(6) 교육활동 활용

인사평가 등을 통하여 직무 교육 등의 다양한 사내외교육을 위한 기초 자료로서 활용되며, 미래의 인력 자원 교육을 위한 원천으로 활용된다.

인간의 본질에 대한 가정

샤인 모형 : 경제인(합리적 경제인, 수동적 존재), 사회인(사회적 인간, 수동적 존재), 자기실현인(자기실현적 인간, 성장 욕구, 내재적·자율적 동기부여), 복합인(복잡한 인간, 상황적응적 관리)
맥그리거 : X 이론, Y 이론
마일즈 모형 : 전통적 모형(≒경제인), 인간관계 모형(≒사회인), 인적자원 모형

3. 인사평가요소

평가구분	평가항목	평가요소
업무성과	- 업적달성도 : 양적 / 질적 성과 - 업무처리내용 : 정확성, 신속성	성과평가요소
업무수행 태도	- 책임감, 자부심, 헌신감, 노력 정도 - 품성 : 모범성, 공정성	태도평가요소
업무수행 능력	- 업무추진력 : 의욕 / 적극성 - 지도통솔력 - 판단처리력 - 기획 및 창의력	능력평가요소

4. 인사고과 기법의 분류: 전통적인 방법

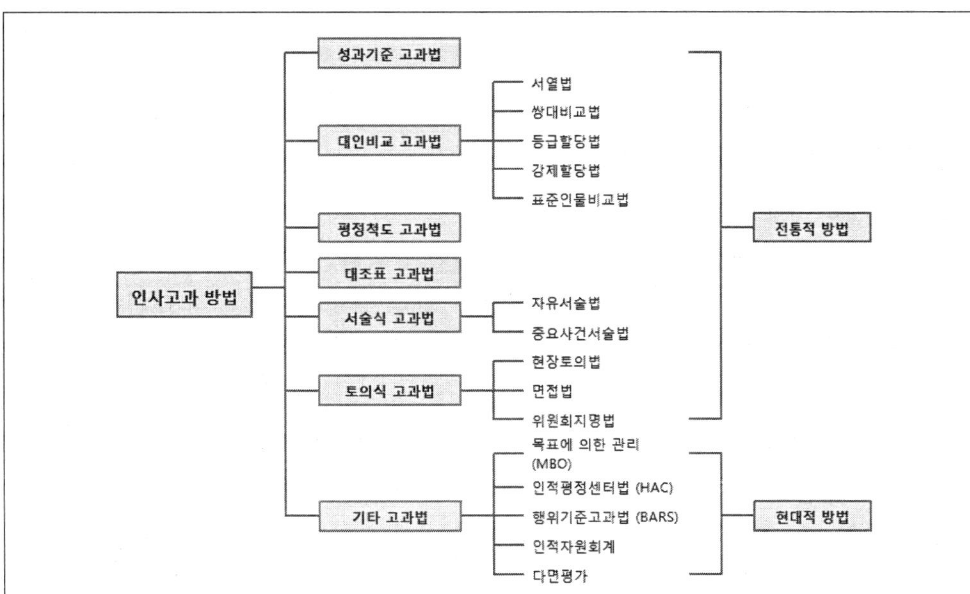

(1) 성과기준고과법 : 표준화된 직무·성과기준이 설정된 직무에 적합

- 개별 종업원의 직무수행결과가 사전에 정해진 성과 기준에 달성 여부로 평가
- 업무(혹은 근무)성적을 평가
- 직무의 범위가 표준화되어 있고, 성과기준이 설정되어 있는 직무 등에 적합함

(2) 대인비교고과법

1) 서열법 ⇨ 교대서열법

① 업적이나 능력에 대하여 순위로 서열을 매기는 방법임

② 종합적으로 순위를 매기는 종합적 순위법과 각 요소마다 순위를 매겨 이를 종합하는 분석적 순위법이 있음

2) 강제할당법

사전에 범위와 수(수준에 따른 3~5개)를 결정해 놓고 피평가자를 일정한 비율에 맞추어 강제로 할당하는 방법이다.

3) 쌍대비교법

① 피평가자를 한 쌍씩 비교하여 그 결과를 종합하여 순위와 득점을 평정하는 방법

② 피평가자를 두 사람씩 쌍으로 평정하므로 평정의 정확도가 높으며, 평정과정에서 평가자도 누가 1번이 되고 2번이 되는가를 알지 못하므로 주관적 조작을 제거할 수 있음

(3) 평정척도 고과법=평가척도법

① 가장 널리 사용되는 기법임

② 먼저 평가요소를 선정하고 평소 피평가자가 능력과 행동에서 어느 정도 보유 및 발휘하고 있는가를 판단하여 평정하고 계량화한 각 평정요소의 척도 위에 그 정도를 표시하는 방법

(4) 대조표(Check-List) 고과법

평정에 적당한 몇 가지 표준행동을 구체적으로 기술한 문장을 소정의 리스트에 배열·기재해 두고 종업원의 능력·근무상태 등에 관하여 이 리스트와 대조하고 해당 사항이 있으면 체크한 후, 일정한 채점기준표를 통하여 등급을 매기는 방법

(5) 서술식 고과법

1) 자유서술법

인사피평가자가 자유롭게 자신의 업무 성과 등을 표준화된 방법없이 업무 상황 등에 따라서 자유롭게 기술하는 방법

2) 중요사건 서술법

진행방법 일정한 능력수준 이상의 고위직의 평가에 주로 사용되는 방법으로, 일정한 형식 없이 에세이 방식으로 피평가자의 활동에 대한 평가를 하는 방법이다.

(6) 토의식 고과법

1) 현장토의법

업무 현장에서 피고자자와 고과자 사이 고과 내용 등에 대하여 토론, 인사담당자가 감독자와 토의, 대상자 미참여로 불신이 발생할 수 있음

2) 면접법

보충적 기법으로 이용, 고과자의 능력·훈련 필요

3) 위원회 지명법

위원회와 대상자간, 직속상사 불참여로 일상적 고과정보 제한

5. 인사고과 기법의 분류 : 현대적 방법

(1) 목표에 의한 관리(MBO)

① 전통적인 인사고과방법은 조직체나 직무목표와의 연결성이 불분명, 성과에 대한 피드백이나 고과면접도 불충실

② 목표설정에 구성원을 참여시키거나 또는 자기목표를 스스로 결정하게 하고 자기통제를 통해 자발적으로 목표달성을 위한 노력 및 성과판정까지 일괄적으로 하도록 함으로서 동기적·통합적으로 고과하는 방법

(2) 인적평정센터법(HAC)(혹은 평가센터법)

① 경영자의 배출이 중대한 문제가 됨에 따라 중간 경영층의 승진목적의 고과로 인적평정센터에 의한 접근법이다

② 내용은 기업마다 다르지만, 피고과자를 며칠간 따로 합숙시키며 각종 의사결정게임과 토론 길고 심리검사를 실시하여 여러명의 고과자, 심리학 전문가들에 의한 복수평정절차를 통하여 평가한다.

(3) 행위기준 고과법(BARS)

① 일명 행동기대고과법(behavioral expectation scales)

② 직무의 수행능력에 대한 평가단위를 평가요소별로 바람직한 행동표본과 바람직하지 못한 행동표본을 추출하여 몇 개의 범주로 나누고, 고과자가 피고과자의 행동을 관찰하여 해당 척도에 체크하는 방법

(4) 360도 다면평가

상급자가 하급자를 평가하는 하향식 평가의 단점을 보완하여 상향식 평가, 동료에 의한 평가, 고객에 의한 평가 등 다양한 평가자에 의한 평가를 시행하는 것을 말한다.

6. 고과자에 의한 오류

고과자에 의한 오류가 일어나는 원인으로서는 평가자의 욕구나 동기, 반응, 강도, 과거의 경험, 자아개념, 퍼스낼리티 등의 특성에 따른 오류가 일어난다.

(1) 관대화 경향, 가혹화 경향 ⇨ 강제할당법 사용

① 관대화 경향이란 개인을 평가할 때 가급적이면 후하게 평가하려는 경향이다.

② 가혹화 경향이란 가혹하게 평가하여 평가결과의 분포가 아래로 편중되는 경향이다.

③ 강제할당법은 미리 정해놓은 비율에 맞추어 피고과자를 강제로 할당하는 방법이다.

피고과자를 실제보다 과대 또는 과소평가하는 것으로서 평가결과의 분포가 한 쪽으로 치우치는 경향을 말한다. 인사고과는 흔히 후하게 평가되는 점을 발견할 수 있다.

이를 예방하기 위해서는 분포비율에 의한 강제할당법을 사용하거나 평가요소에 대한 정의를 명확히 하는 방법이 있다.

(2) 중심화 경향 ⇨ 강제할당법, 평가단계를 홀수로 함

중심화 경향이란 대다수의 평가자가 가운데로 몰리는 것이다, 이는 어떤 측면에서는 평가의 포기를 뜻한다.

평가가 보통 척도상의 중심점에 집중하는 경향을 말한다.

이를 예방하기 위해서는 평정척도를 나눌 때 중앙부분의 척도눈금을 더욱 세분화하여 분산을 늘리는 방법과 평가자에게 피평가자의 관계적인 측면을 지양하고 냉철히 평가하도록 교육을 할 필요가 있다.

(3) 현혹효과 (혹은 후광효과 (halo-effect))⇨ 여러 평가자의 독립적 평가, 피평가자간 평가, 한 특성에 대해 구성원 전부 평가

현혹효과란 한 분야에 있어서의 어떤 사람에 대한 호의적 혹은 비호의적인 인상이 다른 분야에 있어서 그 사람에 대한 평가에 영향을 주는 경향을 말한다.

어떤 사람에 대한 호의적 혹은 비호의적인 인상이 다른 분야에 있어서의 그 사람에 대한 평가에 영향을 주는 경향을 말한다. 예를 들어 판단력이 매우 좋은 것으로 인식하고 있으면 그 외의 책임감과 기타능력도 우수하다고 판단하는 경우이다. 이를 예방하기 위해서는 사실에 입각한 평가나 분석적인 평가를 하도록 평가시스템을 구축하는 것이 필요하다.

(4) 논리적 오류 ⇨ 객관적이고 관찰가능한 사실로 평가

평가자의 머리 속에 논리적으로 관계가 있다고 생각되는 평가요소에 동일하거나 유사하게 평가하는 오류이다. 커뮤니케이션 능력이 좋다고 해서 실제업무수행능력을 높이 평가할 수가 있는 경우가 그 예이다.

이를 예방하기 위해서는 미리 추상성이 높거나 의미내용이 중복되는 요소들을 제거하거나 평가요소의 차이에 대해 명확히 설명하는 방법이 있다.

(5) 대비오류 ⇨ 자기신고법이나 자기평가법을 도입

피고과자의 특성을 자신이 지닌 특성과 비교하는 바람에 개성과 창의성이 도외시 될 때 나타나는 오류이다. 또한 평가순서에 따라 피고과자의 고과점수가 달라지기도 하는데 우수한 종업원 다음에 오는 종업원은 실제보다 더 낮게 평가되는 경우가 있다. 이를 예방하기 위해서는 평가자는 평가를 할 때 자기의 평가기준을 고집하는 자기류의 평가를 삼가하고, 시간적 오류의 경우는 평가요소를 하나씩 배열하고 이것으로 전원을 평가하는 방법이 있다.

(6) 상동적 태도(stereotype)

타인에 대한 평가가 그가 속한 사회적 집단에 대한 지각을 기초로 해서 이루어지는 것을 말한다. 어느 지역출신, 학교출신이기 때문에 어떠할 것이다고 판단하는 경우가 이에 속한다. 이를 예방하기 위해서는 기업 내부적으로나 평가자가 모든 인적자원들에게 그들의 능력을 최대한 발휘할 기회를 제공해야 한다.

7. 피고과자에 의한 오류

피평가자의 신체적 특성, 사회적 특성, 개성(퍼스낼리티) 등에 의하여 나타나는 오류다.

(1) 인사고과에 대한 편견

- 인사고과는 주로 상벌결정이나 통제에 목적을 두고 있어 피고자들 사이에 부정적 인식이 높다. 또한 신뢰성과 타당성에 관한 문제가 제기되면서 인사고과에 대한 인식도가 낮아진다.
- 이에 대한 극복방안으로서는 피고과자의 참여유도와 결과의 피드백, 그리고 피고과자에 대한 고과목적 등에 대한 명확한 이해를 시키는 방안이 있다.

(2) 성취동기수준 여부

- 인사고과에 대한 피고과자에 태도는 피고자 자신의 심리적인 상태 즉, 동기부여와 자아개념과 밀접한 관련이 있다.
- 성취동기와 자아개념이 인사고과에 대한 관심이 증대하고 결과에 대한 피드백에 긍정적인 반응을 보인다.

(3) 투사 또는 주관의 객관화

- 자기 자신의 특성이나 관점을 다른 사람에게 전가시키는 것을 투사 또는 주관의 객관화라 한다. 즉, 자기의 잘못이나 실패 또는 원인에 대한 책임을 다른 사람에게 있다고 전가시키는 것이다. 이러한 투사는 인사고과의 결과에 대한 왜곡현상을 유발하여 오류가 발생한다. 자기 자신의 특성이나 관점을 다른 사람에게 전가시키는 것을 투사 또는 주관의 객관화라고 한다. 즉, 자기의 잘못이나 실패 또는 원인에 대한 책임은 다른 사람에게 있다고 전가시켜 오히려 타인에게 비난을 전가시키는 경우이다. 이를 위해 구체적인 행동을 기재하는 행위기준고과법이나 개인의 특성에 대해 보편적으로 그렇게 생각하고 있다는 느낄 수 있도록 다면평가를 실시하는 것이 좋은 방법이 될 것이다.

(4) 지각방어

- 피고과자에게 유익한 것은 선호하고, 불리한 것은 외면해 버리는 심리현상을 지각방어라 한다. 따라서 지각방어도 인사고과의 결과를 왜곡함으로써 피고자에 의한 오류가 발생한다.

• 피평가자가 자기가 좋아하고 평소 호의적인 것에 대해서는 적극적이지만, 인사평가와 같이 민감한 사항에 대해서는 외면하거나 거부해 버리는 현상을 말한다.
이를 위해 인사평가의 목적에 대해 제대로 설명하고 노조의 협조를 구하는 방법이 가능하다.

8. 고과제도 및 사회·문화적 특성에 의한 오류

고과제도의 미비와 고과제도운영의 미숙, 그리고 사회문화적 특성의 차이로 인한 오류다.

(1) 직무분석의 부족

인사고과에 있어서 명확한 직무분석이 선행되어 있지 않으면 고과자의 주관과 편견 등 각종의 오류가 발생하기 쉽다. 직무분석이 되어 있지 않으면 객관적인 근거가 부족하기 때문에 고과자의 주관적 편견 등의 오류가 발생한다.

(2) 고과결과의 미공개에 따른 불신

고과결과의 미공개에 따라 종업원은 인사고과 결과에 대해 불신감을 유발하여 인사고과제도상의 문제점을 유발하기도 한다. 비공개주의는 상사와 부하 사이에 위화감과 불신감 그리고 의사소통에 문제를 일으키게 되므로 인사평가뿐만 아니라 조직 전체의 효율성에도 문제를 일으킬 수 있다.

(3) 인사고과 기법의 신뢰성

여러 인사고과의 기법에는 다양한 문제점들이 있다. 따라서 이러한 문제점들을 해소하기 위하여 최근에는 다면평가제도, 업적평가제도, MBO등의 신기법이 도입되고 있다.

(4) 조직분위기 유지목적

지나친 가족주의적, 친화적 조직분위기는 효과적인 인사고과를 할 수 없게 한다. 예를 들어 공과 사를 명확히 하는 제도적 뒷받침이 있어야 할 것이다. 동양적 문화에서는 합리성보다는 인화 / 덕 / 정과 같은 사회적 관계를 중시한다. 따라서 이를 너무 강조하게 되면 효과적인 인사고과를 할 수 없게 된다.

(5) 연공서열 선호 특성

연공서열이 절대적으로 나쁜 것은 아니지만 업적에 대한 공정한 평가가 어려울 경우 연공서열로 평가를 할 경우가 생기고 이는 연공서열에서 후순위자들의 불만으로 나타난다.

9. 균형성과표

(1) 균형성과표(BSC)의 정의

BSC는 기업의 성과를 재무, 고객, 내부비즈니스 프로세스, 학습과 성장의 4가지 관점에서 기업별 특성에 맞는 지표(전략목표, 측정지표, 목표 값, 세부실행과제 등)를 선정하고 각 지표 별 가중치를 종합적이고, 균형적으로 측정하는 성과평가 시스템이다.

(2) 균형성과표(BSC)의 기원과 특징

균형성과표는 1992년 하버드대학의 교수인 로버트카 플란(Robert Kaplan)과 컨설턴트인 데이비드 노튼(David Norton)에 의해 처음 개발되었는데, 이의 특징은 기업의 경영성과 평가에서 기존의 재무제표(손익계산서, 대차대조표)에 의한 평가의 특징은 과거지향적이며 / 고객과의 관련성이 적고 / 단기업적에만 보상 / 무형자산의 가치를 반영하지 못하고 / 기업 내부의 기능 간 프로세스를 반영하지 못한다는 한계가 있었다. 이에 재무적 가치가 기업의 궁극적 지표가 되어야 함을 인정하되 비재무적 관점을 포함시키는 BSC를 통해 조직을 전략적이고 전체적으로 평가하려는 새로운 시도가 이루어지고 있다.

제4장

논술과 글쓰기 : Meaning Block

1. 글쓰기는 다듬을수록 좋아진다.

답안작성 후에 한번 쓴 답안을 버리지 말고 몇 번 반복 수정하면서 자신의 잘못된 글쓰기 습관을 바로 잡아야 한다.

답안은 고칠수록 좋아진다

빨리 쓰고 천천히 수정하라

> **처음 쓰는 답안은 알고 있는 지식이나 경험, 기타 개념이나 이론 들을 구성하고 배열하는 작업에 불과하다.**
> **여러 번 답안 작성을 하면서 잘 못된 글 습관을 고치고, 좋은 습관을 만든다.**
> **수험생들이 글을 안(못) 고치는 이유**

- 답안수정의 중요성을 잘 모른다→ 한 번 쓰면 끝이라고 생각한다.
- 답안을 수정할 시간이 없다→ 답안작성 시간도 부족한데 웬 수정?
- 답안수정하기가 짜증나고 귀찮다→ 답안작성 자체로 엄청난 스트레스다.
- 답안을 강제로라도 수정해볼 기회가 없다→ 답안 첨삭 교육을 제대로 받아본 적이 없다.
- 답안수정에 대한 동기 부여가 약하다→ 답안이 수정해도 좋아진다는 믿음이 없다.

2. 답안을 수정하는 요령

답안은 고칠수록 좋아진다

답안을 수정하는 요령

> **답안 작성은 반복적으로 계속해서 다시 쓰기의 과정이다.**
> **글을 수정하는 원칙**

- 자신이 작성한 답안을 다른 사람의 답안을 보듯이 냉정하고 객관적인 시각을 가져야 한다.
- 답안지 전체에서 부분으로 나아간다.
- 답안 형식에서 내용으로 나아간다.
- 답안을 작성한 수험생에서 답안을 채점하는 채점자 수준으로 나아간다.
- 답안 작성하는 데 1시간 걸렸다면 수정에는 2시간을 들여야 한다.
- 버릴 줄 알아야 고득점 답안을 쓸 수 있다.
- 다른 수험생들과 함께 의견을 공유하면서 수정한다.

답안은 고칠수록 좋아진다

답안을 수정하는 구체적인 요령

➢ 답안 전체적인 구성과 흐름의 검토

- 답안작성에서 서론에서 밝힌 문제제기(글의 목적)이 잘 드러났는가?
- 답안작성시 최초의 아이디어나 의도 혹은 해가 달라진 점은 없는가?
- 아이디어나 해에 관련해서 오해의 소지는 없는가?
- 답안 전체의 흐름이 유기적이고 통일되어 있는가?
- 선택한 구성은 아이디어나 해를 전달하는 데 효과적인가?
- 답안 전체 혹은 앞뒤를 새롭게 배치할 필요는 없는가?
- 두세 항목을 통합하거나 한 항목을 세분화할 것은 없는가?

답안은 고칠수록 좋아진다

답안을 수정하는 구체적인 요령

➢ 부분적인 세부사항 검토

〈목차/제목〉

- 답안 내에서 상위(큰) 제목과 하위(작은) 제목이 적절한가?
- 전체 목차와 제목 등이 논지와 문제제기의 이론적 내용과는 부합하는 가?,
- 논지와 문제제기의 내용을 너무 장황하게 만들지는 않는지?

〈단락〉

- 문장과 단락은 구분하고 있는가?
- 단락과 단락의 연결이 자연스럽게 연결되는 가?
- 하나의 단락에는 하나의 생각 덩어리가 들어 있는가?(동일한 내용과 논점)
- 문제제기와 해에 대한 증과 예시/근거는 적절하고 충분한가?
- 전체적으로 모순되는 주장/설명은 없는가?

제6부 개발관리

제1장

모의시험 문제와 문제풀이

제1문
경력관리의 수명 주기에 따른 초기, 중기, 말기 시점의 경력관리에 대하여 약술하시오.

제2문
교육훈련 활동평가에 대하여 약술하시오.

1. 모의시험 문제와 문제풀이

(1) 경력관리의 수명주기에 따른 초기, 중기, 말기 시점의 경력관리에 대하여 약술하시오.(25점)

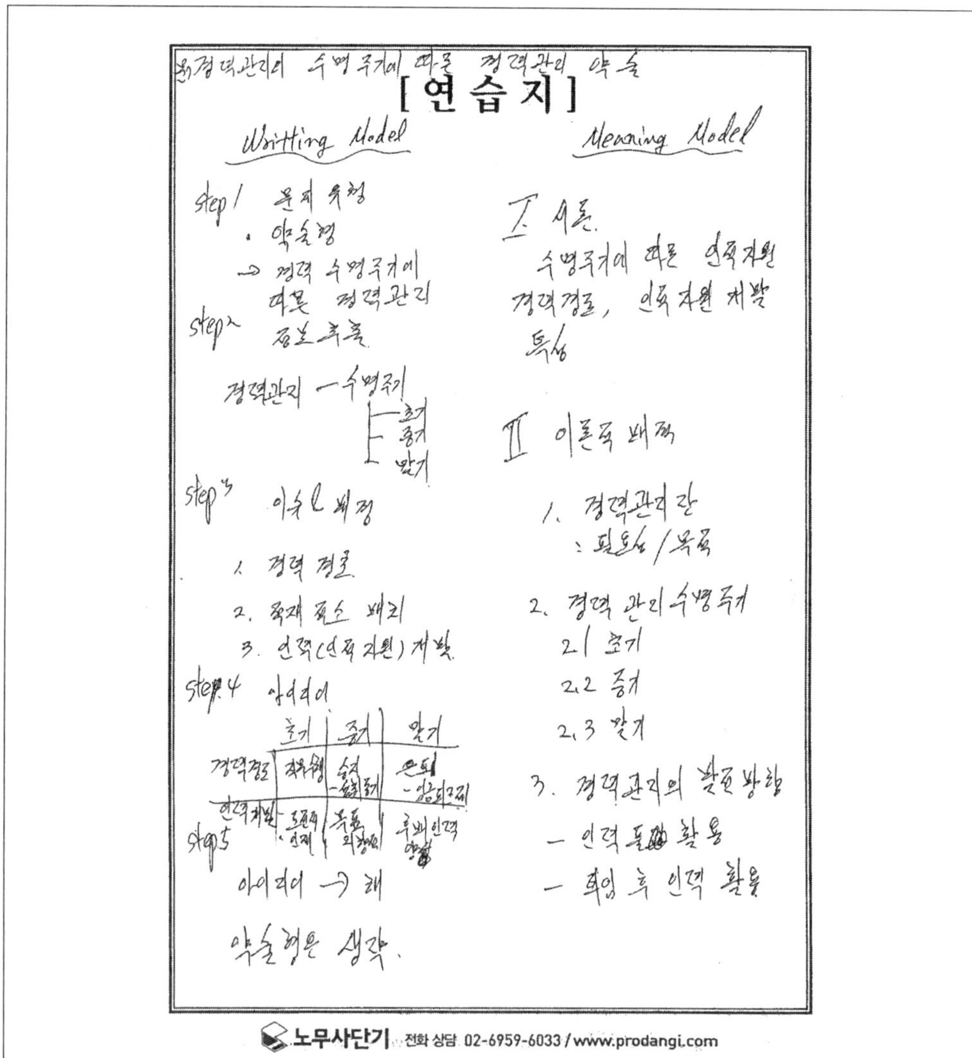
※경력관리의 수명주기에 따른 경력관리 약술

[연 습 지]

Writting Model

step1 문제 유형
· 약술형
→ 경력 수명주기에 따른 경력관리

step2
경력관리 — 수명주기
- 초기
- 중기
- 말기

step3 이슈 & 배경
1. 경력 경로
2. 요소 배치
3. 인력(인적 자원) 개발

step4 아이디어

	초기	중기	말기
경력경로			
인력개발			

step5
아이디어 → 해
약술형은 생략.

Meaning Model

I. 서론.
수명주기에 따른 인적자원 경력경로, 인적자원 개발 특성

II 이론적 배경
1. 경력관리란
: 필요성 / 목적
2. 경력 관리 수명주기
2.1 초기
2.2 중기
2.3 말기
3. 경력관리의 발전 방향
- 인력 활용
- 퇴임 후 인력 활용

(2) 문제풀이

1) 서론

- 문제제기(문제영역 / 문제배경 / 문제정의)
- 연관된 개념 / 이론 제시(문제와 연관된 관점 / 시각을 설정)
  → 약술형은 문제제기와 연관된 이론을 중심으로 기술하고 부분적으로 아이디어의 일부를 제시하여 기술한다.
- 문제영역과 현실이슈 등을 비교하여 한계점이나 문제점과 해를 도출
- 전체적인 글의 구성과 요약 정리(아이디어 도출과 구체적 방안, 효과, 대안, 설계 등의 의미 전환이 대단히 중요함)

• 문제제기(문제영역 / 문제배경 / 문제정의)

문제제기의 핵심은 글 전체의 방향을 제시하는 것이다. [연습지]에 기록한 내용을 참조하면서 순차적으로 작성한다.

기본적인 가정은

[연습지]의 분석 내용을 기초하여 작성

경력 수명주기에 따른 인적자원의 경력결로와 인적자원 개발 특성에 대해 설명한다(핵심문장).

단락은 핵심문장과 핵심문장을 설명하는 부가문장으로 구성한다. 단락은 3~5개 정도의 문장으로 구성한다. 약술형인 경우는 문제제기의 단락은 핵심문장과 설명문장을 하나 정도로 구성한다.

문제의 배경과 문제영역 등을 활용한다.

예를 들어, [연습지] step 3의 내용을 참조

기업은 다양한 조직의 성과와 개인의 미래를 위해 양방향적인 경력관리가 필요하다. 다양한 인재를 위한 경력 수명 주기에 따른 인적자원의 경력경로와 인적자원 개발 특성에 대해 설명한다(문제의 배경이며 설명문장).

전체적으로 핵심문장과 설명문장을 결합하여 문제제기 문장을 완성한다. 수험생의 특성이나 개인적인 취향 등에 따라 글의 구성은 달라질 수 있다.

서론의 문제제기 단락은 문제의 배경과 영역을 부가적인 설명문장으로 구성하고,

핵심문장을 그 다음에 문제제기와 문제의 방향으로서 구성한다.

문제제기 단락 구성 설명문장 1. + 설명문장 2. +(약술형은 생략해도 무방함) 핵심문장으로 구성한다.

문제제기의 Meaninlock

기업은 다양한 조직의 성과와 개인의 미래를 위해 양방향적인 경력관리가 필요하다(핵심문장).

• 연관된 개념 / 이론 제시(문제와 연관된 관점 / 시각을 설정)

이론적인 특성은 [연습지]의 내용을 참조한다.

1. 경력관리의 수명주기 특성
2. 경력관리의 발전 방향

• 문제영역과 현실이슈 등을 비교하여 한계점이나 문제점과 해를 도출

기업의 성과를 위해서 다양한 인재의 적재적소 배치를 위해서는 인력의 개발이 이루어져야 한다. 이런 인력은 경력경로와 조직의 전략적 목표에 따라서 통합적으로 관리되어야 한다.

• 전체적인 글의 구성과 요약 정리(아이디어 도출과 구체적 방안, 효과, 대안, 설계 등의 의미 전환이 대단히 중요함)

→ 약술형은 생략함

2) 본론

라이팅 모델	Meaning Block Model
• 디자인 및 논술 전략 • 이론 / 개념 및 문헌 활용 • 개념과 구성개념 적용 • 문제와 정의 연결하기 • 관점 비교 • 예시와 비유 • 분류 및 비교 • 적절한 해 도출하기 • 사례활용하기 • 사례와 해 연결하기	• 이론적 배경 • 기존이론 등의 한계점 혹은 보완점 등 • 한계점과 보완전을 극복하는 대안, 방안, 설계 혹은 효과 등

• 이론적 배경

Ⅰ. 경력관리의 의의 및 목적

1. 의 의

경력관리란 개인으로서의 조직구성원이 경력목표를 달성하도록 경력계획을 수립하여 조직의 욕구와 개인의 욕구가 합치될 수 있도록 각 개인의 직무상 또는 작업상 경력경로를 설정하고 이를 관리하는 인사관리제도를 말한다.

2. 목 적

(1) 종업원의 성취동기 유발

종업원에게 승진가능성과 자기발전의 가능성을 제시하여 성취동기 유발을 그 목적으로 한다.

(2) 인재확보 및 배치

경력관리는 인재의 효율적인 확보 및 배분을 통한 조직의 유효성의 증대를 그 목적으로 한다. 즉, 경력관리는 종업원의 노동질의 향상, 이직방지, 후계자 양성을 기함으로서 인재의 확보 및 배분에 기여하고 있다.

Ⅱ. 경력관리의 원칙

1. 경력경로의 원칙

경력관리는 명확한 경력경로의 확립을 그 원칙으로 하고 있다. 이 원칙은 기업의 모든 직위는 계층적인 경력경로로 형성되고 정의되며, 또 기술되고 평가되어야 한다는 입장이다.

2. 적재적소 배치의 원칙

경력관리는 종업원을 적재적소에 배치하는 것을 원칙으로 하고 있다. 이를 위해서는 직무의 자격요건과 종업원의 적성 및 선호에 대한 정보를 충분히 파악하여야 한다.

3. 자체 후진양성의 원칙

경력관리는 기업내부에서 자체적으로 유능한 인재를 양성, 확보하는 것을 원칙으로 한다.

Ⅲ. 수명주기에 따른 경력개발

1. 초기 경력개발

(1) 의의

초기 경력단계는 구성원으로 하여금 경력현장에 진입시켜 직무수행과 조직학습의 능력을 쌓게 함으로써 구성원의 가치창출 능력을 형성시키는 과정이다. 즉 신입사원이 직무훈련, 공정보상, 조직가치와 규범의 의사소통 및 강화 등을 통하여 조직의 적응과 성과를 도출시키는 사회화 과정이다.

(2) 신입사원 CDP

초기경력관리에 있어서 유의해야 할 대표적인 목표집단으로서 신입사원 CDP를 손꼽을 수 있다. 이에는 현실적 직무소개, 체계적인 오리엔테이션, 상사의 지속적인 피드백, 직무할당, 다양한 경력관리제도를 설정하여야 할 것이다.

2. 중기경력관리

(1) 의의

조직의 경력관리 수명주기에서 40 ~ 50대를 경력의 중년기라 한다.

이 시기는 조직에서 개인적인 위상이 어느 정도 확립되고 조직에서 개인의 생산성이 높은 시기이다.

(2) 중기에 발생되는 문제

개인적인 성취욕구와 가정생활과의 부조화로 인해 자신의 경력과 개인적인 삶의 문제에 대해 다시 평가해보고 다른 방안을 고려하는 시기임

(3) 중년 위기극복을 위한 경력개발 방안

1) 개인차원의 대책 : 스스로 중년기 위기를 극복하려는 노력이 필요

지금까지의 직업과 삶을 소극적으로 유지하거나 전혀 새로운 삶을 개척하기보다 긍정적이고 성장을 지향하는 태도를 가짐

2) 조직차원의 대책 : 단기간의 업적기술 평가, 교육훈련의 강화, 사려깊은 성과평가

3. 말기 경력개발

(1) 의의

조직의 경력관리 수명주기에서 50~60세 이후의 말기임

(2) 특징

최고경영자가 되거나 은퇴를 준비하는 시기임

말기경력의 전환은 점진적으로 실행될 때 성공함

(3) 말기 경력개발 방안

1) 개인의 역할

지금까지 자신이 성취한 일들에 대해 자긍심을 갖고 더 나은 미래를 계획하여야 함

2) 조직의 역할

- 말기 종업원의 직무성과에 대해 객관적으로 평가해야 함
- 경영자 승계가 불가능한 사람에게는 조직의 응집성을 키울 수 있는 맨파워 계획을 수립해야 함
- 최고경영자 승계에 대한 합리적인 정책과 절차를 통해 타당한 평가를 하여야 함
- 은퇴를 준비하는 말기 종업원들에게 긍정적인 인센티브를 준비해야 함

Ⅳ. 성공적인 경력관리를 위한 전제조건

1. 인간존중의 인사이념 확립

CDP를 효율적으로 운용하기 위해서는 인간존중의 인사이념을 확립하는 것이 중요하다. CDP는 기업목적과 개인목적의 통합하는 데 있으며, 개인능력의 장기적이고 체계적인 경력개발을 수행하는데 있다.

2. 관련제도들의 유기적인 통합

CDP를 효율적으로 운용하기 위해서는 이동, 승진, 교육훈련, 직무순환 같은 제도들을 유기적으로 연계시켜 경력관리시스템을 설계하여야 한다.

3. 점진적인 도입

경력관리제도는 점진적으로 도입되어야 한다. 경력관리제도를 도입하여 단번에 효과를 보려고 하면 오히려 부작용이 생길 우려가 있다.

4. 경력관리 업무의 독립

경력관리 업무는 조직의 위계상 명확한 책임과 권한을 갖는 부서에 소속되어 업무의 독립성을 지켜야 한다. 인사 부서내에 경력관리과를 설치하든지 아니면 경력관리부를 독립시키는 것도 고려할 필요가 있다.

5. 최고경영자의 지원

최고경영자의 지원이 필요하다. 최고경영자가 경력관리의 목적과 의의를 명확히 인식하고, 이 활동에 대한 물적, 심적 지원을 해줄 때 경력관리는 실천될 수 있다.

- 기존이론 등의 한계점 혹은 보완점 등
- 한계점과 보완점을 극복하는 대안, 방안, 설계 혹은 효과 등

→ 약술형은 생략

3) 결론

- 서론과 본론의 내용 요약하기
- 도출된 해의 사회적 공헌과 미래가치 등 제시하기

→ 약술형은 결론 부분을 생략하여도 무방하다.

2. 모의시험 문제와 문제풀이

(1) 교육훈련 활동평가에 대하여 약술하시오. (25점)

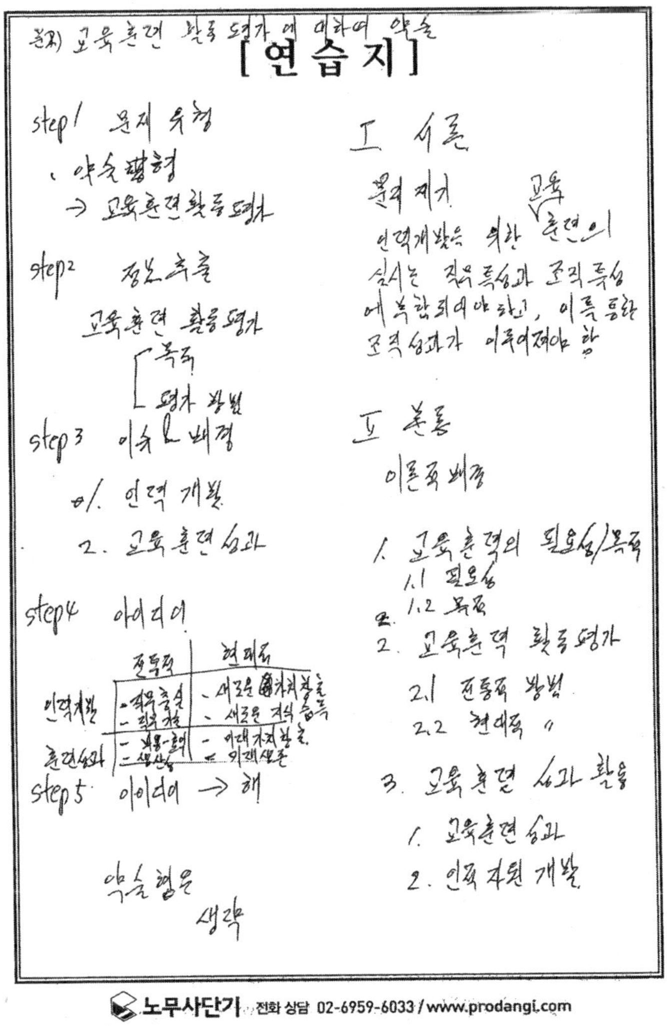
문제) 교육훈련 활동평가에 대하여 약술

[연 습 지]

step1 문제 유형
· 약술형
→ 교육훈련활동평가

step2 정보 추출
교육훈련 활동평가
- 목적
- 평가 방법

step3 이슈 & 배경
1. 인력 개발
2. 교육훈련 성과

step4 아이디어

	전통적	현대적
인력개발	- 직무중심 - 직무 기술	- 새로운 가치 창출 - 새로운 지식 습득
훈련성과	- 생산-효율 - 생산성	- 미래가치 창출 - 미래생존

step5 아이디어 → 해

약술형은 생략

I. 서론
문제 제기
인력개발을 위한 교육훈련의 실시는 직무특성과 조직특성에 부합되어야 하고, 이를 통한 조직성과가 이루어져야 함

II. 본론
이론적 배경
1. 교육훈련의 필요성/목적
1.1 필요성
1.2 목적
2. 교육훈련 활동평가
2.1 전통적 방법
2.2 현대적 〃
3. 교육훈련 성과 활용
1. 교육훈련 성과
2. 인적자원 개발

(2) 문제풀이

1) 서론

- 문제제기(문제영역 / 문제배경 / 문제정의)
- 연관된 개념/이론 제시(문제와 연관된 관점 / 시각을 설정)
  → 약술형은 문제제기와 연관된 이론을 중심으로 기술하고 부분적으로 아이디어의 일부를 제시하여 기술한다.
- 문제영역과 현실이슈 등을 비교하여 한계점이나 문제점과 해를 도출
- 전체적인 글의 구성과 요약 정리(아이디어 도출과 구체적 방안, 효과, 대안, 설계 등의 의미 전환이 대단히 중요함)

• 문제제기(문제영역 / 문제배경 / 문제정의)

문제제기의 핵심은 글 전체의 방향을 제시하는 것이다. [연습지]에 기록한 내용을 참조하면서 순차적으로 작성한다.

기본적인 가정은

[연습지]의 분석 내용을 기초하여 작성

인력개발을 위한 교육 훈련의 실시는 직무특성과 조직특성이 통합되어야 하고, 이를 통하여 조직성과가 이루어져야 한다(핵심문장).

단락은 핵심문장과 핵심문장을 설명하는 부가 문장으로 구성한다. 단락은 3~5개 정도의 문장으로 구성한다. 약술형인 경우는 문제제기의 단락은 핵심문장과 설명문장을 하나 정도로 구성한다.

문제의 배경과 문제영역 등을 활용한다.

예를 들어, [연습지] step 3의 내용을 참조

기업의 인재는 다양한 교육 훈련은 다양한 성과를 지향할 수 있도록 실시되어야 한다(문제의 배경이며 설명문장).

전체적으로 핵심문장과 설명문장을 결합하여 문제제기 문장을 완성한다. 수험생의 특성이나 개인적인 취향 등에 따라 글의 구성은 달라질 수 있다.

서론의 문제제기 단락은 문제의 배경과 영역을 부가적인 설명문장으로 구성하고,
핵심문장을 그 다음에 문제제기와 문제의 방향으로서 구성한다.

<table><tr><td>문제제기 단락 구성
설명문장 1. +
설명문장 2. +(약술형은 생략해도 무방함)
핵심문장으로 구성한다.</td></tr></table>

문제제기의 Meaninlock

기업의 인재는 다양한 교육 훈련은 다양한 성과를 지향할 수 있도록 실시되어야 한다. 인력개발을 위한 교육 훈련의 실시는 직무특성과 조직특성이 통합되어야 하고, 이를 통하여 조직성과가 이루어져야 한다(핵심문장).

• 연관된 개념 / 이론 제시(문제와 연관된 관점 / 시각을 설정)

이론적인 특성은 [연습지]의 내용을 참조한다.

1. 교육 훈련의 활동의 평가
2. 교육 훈련의 성과 활용

• 문제영역과 현실이슈 등을 비교하여 한계점이나 문제점과 해를 도출

인력개발과 훈련 성과를 기업의 새로운 가치창출과 미래가치 창출과 연관되어야 한다.

• 전체적인 글의 구성과 요약 정리(아이디어 도출과 구체적 방안, 효과, 대안, 설계 등의 의미 전환이 대단히 중요함)

→ 약술형은 생략함

2) 본론

라이팅 모델	Meaning Block Model
• 디자인 및 논술 전략 • 이론 / 개념 및 문헌 활용 • 개념과 구성개념 적용 • 문제와 정의 연결하기 • 관점 비교 • 예시와 비유 • 분류 및 비교 • 적절한 해 도출하기 • 사례활용하기 • 사례와 해 연결하기	• 이론적 배경 • 기존이론 등의 한계점 혹은 보완점 등 • 한계점과 보완점을 극복하는 대안, 방안, 설계 혹은 효과 등

• 이론적 배경

Ⅰ. 교육활동 평가의 의의와 목적

1. 의 의

교육 훈련의 활동은 조직의 목표, 필요성 분석, 교육훈련 목표 설정, 교육훈련의 내용 확정, 교육훈련 참가자 선발, 교육훈련의 기법선정, 교육훈련 실시자 결정, 교육훈련을 실시한 평가결과를 평가하는 과정으로 구성되어 있으며 교육 훈련을 실시하고 난 후 개인과 조직에 효과가 있는지를 검증하기 위해서 교육훈련의 결과를 철저하게 평가하여야 한다.

2. 교육훈련 활동 평가의 목적

(1) 인력개발 프로그램이 추구했던 목적이 달성되었는지 의사결정자에게 그 효과면에서 정보를 줌
(2) 인력개발 프로그램 참가자 및 실시자에게 프로그램의 실시결과를 피드백 함
(3) 인력개발 시스템의 취약분야를 밝혀 그 개선을 위한 자료를 제공함
(4) 인력개발 프로그램이 가져다 준 경제적 효과를 밝힘
(5) 미래의 인력개발 활동을 계획하는데 보다 유용한 자료를 제공함

Ⅱ. 교육훈련 활동에 대한 평가 방법

1. 거시적 접근법

교육훈련 활동 전체를 하나의 평가단위로 간주하고 평가하는 것을 거시적 접근법이라 함

(1) 투입에 대한 화폐적 평가

1) 의의

교육훈련 활동을 통해 투자되는 모든 투입 요소 중 화폐적으로 환산할 수 있는 지출 비용을 중심으로 평가하는 것임

2) 비용의 개념

교육훈련에 발생되는 비용은 직접비용과 간접비용으로 나뉘며 OJT의 경우 측정이 어려움

3) 비용 비교의 내용

기간별 비교와 구조적 비교로 구분되며 기간별 비교는 해당기업의 예산기간을 기준으로 혹은 개별 교육훈련의 소요기간별로 비교하며 이는 교육훈련 비용의 세부항목별 변화추세를 파악할 수 있게 하며 구조적 비교는 비용 항목 간 또는 개별 교육훈련별 프로그램간의 비용을 비교하는 것임

4) 장·단점

비용자체만 가지고 평가하여 활동결과의 가치를 파악하지 못하며 비용의 변화 추세에 강조를 하여 평가자들이 비용의 감소에 역점을 두는 단점이 있으나 교육훈련 비용의 합리적 배분 및 통제라는 관점에서 가치가 있음

(2) 투입과 산출에 대한 화폐적 평가

1) 의의

교육활동에 배분된 제 자원 중 화폐적으로 환산할 수 있는 대상과 교육훈련의 결과로 나타나는 제 산출을 화폐적으로 서로 비교분석하는 것임

2) 평가의 과정

- 비용 및 편익항목의 인식
- 비용, 편익의 측정
- 할인율의 결정
- 결과의 분석

3) 평가의 장·단점

편익의 전부를 화폐적 단위로 환산해야 하는 어려움이 있으며 편익의 평가에 많은 주관성이 개입되는 단점이 있으며 교육훈련 활동에 대한 산출 측면을 인식하며 교육훈련에 대한 임의적인 의사결정을 저지시킬 수 있으며 화폐적으로 표시되어 예산편성에 많은 도움이 됨

2. 미시적 접근법

교육훈련 프로그램의 내부에 평가의 초점을 맞추는 것임

(1) 교육훈련의 내용 평가

1) 의의

교육훈련 참가자에게 무엇을 학습시킬 것인가에 대한 평가를 의미

2) 평가 기준

- 교육훈련이 만족할만한 학습효과를 용이하게 가져다 주는가?
- 실무에 적용시키기 용이한가?
- 직무수행에서 성과를 창출하는데 효과적인가?
- 해당종업원의 경력개발에 유익한가?

(2) 교육훈련 참가자 평가

1) 선발평가

교육훈련의 참가자에게 요구되는 자격수준을 참가자가 갖추어야 교육훈련 프로그램의 진행에 차질을 초래하지 않으며 그만큼 효과가 높아짐

2) 반응평가

교육훈련 프로그램이 교육훈련 참가자에게 어떻게 받아들여지는가를 파악하는 것이 반응평가임

3) 학습성과의 평가

기업이 원하는 자격수준에 교육훈련 참가자가 도달했느냐 파악하는 것임

4) 적용 효과의 평가

교육훈련 참가자가 습득한 학습내용을 경영실무에 어느 정도 적용시키느냐를 말하는 것임

(3) 교육훈련의 기법 평가

교육훈련 때 어떠한 기법을 동원하느냐의 문제는 기법이 교육훈련의 효과에 직접적인 영향을 끼치기 때문에 중요함. 기법에 대한 평가에서는 교육적 효과 및 경제적 측면으로 평가하는 것으로 나눌 수 있음

(4) 교육훈련의 실시자 평가

교육훈련 프로그램의 성공여부는 교육훈련에 대한 계획, 실시, 통제 및 교육훈련에 관한 상담에 응하는 실시자가 갖추고 있는 자격요건과 그의 행동에 달려 있음

학습내용의 전달 능력, 학습동기 부여능력 및 학습내용을 실무에 적용시키는 능력 등을 평가하게 됨

• 기존이론 등의 한계점 혹은 보완점 등
• 한계점과 보완점을 극복하는 대안, 방안, 설계 혹은 효과 등

→ 약술형은 생략

3) 결론

- 서론과 본론의 내용 요약하기
- 도출된 해의 사회적 공헌과 미래가치 등 제시하기

→ 약술형은 결론 부분을 생략하여도 무방하다.

(예) 실제답안지 작성사례

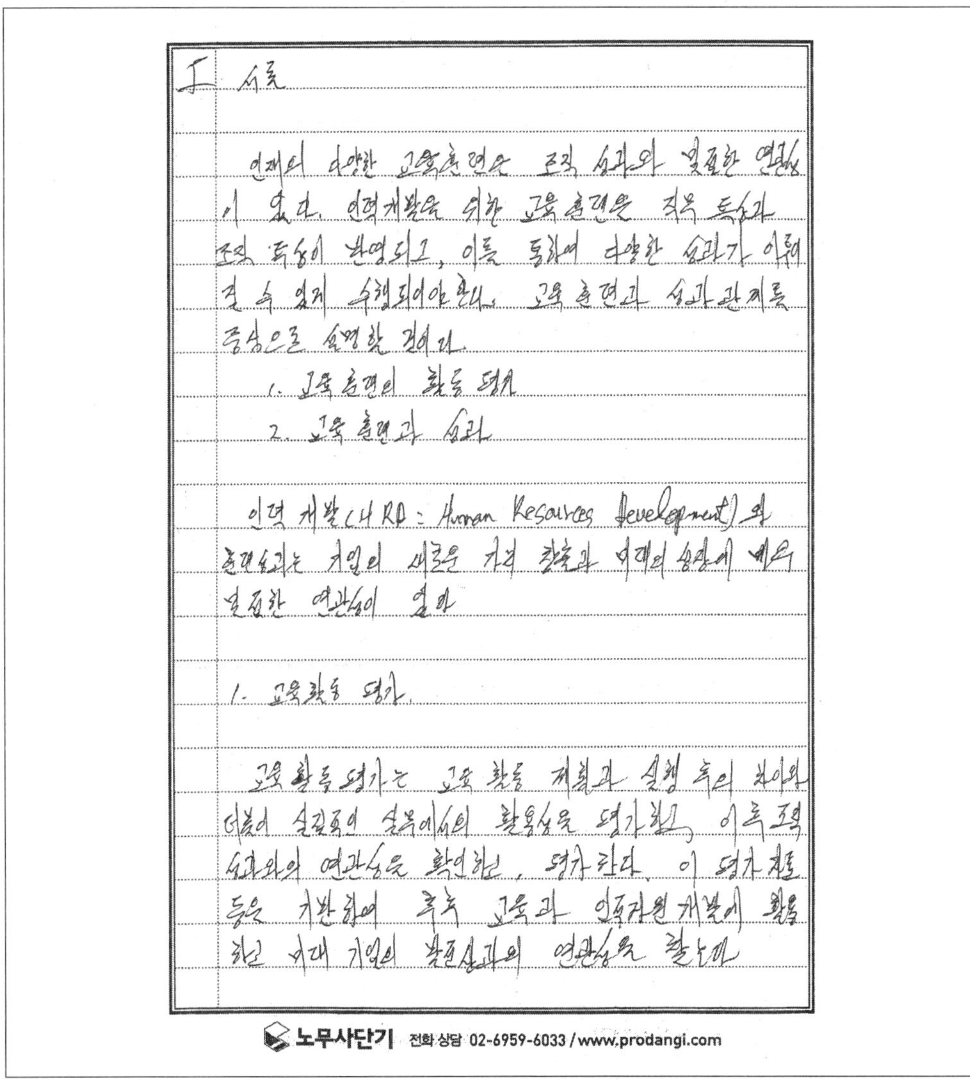

I. 서론

인재의 다양한 교육훈련은 조직 성과와 밀접한 연관성이 있다. 인력개발을 위한 교육훈련은 직무 특성과 조직 특성이 반영되고, 이를 통하여 다양한 성과가 이뤄질 수 있게 수행되어야 한다. 교육훈련과 성과관계를 중심으로 설명할 것이다.

1. 교육훈련의 활동 평가
2. 교육훈련과 성과

인력 개발(HRD : Human Resources Development)의 훈련성과는 기업의 새로운 가치 창출과 미래의 성장에 매우 밀접한 연관성이 있다.

1. 교육활동 평가

교육활동평가는 교육 활동 계획과 실행 후의 차이와 더불어 실질적인 실무에서의 활용성을 평가하고, 이후 조직 성과와의 연관성을 확인하는 평가이다. 이 평가 결과 등을 기반하여 추후 교육과 인적자원개발에 활용하고 미래 기업의 발전성과의 연관성을 찾는다.

2. 교육활동에 대한 평가법

교육활동 평가는 크게 미시적 접근 방법과 거시적 접근 방법이 있다.

거시적 접근 방법은 투입에 대한 화폐적 평가와 투입과 산출에 대한 평가 방법이 있다. 1)투입에 대한 화폐적 평가는 교육훈련 활동을 통해 투자되는 모든 투입 요소 중 화폐적 표현이 가능한 요소를 평가 함으로서, 명확하지 나타나는 비 화폐적 요소의 평가는 어려운 점이 있다. 2)투입과 산출에 대한 화폐적 평가요소는 투입과 훈련결과를 화폐적으로 비교 분석 하는 것이다.

미시적 접근방법은 교육훈련 과정에 나타나는 요소들을 평가 한다. 교육훈련의 과정의 각종의 요소는 실무 등에 적합한가를 평가하고, 참여자 선발에 대한 평가, 교육 훈련기법의 평가 및 교육 훈련의 실시자 평가 등이 있다

3. 교육훈련의 평가와 성과

교육활동의 평가는 투자대비 산출물의 결과를 극대화 시키는 것이 목적이다. 전통적인 기업들은 집단적이며 획일적인 교육 훈련을 실시 하였다. 반면에 최근의 기업들은 시장 환경등의 변화에 맞추는

실시간 교육을 중시한다. ~~새로운 기업의 제도~~

새로운 기업의 제품과 서비스를 개발하기 위한 가치구조의 변화에 맞는 다중적인 능력을 가질수 있는 교육 훈련이 필요하다. 다중적인 가치 평가를 위한 조직성과와 기업의 가치 활동인 직무 수행능력을 평가 함으로써 직무와 교육훈련 성과를 통합적으로 관리 해야 한다.

교육훈련의 평가는 단순히 필요한 교육을 위한 획일적인 평가를 확장하여 미래의 기업가치와 사회 가치 창출 및 성과와 연계해서 평가해야 한다.

제2장 개발관리

1. 인적자원 개발(HRD : Human Resource Development)

현대의 기업들은 다양한 유·무형의 자원으로서 물적자원, 재정자원, 인적자원 및 정보, 지식등의 자원을 보유한다. 이 중 인적자원은 그 가치 측정이 어렵다는 문제점이 있다. 그러나 인적자원은 물적자원과 재정자원만큼 매우 중요한 자원으로 그 중요성을 결정할 때, 우수한 인적자원의 교체 시 발생하는 선발, 비용, 재배치, 생산, 교육의 비용이 가치척도가 될 것이고, 나아가 조직구성원이 지닌 지식, 기술, 역량도 가치측정의 대상이 될 것이다. 또한 조직구성원이 발휘하는 생산성과 효율성도 인적자원의 가치로 간주돼야 한다.

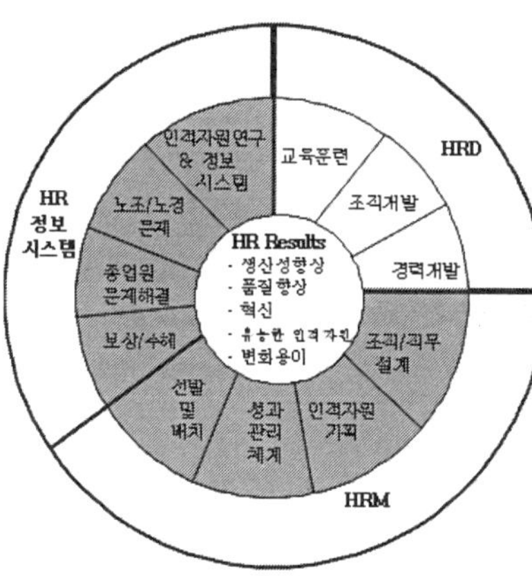

<그림 1> 인적자원 수레(Human Resource Wheel)

출처 : Mclagen, P. A.(1989) "Models for HRD Practice," Training and Development Journal, September.

개발이란 조직 내 구성원의 개인적 차원과 조직적 차원에서 요구되는 지식, 기술, 태도, 역량을 증진시키고 행동을 변화시키는 것을 말한다. 즉 필요시 필요인력으로의 변환되어 언제든지 조직발전에 기여하게 변화시키는 것이다.

인적자원의 '개발'은 조직이 원한다고 해서 자의적으로 개발할 수 있는 것이 아니다. '인적자원'은 자유의지와 존엄성을 가진 개별적 주체이기 때문에 개인의 동의와 자발적 참여가 있을 때, 개발은 유의미한 활동이 된다.

(1) 인적자원개발의 의의

인적자원개발이란 조직과 그 구성원인 종업원의 성장과 발달을 촉진하는 모든 활동을 의미하는 것으로 인간 성장을 위한 교육의 보편성이 조직이라는 특수성 속에서 행해지는 것을 말한다. 즉, 조직에 속한 개인(들)의 성장을 바탕으로 조직도 발전시키고자 하는 활동이다.

개발은 그 대상의 초점을 어디에 맞추는가에 따라 조직구성원 자체에 초점을 두는 개인개발, 조직구성원 스스로 전문성을 증진시키는 경력 개발, 조직 자체의 이익을 위해 조직의 효율성과 경쟁력을 강화하는 조직개발로 구분되어 실시될 수 있다.

인적자원 개발의 성과를 Brinkerhoff(1994)는 HRD(인적자원개발)이 추구하는 목표 내지는 성과를 다음과 같이 8가지로 제시한다.

- 현재 직무수행
- 상황적 역량
- 승진과 발전
- 조직역량
- 인적자원개발의 성과
- 사회화와 문화화의 개인적 적응역량
- 리더십 역량
- 개인의 복지

HRD라는 용어는 1969년 ASTD(American Society of Training and Development)의 연차 학술대회에서 Leonard Nadler에 의해 처음 소개되었다.

이후 HRD를 규정하기 위해 Frank(1998)는 HRD의 3가지 기본가정을 제시하였다.

첫째, HRD는 성인교육분야의 연구와 이론에 기초하고 있다.

둘째, HRD는 일터 현장에서 수행의 증진을 목적으로 한다.

셋째, HRD는 변화 이론을 조직에 활용하는 방법이다.

HRD에 대한 다양한 학자들의 정의를 살펴보면 서로 다른 관점과 강조점을 드러내기는 하지만, 서로 공통되는 요소들을 찾아볼 수 있다.

첫째, HRD 개념에는 '학습'이 중요시되고 있다.

둘째, HRD는 개인, 집단, 팀, 조직 수준의 수행 증진에 직간접적인 영향을 미친다.

셋째, HRD는 조직의 다른 기능들과 밀접한 관련이 있고, 조직의 다른 기능들에 결정적인 영향을 미친다.

넷째, HRD는 조직의 다양한 수준-개인, 집단, 팀, 조직 전체-의 학습과 수행 개선 활동과 관계가 있다.

다섯째, HRD는 개인이나 집단, 조직에 국한된 미시적인 접근을 넘어서 지역사회, 국가, 인류를 향한 거시적 접근을 지향하고 있다.

이와 같은 공통적 요소를 바탕으로 한 HRD의 정의는 다음과 같다. HRD는 개인, 집단, 팀, 조직, 지역사회, 나아가 인류 전체를 위해 개인개발, 경력개발, 조직개발과 같은 다양한 학습과 수행 개선 활동을 통해 일과 전문성을 신장하고 발전시키는 활동이다(배을규, 2009).

(2) HRD(인적자원개발)는?

→ Who(누구)의 = 개인, 경력, 조직의

→ What(무엇)을 = 지식, 기술(기능), 태도(행동, 마음가짐)를

→ How(어떻게) = 개선, 개발, 혁신시켜

→ Why(왜) = 개인과 조직을 성장하고 발전시키는 활동

인적자원개발이란 개인, 경력, 조직의 지식과 기술 및 태도를 개선하고 개발하고 혁신시켜 개인과 조직을 성장 / 발전하는 일련의 노력(system화된 노력)을 의미한다고 할 수 있다.

2. 인적자원 개발관리

(1) 훈련, 교육, 개발, 학습의 구분

1) 훈련(training) : 현재 직무의 수행성과를 개선하기 위한 학습활동

- 조직의 요구에 따라 실시
- 특수한 기술이나 활동에 한정
- 비교적 단기간 / 일터 현장
- 결과의 즉각 활용

2) 교육(education) : 미래 직무의 수행성과를 개선하기 위한 학습활동

- 훈련보다 범위가 포괄적
- 결과의 활용이 덜 즉각적, 구체적
- 교육 기관

3) 개발(development) : 현재 / 미래 직무와 상관없이 개인의 성장과 발전을 위한 학습 활동

- 육체적·정신적 잠재력 발현
- 집단과 사회의 성장과 발전에 보다 궁극적인 목적

4) 학습(learning) : 형식교육, 비형식교육, 무형식경험의 결과로 발생하는 지식, 기술, 태도, 역량의 항구적인 변화 노력

- '우연적' 학습과 '의도적' 학습
- 학습을 하는 것과 학습의 결과를 활용하는 것은 별개의 문제
- 학습활동은 수행과 연결하여 그 결과가 입증돼야 함

(2) 개발요소

1) 개념

HRD를 구성하는 3가지 요소는 개인개발, 경력개발, 조직개발이다. 각 구성 요소의 중요성은 조직의 전략, 구조, 문화, 규모 그리고 HRD 개입 정도에 따라 다르다.

2) 구분

① 개인개발(individual development)

개인개발은 현재 직무와 관련해 수행(성과) 개선을 도모하고자 요구되는 지식, 기술, 행동을 개발하는 HRD 활동을 말한다. 주로 조직화된 형태의 형식훈련으로 실시되지만, 실제로는 비형식교육이나 무형식학습, 혹은 OJT 훈련(on-the-job training: OJT)의 형태로 이뤄진다.

㉠ 진행방법

자기의 책임 하에 자기의 이해와 평가에 의해서 의욕을 갖고 자주적으로 본인의 성장과 향상에 대한 노력을 하는 것을 말한다. 따라서 자기성장의 과정으로 볼 수 있을 것이다. 이는 평생교육과 능동적인 태도라는 점에서 그 중요성이 점점 더 부각되고 있다.

㉡ 단계

목표설정→해결하고자 하는 의욕의 신장→부족한 능력의 개발→문제해결

㉢ 구체적 훈련전개방법

자기개발은 종업원 본인의 자기개발의욕이 중요한 관건이 되므로 자세확립에 대한 분위기의 조성이나 종업원들에 대한 보상체계 및 경력경로를 제시하는 제도적인 면도 중시되어야 한다.

② 경력개발(career development)

경력개발은 장래 원하는 직무활동에 필요한 능력을 개발하기 위해 개인적 관심, 가치, 역량, 목표, 활동 등을 확인하고 준비하는 HRD 활동을 말한다. 때문에 경력개발은 개인과 조직의 협력적 활동으로 실행되고, 그에 따라 개인과 조직의 요구를 조화시킬 수 있다.

③ 조직개발(organization development)

조직개발은 조직의 전략, 구조, 문화, 프로세스 등을 조직의 인적자원 활동 영역과 연계시켜 개인 및 조직의 학습과 수행 문제에 대한 창의적인 해결책을 도출하고 실행하는 HRD 활동을 말한다. 조직개발의 궁극적 목적은 조직의 자기 갱신 역량을 함양하는 데 있고, 조직개발을 통해 조직은 환경 변화에 따른 도전 과제를 스스로 해결할 수 있는 혁신 역량을 배양할 수 있다.

3. 경력개발

경력관리 또는 경력개발관리(career development) : 종업원 개개인이 각자 자신의 경력의 성공을 기하면서 동시에 기업의 목표를 달성할 수 있도록 개인의 경력을 개발하는 관리활동(사례 : 선진국 기업)

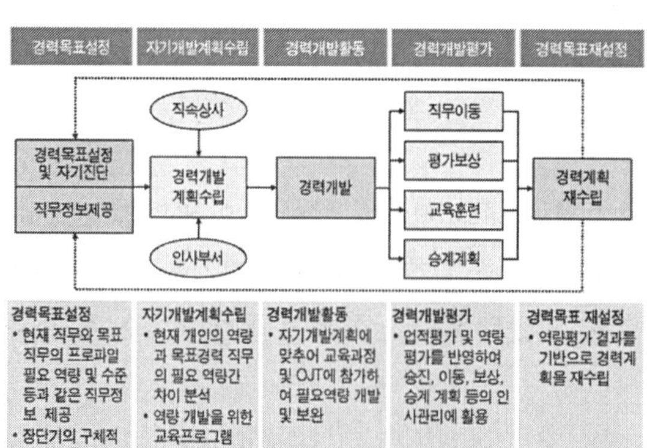

(1) 경력개발계획(CDP; career development planning)

- 경력계획 : 경력목표를 달성을 위한 방향과 경로를 미리 설정
- 경력관리 : 계획이 제대로 실행에 옮겨지도록 계속 지원관리

경력개발계획 = 경력계획 + 경력관리

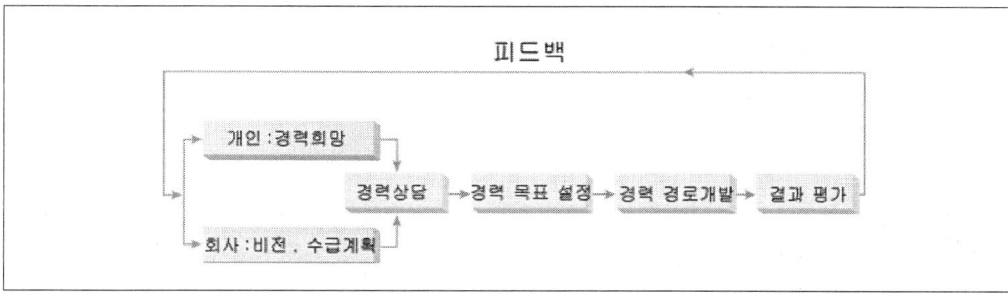

(2) 경력개발 활동

1) 종업원 개인이 할 일

- 자신의 능력, 관심사, 기호, 희망 등을 파악
- 개발이 필요한 부문이 어디인지 파악
- 자신의 경력목표와 단계에 대해 상급자와 상담
- 경력 목표와 단계, 거치는 시기 등을 확정

2) 상급자가 할 일

- 필요경력과 승진 여석에 관한 정보를 제공
- 부하의 희망사항과 조직의 필요사항을 연결
- 부하의 목표의 실현 가능성을 판단하여 제시
- 부하의 경력개발을 지원하고 필요정보를 제공

3) 회사가 할 일

- 경력계획의 모델을 제시한다.
- 상급자에게 부하상담에 필요한 정보를 제공
- 경력개발을 위한 실천의 장과 기회를 제공
- 경력훈련 시설과 교육기회를 만들어 지원

(3) 경력목표 : 어떤 사람이 되려는가?

1) 경력 닻(career anchor)
- 전문가 닻(기술, 기능 중심)
- 관리자 닻(관리능력 중심)
- 조직인 닻(안정 중심)
- 기업가 닻(창의적 기업가 정신)
- 자유인 닻(자율과 독립)

2) 모형

경력 닻(career anchor) 모형

- 정의

자신의 직업선택에 대해 중심이 되는 재능, 동기, 가치를 합한 것으로 사인은 경력 닻 개념을 통해 서로 다른 경력지향성을 설명하였다.

- 닻의 종류

전문역량 닻 : 이러한 닻을 가진 종업원은 일의 실제내용에 관심이 있으며, 일반적으로 전문분야(재무, 인적자원, 마케팅)에 종사하기를 원한다.
관리역량 닻 : 이러한 닻을 가진 종업원은 특정 전문영역 보다 일반적인 관리직을 목표로 하며, 타부서, 타인과의 통합과 조정능력에 관심이 많다.
자율성 / 독리성 닻 : 주요 관심은 조직의 규칙과 제약조건에서 벗어나서 스스로 결정할 수 있는 경력을 선호한다.
안전·안정 닻 : 일반적으로 안정적이고 예측 가능한 일을 선호하므로 장기적 경력 안정성이 경력개발 시 기본핵심이 된다.
서비스 / 헌신 닻 : 주요 관심사가 타인을 돕는 직업에서 일함으로써 타인의 삶을 향상시키는 것과 같은 가치있는 성과를 달성하는 것이다.
도전 닻 : 이러한 종업원은 해결할 수 없을 것 같은 문제에 대한 관심을 보이며 호기심, 다양성, 도전 등을 추구한다.
라이프스타일 통합 닻 : 주요 관심사는 인생의 모든 영역에서 균형을 얻는 것으로, 흔히 가정과 경력활동 간의 조화를 원한다.

기업가정신 닻 : 주요 목표는 장애물을 극복하고 위험을 무릅쓰며 개인적 탁월성을 성취하려는 성향이 강하기 때문에 자기 나름대로 자신의 사업을 설립하고 운영하는 자유를 원한다.

(4) 경력경로: 어떤 과정을 거치려는가?

1) 경력경로의 새로운 추세

- 최고경영자보다 네트워크 연결자, 조정자를 선호
- 넓고 수평적 경력 사다리를 택하기도 함
- 회사를 자주 바꾸며 화려한 경력 쌓기를 선호
- 경력 사이클이 성격, 야망에 따라 반복하기도 함

2) 경력단계

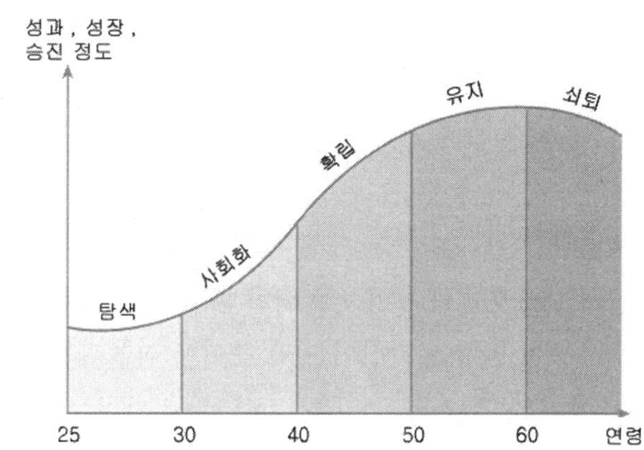

① 탐색 단계

- 자신의 적성에 맞는 분야 찾기
- 여러 직무에 대한 정보를 최대한 수집
- 여러 직무를 시도하며 탐색전

② 사회화 단계

- 특정 분야를 택하여 그곳에 안착
- 기대차이를 수용하면서 이동을 멈춘다.
- 그 분야에 정착하면서 사회화, 순응, 동화한다.

③ 확립 단계
- 그 분야에 숙달, 몰입하여 전문가가 된다.
- 목표를 달성하여 업적을 내고 승진도 한다.
- 그 분야에 도전, 노력하며 성과를 쟁취한다.

④ 유지단계
- 획득한 지위를 유지한다.
- 충고자, 관리자, 지원자 역할을 담당한다.
- 경력발달을 위한 노력을 정지한다.
- 노후화되지 않도록 재훈련 등 현상유지

(5) 직무이동

인사이동
수직적 이동 : 직위가 상승하는 승진과 직위가 낮아지는 강등으로 구분
수평적 이동 : 능력개발이 목적인 직무순환 등

승 진(promotion) : 지위와 보수가 상승하면서 권한과 책임이 커지는 것

직무순환(job rotation)
다양한 직무를 경험하게 함으로써 관리자가 되기 위한 교육훈련기법으로 활용
여러 직무를 경험함으로써 종업원 자신이 어떤 분야에 적성과 능력이 있는지 파악하고 경력을 개발할 수 있게 됨
한 직무를 오래 맡게 됨으로써 야기될 수 있는 지루함을 피할 수 있음
부정이나 업무처리 미비의 가능성을 줄일 수 있음

1) 직무이동의 필요성
- 사원의 경력개발
- 부서간의 업무협조
- 매너리즘의 탈피
- 시장의 수요변동

2) 직무이동 관리원칙

① 적합성

- 적절한 빈도
- 본인의 의견을 참여
- 적격자

② 인재 육성

- 성장욕구 감안
- 승진과 연계

3) 직무이동 경로(TILS)

- T형 : 한 직무만 담당하며 경력을 쌓아 가다가 상위층에 이르러 수평이동
- I형 : 초기에 다양한 직무, 중간에 고유부서에 집중, 상위층에 오르면 여러 부서 경험
- L형 : 초기에 수평이동 하다가 적성 발견하면 끝까지 한 곳에 정착
- S형 : 승진하면서 계속 다양한 부서들을 이동
- ＋형 : 중간에만 여러 부서 이동하고 초기와 말기에는 한 부서에 전념

4. HRD 담당자가 갖추어야 할 주요 역량과 정의

(1) 성인학습에 대한 이해

성인들이 지식, 기술, 태도 등을 어떻게 습득하고 적용하는지를 이해하며, 학습의 개인차, 교수안 작성법을 알고 항상 새로운 교육과 훈련기법을 익힌다.

(2) 사업에 대한 이해

해당 사업의 기능들이 어떻게 수행되고 어떤 연관성을 가지고 있는지 이해한다.

(3) 경력개발 이론과 방법에 대한 이해

경력개발에 사용되는 기법과 방법을 알고 적절한 사용법을 이해한다.

(4) 코칭 능력

직원들의 요구나 가치, 문제점, 대안 등을 인지하고 이해하도록 돕는다.

(5) 역량 파악 능력

직무, 과제, 역할에 요구되는 지식과 기술, 태도 등을 규명하고 분별한다.

(6) 비용효과 분석 능력

재정적, 심리적, 전략적 이점과 손실의 측면에서 대안을 평가한다.

(7) 자료 요약 능력

자료를 조사하고 종합하여 적합한 결론을 도출한다.

(8) 피드백 능력

정보, 의견, 관찰결과, 결론들을 전달하여 그것들을 이해하고 그에 따라 실행한다.

(9) 집단에 대한 이해

전략과제가 개인의 요구들이 반응될 수 있도록 그룹을 이끌고 영향을 미친다.

(10) 산업에 대한 이해

해당 기업의 산업(경제성, 유통, 제품 및 서비스의 특징, 산업구조)에 대해 이해한다.

(11) 지적 융통성

광범위한 아이디어와 그 실행을 인식하고 논리적으로 사고한다.

(12) 정보탐색 능력

다양한 정보와 인쇄물로부터 핵심적인 정보를 수집 및 활용한다.

(13) 모델형성 능력

복잡한 아이디어를 알고 쉽게 이용가능하게 하는 실질적인 구조를 개념화하고 개발한다.

(14) 국제적인 교육 훈련 이론 및 기업에 대한 이해

문화적 환경이 다른 직원들에 대한 교육훈련 및 해외 직원들에 대한 작업특성을 고려한다.

(15) 협상능력

의사결정시 특정 관심을 잘 나타낼 뿐 아니라 관계된 모든 사람들이 만족할 수 있는 협의를 이뤄낸다.

(16) 목표설정 능력

원하는 결과를 명확히 설정하고 이를 정의할 수 있다.

(17) 객관적 사고능력

어떤 상황에서 일어나고 있는 일을 객관적으로 인식한다.

(18) 조직행동의 이해

조직을 여러 목표를 가진 역동적, 정치적, 경제적, 사회적 시스템으로 보며 그러한 폭넓은 시각을 사건과 변화를 이해하고 촉구하는데 하나의 틀로 사용한다.

(19) 조직개발 이론과 기법의 이해

장기간에 걸친 변화를 가져오는 조직개발에 사용되는 기법 및 방법을 알고 적절히 사용한다.

(20) 조직에 대한 이해

해당 조직의 전략, 구조, 권한체계, 재무상태 및 체계를 이해한다.

(21) 수행관찰 능력

여러 직무의 행동과 그 결과를 추적, 서술한다.

(22) 발표능력

의도한 목적을 달성하기 위해 다양한 정보를 효과적으로 전달한다.

(23) 질문능력

직무와 개인 및 집단의 특성을 고려하여 열린 질문을 통해 원하는 정보를 획득한다.

(24) 관계형성 능력

개인 및 집단 간에 광범위하게 관계를 맺고 인적 네트워크를 형성한다.

(25) 연구능력

형식을 갖춘 연구를 위해 통계적인 기법과 방법론을 선택, 개발한다.

(26) 교육훈련 이론 및 기법의 활용

교육훈련에 사용되는 이론과 기법을 알고 적절한 사용법을 활용한다.

(27) 비전 제시 능력

경향을 파악하고 가능성 있는 미래와 그 의미를 시각화한다.

(28) HRD 시스템 사용 능력

HRD 시스템의 기능, 특징, 적용 가능성에 대한 지식을 갖는다.

5. 글로벌 인재

(1) 의의

글로벌 인재란 세계 어느 곳에서나 비교우위를 갖는 기술과 역량을 지닌 인재를 의미한다. 글로벌 인재가 되려면 자기주도성, 융통성과 적응력, 의사소통능력, 새로운 기술변화에 대한 학습능력, 글로벌 마인드 등을 갖춰야 한다. 입시에 대비한 주입식 한국교육은 우리 아이들을 글로벌 인재로 키우는데 가장 큰 장애물이라고 본다. 글로벌 기업은 스스로 생각하며 주도적으로 업무를 개척해나가는 인재를 필요로 하기 때문이다.

빠르게 변화하는 글로벌 환경에 대처하기 위해선 변화에 적응하는 열린 자세가 필요하다. 열린 자세는 끊임없는 학습으로만 지킬 수 있다. 인간의 뇌는 새로운 학습을 멈추는 순간 보수적으로 퇴화하기에 새로운 상황에 적응하는 걸 두려워하게 된다.

(2) 글로벌 인재가 되기 위해 어떤 역량과 요건

글로벌 기업이 선호하는 글로벌 인재가 되기 위해 어떤 역량과 요건을 갖춰야 하는지 인사 전문가의 관점에서 5가지로 요약해 본다.

첫째는 언어능력이다. 가능한 유창한 이중언어를 구사해야 한다. 한국계 기업의 90%는 쓰고 말하기까지 잘하는 것을 요구한다. 중국어나 스패니시 등 제3 언어까지 구사한다면 경쟁력은 배가된다.

둘째는 자기분야의 전문성이다. 전공을 했든 직장생활을 통해 전문성을 갖추었든 자기 분야의 최고가 되기 위해 부단히 공부하고 체험해야 한다.

셋째는 리더십이다. 목표와 방향을 제시하고 조직을 이끌어 가는 능력을 뜻한다. 리더(LEADER)라는 글자 6개는 'Listen' 'Encourage' 'Assist' 'Direct' 'Evaluate' 'Response of feedback'으로 역할을 풀이할 수 있다.

넷째는 커뮤니케이션과 대인관계 기술이다. 조직원들과 더불어 업무수행을 원활히 하기 위해서는 조직원들의 의견을 이해하고 자신의 의사를 전달하는 의사소통 능력이 중요하다. 여기에는 문제해결, 프리젠테이션, 설득, 타협, 배려, 칭찬, 팀플레이 등이 포함된다.

다섯째는 글로벌 에티켓이다. 각 국가나 기업의 의식, 예절, 특징 등을 받아들이고 수용할 수 있는 유연성을 뜻한다. 미국 내 상위 글로벌 기업 CEO의 30%가 미국이 아닌 다른 국가 출신이다.

제3장

교육훈련

교육훈련

의의 : 종업원들이 기업 환경과 수행해야 할 직무에 적응하고, 조직에서 필요한 기술과 많은 지식을 단시일에 습득하게 하여 그들의 능력을 최대한으로 개발

목적 : 종업원들에게 자신이 속한 환경과 조직에 적응을 보다 빨리 할 수 있도록 하기 위함. 종업원 각자가 수행하여야 할 직무에 대한 능력을 향상(사례)
종업원 각자의 자기능력 개발을 지원

1. 교육훈련의 필요성

(1) 교육훈련의 필요성

- 인간의 개발 가능성
- 기술과 환경변화
- 지식사회의 전문가
- 지식의 반감기 가속화
- 커뮤니케이션과 상호협조

(2) 교육훈련의 효과

1) 회사의 목적
- 유능한 인재 → 노동 생산성 향상
- 재훈련과 재교육 → 노동의 질을 유지
- 기존 인력 훈련 → 미래에 대비
- 종업원의 자아 성장감 → 사기 증대

2) 종업원의 목적
- 성장욕구 충족
- 향상된 능력을 승진기회로 활용
- 기술변화에 적응할 수 있기에 실업위험 감소
- 특기와 개성을 개발
- 보상의 증가
- 직무만족도 향상

2. 교육훈련의 유형들

<table>
<tr><th>분류기준</th><th>구 분</th><th colspan="2">교육·훈련유형</th></tr>
<tr><td rowspan="2">교육훈련
대 상</td><td>계층별</td><td colspan="2">작업층 훈련, 관리층 훈련, 임원교육</td></tr>
<tr><td>신분별</td><td colspan="2">신입사원 훈련, 임시직 훈련, 정규직 훈련</td></tr>
<tr><td rowspan="3">교육훈련
실시 장소</td><td rowspan="2">사내교육</td><td colspan="2">직장내 교육 훈련 OJT</td></tr>
<tr><td colspan="2">직장외 교육 훈련 Off JT</td></tr>
<tr><td>사외교육</td><td colspan="2">대학·교육기관</td></tr>
<tr><td rowspan="3">교육훈련
내 용</td><td>신임</td><td colspan="2">입직 훈련·오리엔테이션</td></tr>
<tr><td rowspan="2">종업원</td><td>직무훈련</td><td>도제훈련·실습장 훈련</td></tr>
<tr><td>교양훈련</td><td>일반교양강좌·기초훈련</td></tr>
<tr><td rowspan="6">교육훈련
방 법</td><td>강의식</td><td colspan="2">직접강의·TV 강의</td></tr>
<tr><td>회의식</td><td colspan="2">자유토의·배석토의·담화·분반토의</td></tr>
<tr><td>시청각</td><td colspan="2">영화·OHP·컴퓨터·TV 강의</td></tr>
<tr><td>참여식</td><td colspan="2">역할연기·감수성 훈련·비즈니스게임·인배스켓 훈련</td></tr>
<tr><td>사례연구</td><td colspan="2">토론과 발표</td></tr>
<tr><td>자기개발</td><td colspan="2">사외위탁·언어교육</td></tr>
</table>

(1) 교육장소에 따른 구분

1) OJT(직장내 교육)

감독자가 직접 일하는 과정에서 부하직원을 개별적으로 실무 또는 기능에 관하여 훈련시키는 것이다.

① 장점

현실적이며 실질적이고, 훈련과 생산이 직결되어 경제적이며, 특정한 장소로 이동할 필요가 없다.

② 단점

감독자나 환경이 반드시 훈련에 적합할 수는 없고, 작업수행에 지장을 주며, 원재료의 낭비를 가져온다. 또한 훈련의 성과는 감독자 혹은 지도자의 능력에 따라 크게 좌우된다.

2) Off JT(직장외 교육)

직장에서의 실무 또는 업무를 떠나서 전문적으로 실시하는 훈련이고, 보통 단체적으로 실시한다.

① 장점

많은 종업원에게 통일적인 훈련을 할 수 있고, 전문적인 지도자 밑에서 훈련에 전념할 수 있고, 참가자는 직무부담에서 벗어나서 새로운 학습에 전념할 수 있어서 훈련성과 높다.

② 단점

작업시간의 감소와 훈련시설의 설치 등으로 경제적 부담이 커지며, 중소기업에서는 사실상 실시하기 어려운 훈련방법이다.

3) 위탁교육

사내에서 실시할 수 없는 전문분야를 사외의 다양한 전문가를 보유한 기간을 통하여 교육 수행

(2) 교육대상자의 직급에 따른 구분

1) 신입사원 교육 · 훈련

신입자에 대한 교육훈련은 그들의 직무를 수행하는데 필요한 정보를 제공하며, 조직 및 부문이 기대하는 태도, 표준, 가치기준, 행동유형 등을 주입시키는 지속적인 과정이고 사회화과정이 되어야 한다.

2) 작업층 교육 · 훈련(일반종업원)

일반직에 있는 종업원을 대상으로 직업에서 필요로 하는 직무기능과 한 종업원으로서 갖추어야 할 교양요건을 쌓도록 하여 장래의 간부로서의 자질 및 적극적이고 협력적인 사회인을 육성하는 데 그 목적이 있다. 흔히 직업훈련학교, 실습장훈련, 도제훈련 등이 있다.

3) 관리층 교육 · 훈련

① 감독자

감독자는 직접작업자의 감독·지휘·통솔을 하는 위치에 있기 때문에 지도·통솔력의 양성과 더불어 관리에 관한 기초적인 지식의 배양이나 능력의 향상을 목적으로 한다. 감독자 교육훈련으로 가장 일반화되어 있는 것이 TWI(Training Within Industry: 산업내훈련)방식이다.

★ TWI

- 감독자에게 공통으로 필요한 요건: 작업지식, 직책에 대한 지식, 작업지도의 기능, 작업개선의 기능, 통솔의 기능
- 훈련내용: 모티베이션, 종업원 평가활동, 리더십, 의사소통, 과업지도, 팀구축, 자문능력 등

② 관리자

관리자층에 대한 교육훈련은 중간관리자 즉 부장과 과장급에 대해 실시된다. 특히 최고경영자와 하부 감독자 층의 중간에 위치하면서 기업의 각 부문활동을 계획, 지휘, 조정, 통제하는 역할에 초점이 맞춰진다. 관리자 교육훈련의 가장 일반적인 방식으로 MTP(Management Training Program)를 들 수 있다.

★ MTP

MTP에서 주로 취급하는 교육내용은 작업의 개선, 부하의 훈련, 부하 간의 인간관계, 직장사기문제, 리더십, 생산성의 향상, 안전 등 관리자의 책임영역 등이 있다

③ 경영자

경영자에 대한 교육훈련은 기업의 최고책임자로서 유연하고 고도의 판단력과 의사결정능력을 함양하고, 고도의 경영관리능력의 양성하며, 최고지도자로서 훌륭한 통솔력과 지도력을 쌓고 나아가서 기업의 대표자로서 폭넓은 식견과 행동력을 함양하는 데 있다. 특히 요즘은 최고경영자의 역할부문에도 전문화된 영역을 요구하고 있는데 CKO(Chief of Knowledge Officer: 지식담당최고경영자), CFO(Chief of Financial Officer), CIO(Chief of Information Officer), COO(Chief of Operating Officer), CINO(Chief of Innovation Officer) 등으로 세분화 되고 있다.

4) 관리자 교육훈련 기법들

명 칭	내 용
in-basket training	해당 부서에서 일어날 수 있는 돌발적이고 예외적인 사건들을 유형별로 분류하여 바구니에 섞어 놓고 무작위로 꺼내어 하나씩 선배와 함께 해결해 나감으로써 실제 사건에 앞서 미리 해결법을 배운다.
경영게임 (business game)	동종의 경쟁업체 관리자들이라고 가정하고 각자가 예산, 생산량, 시장 점유율, 매출액, 인력 구조 등에 대해 실제 상황처럼 수치로 정해 놓고 직접 흥정과 거래를 하고 투자를 한다. 시행착오 과정에서 일어난 일들을 토의·반성하면서 배운다.
역화연기 (role playing)	관리자가 부하의 역할을 하루 해 본다거나 사장의 역할을 해 봄으로써 상대방 입장도 이해하고 모범적 행동을 미리 배운다. 실제 상황처럼 화를 내는 일을 만든다거나 스트레스를 해소하면서 서로의 인간관계를 개선할 수 있다.
behavior modeling	가장 모범적인 리더, 가장 모범적인 세일즈맨이 강의와 실제 행동을 먼저 보여주고 피교육자들이 시험적으로 따라 하면서 충고를 받아 고쳐 나간다.
junior board of director	아직 중역이 되지 않은 실무자들이나 중간 간부들에게 일정기간 중역의 역할을 맡겨서 실천해 보고 주기적으로 모여 상호 토의하게 함으로써 넓은 안목을 갖게 하고 중역 자질을 키워 나가기도 하고 아랫사람들의 의견을 실제 중역회의에 전달하기도 한다.

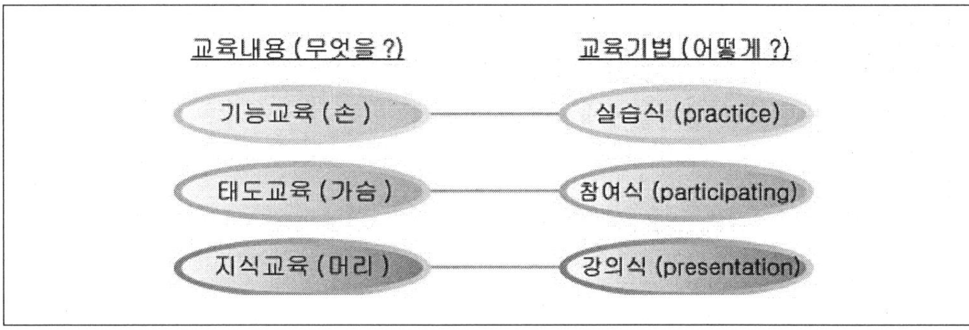

교육내용과 교육기법의 연계

(3) 교육훈련 주체에 따른 구분

1) 자기개발

2) 멘터링

3) 교육훈련의 아웃소싱
- 교육훈련을 아웃소싱하기로 결정
- 아웃소싱 대상이 될 교육훈련 부문을 결정
- 아웃소싱 공급업체에 제안할 요청서 준비
- 공급업체에게 제안 요청서를 보냄
- 공급업체의 제안 요청서 평가
- 아웃소싱 공급업체의 결정
- 쌍방의 검토, 협상 그리고 계약 체결
- 아웃소싱 결정에 대해 회사와 의견 교환
- 아웃소싱의 품질 유지 및 평가

3. 교육훈련의 평가

교육훈련을 실시하고 난 후 피훈련자들이 어떻게 생각하고 무엇이 전이 되었는지, 그리고 차후에 어떤 생산성에 대한 결과가 나왔는지 등을 평가하여 계속적인 교육훈련의 내용과 방법 등을 수정 / 변화시켜 나가야 한다.

(1) 평가 목적

- 교육의 결과를 최고 의사결정자에게 정보 제공
- 피교육자들, 교육 담당자들에게 결과를 피드백
- 교육과 관련된 전반 사항에 대해 개선점을 지적
- 교육의 경제적 효과, 회사에의 공헌도를 결산

(2) 교육훈련의 타당성

1) 개념

교육훈련의 타당성이란 교육훈련이 당초 목적한 바를 충족시켰는가에 대한 평가를 말한다. 훈련 뒤 교육평가를 통해 본래의 의도한 효과가 나온다면 이는 타당성이 실현되는 것이다.

2) 타당성의 분류

① 훈련 타당성

피훈련자와 당초 계획된 교육훈련 프로그램과 서로 매치가 되는지를 검증하는 타당성으로서 제조업 종사자 위주로 계획된 교육이 서비스업 종사자를 대상으로 실시된다면 훈련타당성을 떨어뜨리게 될 것이다.

② 전이 타당성

교육훈련을 이수하고 직무로 돌아온 후 직무성공을 거둘 수 있는지 여부를 검증하는 타당성이다.

③ 조직내 타당성

동일한 회사내 상이한 집단과 부서의 피훈련자들에게도 동일하게 효과적인지를 검증하는 타당성이다.

④ 조직간 타당성

교육훈련 프로그램이 다른 기업이나 다른 업종의 회사의 피훈련자들에게도 동일하게 효과적인지를 검증하는 타당성으로써 컴퓨터 교육이나 어학교육과 같은 것은 조직간 타당성이 높은 교육이라 할 수 있다.

(3) 액션러닝

1) 정의

액션러닝이란 '소규모로 구성된 한 집단이 기업이 직면하고 있는 실질적인 문제를 해결하는 과정에서 학습이 이루어지며, 그 학습을 통해 각 그룹구성원은 물론 조직 전체에 혜택이 돌아가도록 하는 일련의 과정이자 효과적인 프로그램'을 말한다.

2) 액션러닝의 특성

- 실시간 학습경험으로 조직의 경영상의 요구를 만족시키는 것과 개인 및 팀을 개발시키는 것을 동시에 달성하기 위한 방법이다.
- 기간이 3~4주 이상에서 2년여에 이르기까지 교육기간이 매우 길다.
- 집합교육 이외에도 최고경영층을 비롯한 현업부서장의 참여 등을 전제로 하기 때문에 비용이 많이 든다.
- 교육대상자가 주로 기업의 핵심인력이다.
- 그룹구성원인 학습자에 의해 자발적이고 주도적인 형태로 이루어진다.

3) 구성요소

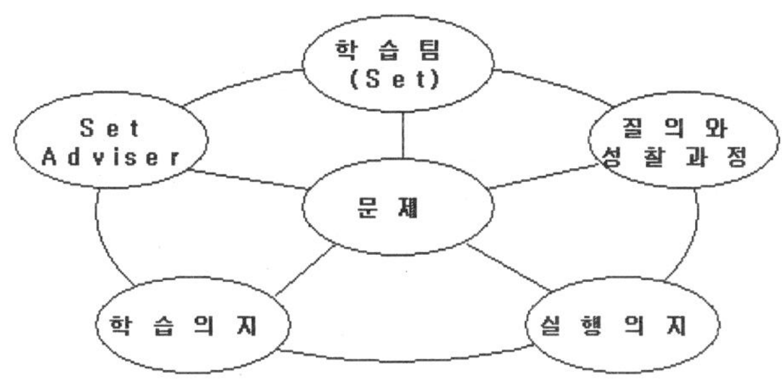

4. 이 러닝(E-learning)

(1) 진행방법 및 종류

인터넷이나 사내 인트라넷(intranet)을 사용하여 실시하는 온라인 교육을 의미한다. 오늘날 정보기술의 발전과 이러닝 컨텐츠의 개발로 지속적으로 늘어나고 있는 추세인데 주로 사이버연수원은 원격교육을 통해 진행된다.

(2) 장점

- 시간과 공간의 제약을 초월하여 동시에 많은 직원을 교육시킬 수 있다.
- 피훈련자 스스로 학습시간을 조정할 수 있다.
- 교육내용을 업데이트하기 쉽다.
- 훈련자 스스로 계획-실행-피드백이 가능하다.

(3) 단점

- 모든 피훈련자가 E-Learning을 잘 받아들이지는 않는다.
- 실무가 요구되는 경우 부적합할 수 있다.
- 초기비용이 많이 든다.
- 학습효과가 그리 높지 않은 것으로 조사되고 있다.

제4장

논술과 글쓰기 : Meaning Block

1. 답안작성 글쓰기는 수정 또 수정

글쓰기나 표현의 잘못된 점을 찾기 위해서는 수정 작업 또 수정 작업을 반복하는 것이 중요하다. 한 번에 완성되는 경우는 없다, 수험생이 출제된 문제에 대하여 종이 답안지에 제한된 시간에 답안을 작성하는 경우는 더욱 더 수정이 중요하다. 사전에 잘못된 글쓰기 습관을 수정하는 것이 무엇보다 중요하다.

답안은 수정 또 수정할수록 좋아진다

답안을 수정하는 구체적인 요령

<경영학적인 용어/어휘>

- 명백한 오타가 없는가?
- 한글 맞춤법과 외래어 표기법에 어긋난 표현은 없는가?
- 경영학적으로 이상하거나 어색한 용어/어휘는 없는가?
- 한 단락 내에서 동일하게 반복되고 있는 용어/어휘는 없는가?
- 각 단락의 처음과 끝에 같은 용아/어휘가 반복되고 있지는 않은가?
- 각 문장의 처음과 끝에 같은 용어/어휘가 반복되고 있지는 않은가?
- 숫자, 고유명사, 한자, 외국어는 정확하게 표현되었는가?
- 이상한 문자, 채팅 언어, 은어, 이모티콘, 외계어 등이 사용되지 않았는가?

답안은 수정 또 수정할수록 좋아진다

답안을 수정하는 구체적인 요령

<기타>

- 경영 이론의 인용이나 경영학자의 이름 등은 정확한가?
- 경영 용어에 대한 정의나 설명은 정확한가?
- 경영학 참고 문헌이나 자료 등은 정확하게 사용했는가?
- 외국어로 된 저자의 성, 이름을 정확하게 기술하였는가?
- 그림 등의 표현은 정확하게 하였는가?
- 도표나 테이블(표)는 적절하게 활용하고 있는가?

답안은 수정 또 수정할수록 좋아진다

답안을 수정하는 구체적인 요령

➢ 형식적인 부분 검토

- 목차나 제목 등에 필요한 항목이 정확하게 기술되었나?
- 바르고 예쁜 글씨, 너무 작거나 크지 않는 글자크기, 줄 간격, 답안 여백 등을 보기 좋게 쓰고 있는 가?
- 상위 제목과 하위 제목을 적절히 분류하고 표시했는가?
- 정의나 개념의 용어는 정확하게 기술했는가?
- 전체적으로 답안의 분량이 적절한가?
- 상위/하위 내용과 이론적인 내용의 배분은 적정한가?
- 시각적으로 깔끔하게 글쓰기는 되었는가?
- 특정의 이론적인 내용을 집중적으로 기술되지는 않았는가?
- 적절한 사례나 근거 등의 비율은 적절하게 배분되었는가?

2. 상호 첨삭할 때 필요한 점검사항

답안은 수정 또 수정할수록 좋아진다

상호 첨삭할 때 필요한 점검사항

➢수험생들은 주로 피교육자 입장에서 첨삭은 받기만 할 뿐 남의 글을 수정해볼 기회가 거의 없다.
➢ 그러나 남의 글을 직접 수정/첨삭해봄으로써 다른 수험생의 잘못된 부분을 타산지석으로 삼을 수 있을 뿐 아니라, 수험생 자신의 답안을 더 잘 보고 더 잘 수정하고 더 나아가 좋은 글쓰기 습관을 만들 수 있다.

1. 답안 전체 구성
1) 서론
- 답안의 문제제기/목적이나 아이디어, 배경,관련이론/개념 등의 설명이 적절한가?
2) 본론 :관련이론/개념 대안 등은 논리적으로 배치되고 적절한 근거 제시
- 논리적이고 합리적이며 타당한가?
- 적절한 배치와 해 혹은 타당성은 잘 설명되었는가?
2) 결론
- 내용 요약과 대한의 경영학적인 근거는 절절한가?

답안은 수정 또 수정할수록 좋아진다

상호 첨삭할 때 필요한 점검사항

2. 형식
1) 목차 등
- 목차의 순서나 표기 방법이 적결하게 표기되었나?
2) 글씨는 다른 사람이 읽을 수 있을 정도로 간결하게 잘 쓰였는가?
3) 상위 목차/제목
- 적절한 용어로 이해하기 용이한가?
4) 하위 개념/목차/제목(항·목·절 제목)
- 적절한 용어로 상위 목차와 연관성은 있는가?
5) 적절한 용어와 개념/이론 처리
- 적절한 용어로 답안 내용과 잘 일치하는가?
- 개념이나 이론의 사용이 적절한가?
- 용어, 개념 및 이론이 답안 전체와 자연스럽게 연결되었나?

답안은 수정 또 수정할수록 좋아진다

답안을 수정하는 구체적인 요령

➢ **채점자의 입장에서 수정/검토**

- 채점자에게 호소할 수 있는 형식을 갖추었나?(2차시험 채점평에 맞게 답안이 작성되었는가?)
- 2차 시험에서 채점자가 요구하는 내용을 갖추었나?
- 채점자가 이해하기 부적절한 용어/어휘나 부적절한 경영용어는 없는가?
- 자신의 개인적인 경험를 부적절하게 기술하지는 않았는가?
- 채점자가 더 궁금해 할 점이 없는가? 있다면 그에 대한 설명은 충분한가?
- 주위의 다른 수험생들에게 읽혀도 문제점이 발견되지 않는가?

답안은 수정 또 수정할수록 좋아진다

상호 첨삭할 때 필요한 점검사항

6) 참고 문헌
- 다른 사람의 글 등을 인용한 경우 적절한 출처 등을 기록하였는가?
7) 답안 전체 배분
- 답안 전체적으로 너무 적은 분량이 아닌가?
- 답안 각 부분 항목별 배분이 적정한가?

3. 내용
1) 단락
- 단락은 의미 단위나 이론 단위 등으로 잘 나누었나?
- 불필요하게 장황하거나 내용이 부실한 부분은 없는가?
- 아이디어, 대안과 논거/근거 제시가 타당한가?
- 단락과 단락의 연결이 자연스러운가?
(맞춤법, 띄어쓰기, 외래어 사용은 적절헌가?)

답안은 수정 또 수정할수록 좋아진다

상호 첨삭할 때 필요한 점검사항

2) 문장
- 첫 문장이 효과적인가?
- 부적절한 표현은 없는가?
(조사와 어미 사용, 주어와 서술어 연결, 목적어와 서술어 관계,
부사어와 서술어 자연스러운 사용, 접속의 등가성, 의미중복, 번역투, 중의성 등)
- 지나치게 긴 문장은 없는가?
- 효과적인 표현을 사용했는가?(구체성, 창의성 포함)
- 문장의 연결이 자연스러운가?
3) 어휘 및 용어
- 적절한 어휘 및 용어를 사용했는가?
- 중복된 어휘나 용어는 없는가?
- 동일한 주어나 술어, 어구를 사용하지 않았나?
- 한자나 외국어, 숫자를 바르게 표기했나?
- 팬시어 등의 이상한 기호를 사용하지 않았나?
4) 문장부호
- 문장부호 등은 적절하게 사용되었는가?

제7부 보상관리

제1장

모의시험 문제와 문제풀이

제1문
임금수준 관리전략의 유형과 각각에 대한 조직의 성과에 대하여 약술하시오. (25점)

제2문
복리후생관리의 설계방안과 설계시 유의점에 대하여 약술하시오. (25점)

1. 모의시험 문제와 문제풀이

(1) 임금수준 관리전략 유형과 각각에 대한 조직의 성과에 대하여 약술하시오. (25점)

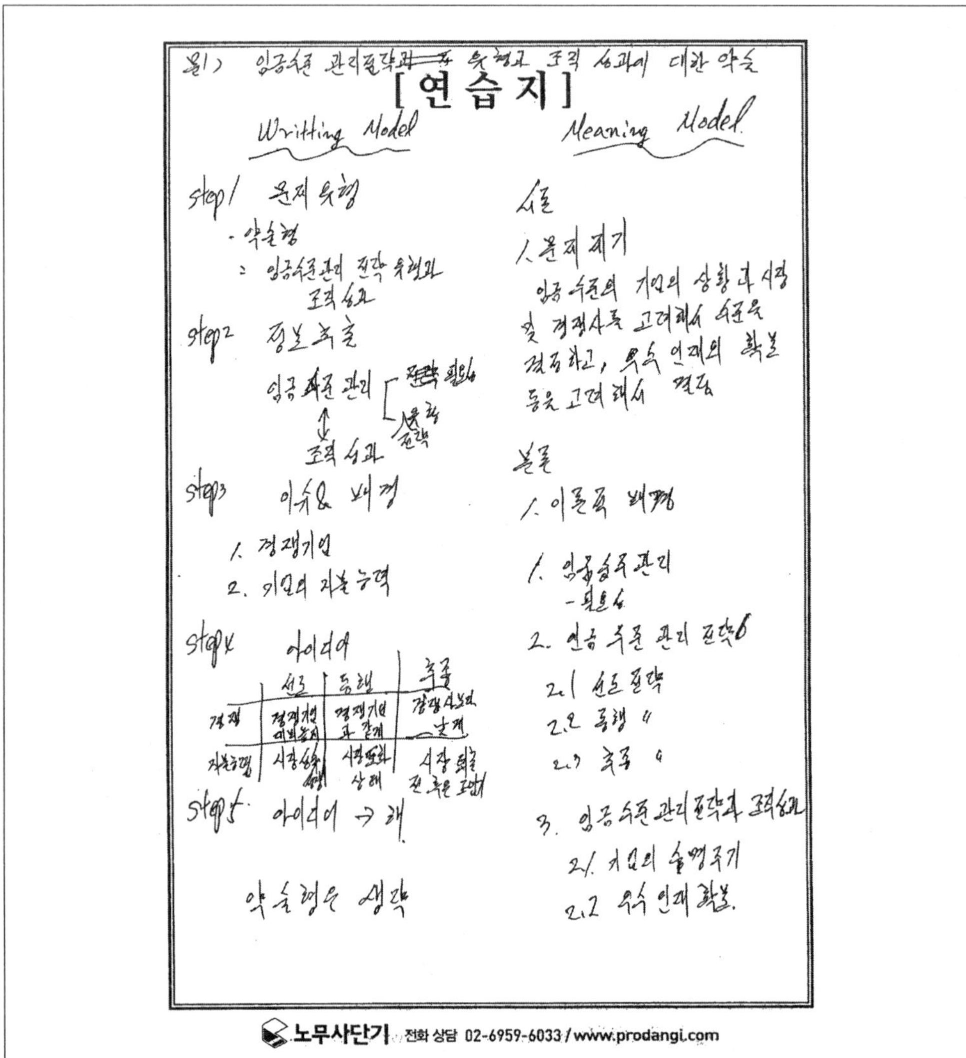

(2) 문제풀이

1) 서론

- 문제제기(문제영역 / 문제배경 / 문제정의)
- 연관된 개념 / 이론 제시(문제와 연관된 관점 / 시각을 설정)

→ 약술형은 문제제기와 연관된 이론을 중심으로 기술하고 부분적으로 아이디어의 일부를 제시하여 기술한다.

- 문제영역과 현실이슈 등을 비교하여 한계점이나 문제점과 해를 도출
- 전체적인 글의 구성과 요약 정리(아이디어 도출과 구체적 방안, 효과, 대안, 설계 등의 의미 전환이 대단히 중요함)

• 문제제기(문제영역 / 문제배경 / 문제정의)

문제제기의 핵심은 글 전체의 방향을 제시하는 것이다. [연습지]에 기록한 내용을 참조하면서 순차적으로 작성한다.

기본적인 가정은

[연습지]의 분석 내용을 기초하여 작성

임금 수준은 기업의 상황과 시장 및 경쟁사를 고려해서 수준을 결정하고, 우수인재의 확보 등 또한 고려 요소이다(핵심문장).

단락은 핵심문장과 핵심문장을 설명하는 부가문장으로 구성한다. 단락은 3~5개 정도의 문장으로 구성한다. 약술형인 경우는 문제제기의 단락은 핵심문장과 설명문장을 하나 정도로 구성한다.

문제의 배경과 문제영역 등을 활용한다.

예를 들어, [연습지] step 3의 내용을 참조

기업의 인재는 미래의 핵심자원이다. 경쟁사와 기업의 지불 능력은 인재의 보상 능력과 밀접한 관계를 가진다(문제의 배경이며 설명문장).

전체적으로 핵심문장과 설명문장을 결합하여 문제제기 문장을 완성한다. 수험생의 특성이나 개인적인 취향 등에 따라 글의 구성은 달라질 수 있다.

서론의 문제제기 단락은 문제의 배경과 영역을 부가적인 설명문장으로 구성하고,

핵심문장을 그 다음에 문제제기와 문제의 방향으로서 구성한다.

문제제기 단락 구성 설명문장 1. + 설명문장 2. +(약술형은 생략해도 무방함) 핵심문장으로 구성한다.

문제제기의 Meaninlock

기업의 인재는 미래의 핵심자원이다. 경쟁사와 기업의 지불 능력과의 관계는 인재에 대한 보상 능력과 밀접한 관계를 가진다. 보상으로서 임금 수준은 기업의 상황과 시장 및 경쟁사를 고려해서 수준을 결정하고, 우수인재의 확보 등 또한 고려 요소이다(핵심 문장).

- 연관된 개념 / 이론 제시(문제와 연관된 관점 / 시각을 설정)

이론적인 특성은 [연습지]의 내용을 참조한다.

1. 임근 수준 관리 전략
2. 임금 수준 관리와 조직 성과

- 문제영역과 현실이슈 등을 비교하여 한계점이나 문제점과 해를 도출

적절한 보상으로서 임금은 종업원에게 동기부여를 해준다. 경쟁사와 기업의 성과 등을 고려한 보상으로 미래 잠재력을 이끌어낸다.

- 전체적인 글의 구성과 요약 정리(아이디어 도출과 구체적 방안, 효과, 대안, 설계 등의 의미 전환이 대단히 중요함)

→ 약술형은 생략함

2) 본론

라이팅 모델	Meaning Block Model
• 디자인 및 논술 전략 • 이론 / 개념 및 문헌 활용 • 개념과 구성개념 적용 • 문제와 정의 연결하기 • 관점 비교 • 예시와 비유 • 분류 및 비교 • 적절한 해 도출하기 • 사례활용하기 • 사례와 해 연결하기	• 이론적 배경 • 기존이론 등의 한계점 혹은 보완점 등 • 한계점과 보완점을 극복하는 내안, 방안, 설계 혹은 효과 등

• 이론적 배경

Ⅰ. 임금관리의 의의 및 중요성

임금은 종업원에게는 소득의 원천이 되고 경영자에게는 주요 생산비를 이룬다. 따라서 임금은 경영자와 종업원간에 상반된 이해관계에 놓이게 되며, 이는 노사분규의 원인이 되기도 한다. 이에 종업원의 욕구를 충족시키면서도 기업의 안정을 도모하도록 임금제도를 형성하는 것이 임금관리이다.

결국 임금관리는 노사의 안정을 도모하고 이를 바탕으로 노사협력하에 생산성을 증진시키고 종업원의 생활향상을 꾀하는 것으로서 그 중요성은 크다 하겠다. 이렇게 그 중요성을 지니고 있는 전략적 관점에서 임금관리를 전략적 임금관리(Strategic Compensation Management; SCM)라 하며 몇 가지 중요한 과정을 통해 기업의 경영전략을 지원하고 궁극적으로 기업의 목표를 달성할 수 있도록 돕는다.

Ⅱ. 임금수준관리의 의의 및 중요성

임금수준관리는 전체 종업원에게 지급되는 평균임금을 관리하는 것으로서 임금관리에 있어서 가장 기본적인 것이라 하겠다.

이는 대외적인 관계에 있어서 유능한 인재의 확보측면에서 중요한 의미를 지며 또한 유능한 인재의 유출방지 측면에서도 중요한 의의를 갖는다 할 것이다.

Ⅲ. 임금수준의 결정요인

1. 종업원의 생계비수준

(1) 종업원의 생계비수준의 의의

종업원의 생계비수준은 종업원 개인뿐만 아니라 그 가족의 생계비수준까지도 포함한다. 이러한 생계비수준은 임금수준결정에 있어서 하한선이 된다.

(2) 생계비결정 시 고려사항

1) 종업원의 생계비수준의 측정방법

종업원의 생계비수준을 측정하는 방법으로는 이론생계비 측정과 실태생계비 측정방법이 있다. 이 중 이론생계비 측정은 그 기준이 합리적이나 생계비의 현실성을 결여한 문제점이 있으며, 실태생계비 측정은 생계비의 현실성은 있으나 그 합리적인 기준을 설정하는데 곤란하다 할 것이다.

2) 종업원의 life-cycle

한편 생계비수준은 개인이 아닌 그 가족으로서 생계유지를 하여야 하므로 종업원의 연령에 따른 life-cycle을 고려하여 생계비수준을 고려하여야 할 것이다.

2. 기업의 지불능력

(1) 의의

한 기업의 종업원에게 지급되는 임금은 우선적으로 그 기업의 지불능력의 범위 내에서 이루어져야 한다.

기업의 지불능력은 기업의 임금으로 지불할 수 있는 최대한의 재정적인 능력이 아니라 기업의 안정적인 성장을 유지할 수 있는 조건하에서 지불할 수 있는 능력을 말한다. 이는 임금수준결정의 상한이 된다.

(2) 기업의 지불능력 결정 시 고려사항

기업의 지불능력을 판단할 수 있는 지표로는 생산성과 수익성이 있다. 이 중 경영전략이 성장위주인 경우에는 생산성을 지표로 하고 안정위주인 경우에는 수익성을 지표로 한다.

3. 사회적 일반의 임금수준

(1) 의의

임금이 합리적으로 결정될지라도 동일지역 또는 동일업종에서의 임금보다 낮을 경우에는 종업원의 불만과 사기저하 및 높은 이직률을 나타나게 한다.

따라서 종업원의 생계비수준과 기업의 지불능력 외에 사회의 일반적 임금수준도 고려하여야 한다. 이는 상·하한선 간의 조정역할을 한다.

(2) 고려요소

사회의 일반적 임금수준에 있어서는 동일지역, 동일업종의 임금수준뿐만 아니라 최저임금수준도 고려되어야 한다.

Ⅳ. 상황별 임금 수준 관리전략의 유형[1] 및 조직의 성과

조직이 외부적 공정성을 확보해서 노동시장에서 경쟁력 있는 임금수준을 결정하는 데는 전통적으로 선도, 동행, 추종 세 가지 관리전략이 있다.

1. 선도 전략

(1) 의의

선도전략은 임금이 종업원의 조직선택 의사결정시에 있어서 가장 중요한 요소로 가정하고 노동시장에서 경쟁기업보다 더 높은 수준의 임금을 지급하는 고임금 전략을 말한다.

(2) 조직의 성과

사용자가 유능한 생산적인 종업원을 유인하고 유지하여 그들의 능력을 최대화시키고 종업원의 임금에 대한 불만족을 최소화시켜 준다.

결근율과 이직률을 감소시키며 직무의 비매력적인 특성을 상쇄시킬 수 있다.

선도전략에 의해 보다 유능한 종업원이 채용되어 훈련기간이 단축되고 생산성이 더 증가한다면 더 높은 노무비가 상쇄될 수 있다.

(3) 적합한 상황

1) 자본집약적 산업 및 높은 수익률의 상황

임금이 총운용 비용 중에서 비교적 낮은 비율을 차지하거나 소속산업이 법적으로 크게 규제되어 있는 경우

2) 인적자원의 높은 역량에 의존하는 경우

고기능이나 기술을 소지한 종업원들에게 크게 의존하는 조직구조나 기술을 가지고 있어 분권적 의사결정을 강조하는 조직 및 종업원들의 성과를 관찰하고 통제하기 어려워 이들이 최대의 노력을 하도록 자극을 주기를 원하는 경우 적합하다.

---

1)

임금수준정책 (타회사와 비교)	임금관리 목표				
	유인 정책	유지 정책	인건비 억제	불만 감소	생산성 증대
선 도(leading)	유리함	유리함	모름	유리함	모름
동 행(matching)	중간	중간	중간	중간	모름
추 종(following)	불리함	모름	유리함	불리함	모름

2. 동행전략

(1) 의의

동행전략은 경쟁기업과 동일한 수준의 임금을 지급하는 시장임금전략으로서 가장 일반적으로 사용되고 있는 전략이다.

(2) 조직의 성과

선도전략에 비해 종업원의 유인, 유지, 임금불만족 감소의 수준이 떨어진다.

(3) 적합한 상황

- 경쟁적인 노동시장에서 후발기업에 적합하다.
- 비노조기업을 취하는 기업은 기업의 노조화를 회피하기 위하여 동행전략이나 선도전략을 취한다.

3. 추종 전략

(1) 의의

추종전략은 경쟁기업보다 낮은 수준의 임금을 지급하는 저임금 전략

(2) 조직의 성과

종업원의 유인능력이 낮으며 노무비의 절감에 있어 타 전략보다 우수하다.

또한 임금불만족이 증대된다.

(3) 적합한 상황

1) 노동집약적 산업

낮은 수익률을 갖고 경쟁시장에서 분화되지 않은 제품을 생산하는 노동집약적 산업에 적합하다.

2) 낮은 역량의 인적자원

낮은 질의 노동력을 활용하는 산업에서 적합하다.

4. 혼합 전략

상기 선도, 동행, 추종전략을 시행함에 있어 기업은 반드시 하나의 전략만을 선택해야 하는 것은 아니다. 어떤 경영자는 기술수준에 따라 전략을 다르게 적용할 수도 있다. 즉 반도체 산업 등의 특수한 기술 수준에 따라 선도전략을 사용하고 지역노동시장에서 쉽게 노동력을 구할 수 있는 미숙련 직무에 대해서는 추종전략을 실시할 수도 있다.

즉 기업내부의 사업부별, 직능별도 상기 3개의 전략을 혼용하여 실시할 수 있는 것이다.

V. 우리나라 기업의 임금수준 결정의 영향요인과 문제점

1. 임금수준 결정의 영향 요인

경총의 2004년도 조사결과에 따르면 타기업 임금 수준 및 임금조정의 결과, 기업의 지불능력, 노조의 요구, 물가상승률 순으로 임금수준 결정에 영향을 미치고 있다.

2. 문제점

IMF를 제외하고 임금 인상률이 생산성 증가율보다 큰 차이로 상회하고 있으며 이로 인하여 우리나라 상품의 가격경쟁력 약화를 초래하고 있다.

또한 남녀의 임금수준과 대기업 중소기업 간의 임금 수준, 정규직과 비정규직간의 임금수준 격차가 벌어지고 있다.

이에 기업경쟁력을 유지하기 위해서는 생산성 향상의 범위 내에서 임금인상이 결정되도록 노사의 적극적인 노력과 협력이 필요하며 임금수준의 격차를 줄이기 위하여 사회적인 합의가 필요하다.

- 기존이론 등의 한계점 혹은 보완점 등
- 한계점과 보완점을 극복하는 대안, 방안, 설계 혹은 효과 등

→ 약술형은 생략

3) 결론

- 서론과 본론의 내용 요약하기
- 도출된 해의 사회적 공헌과 미래 가치 등 제시하기

→ 약술형은 결론 부분을 생략하여도 무방하다.

I. 서론

기업은 인재는 미래의 핵심자원이다. 경쟁사와 기업의 지불능력과의 관계는 인재에 대한 보상능력과 밀접한 관계를 가진다. 보상으로서의 임금 수준은 기업의 상황과 시장 및 경쟁사를 고려해서 수준을 결정하고, 우수 인재의 확보 등 또한 고려요소이다. 우수 인재, 경쟁사, 및 조직성과 등의 관점에서 다음의 내용(이론)을 중심으로 설명한다.

1) 임금 수준 ~~관리 순위~~ 결정요인

2) 임금 수준 관리와 조직 성과

적절한 보상으로서 임금은 종업원에게 동기부여를 해준다. 경쟁사와 기업의 성과 등을 고려한 보상으로 미래의 경쟁력을 이끌어 낸다.

II. 본론

1. 임금관리

기업의 경쟁은 갈수록 치열해지고 있다. 인재는 기업의 핵심경쟁력이다. 경쟁에서 지속적인 경쟁력을 유지하기 위한 우수 인재에 대한 보상은 미래의 잠재성 등을 고려해서 이루어져야 한다. 경쟁기업과의 관계 등도 역시 중요한 문제이다. 적절한 보상은 우수 인재의 확보와 유출에 중요한 영향을 미치므로, 임금수준의 관리는 기업의 경쟁력 유지를 위해 중요하다.

2. 임금수준 결정요인

임금 수준의 결정요인은 기업의 지불능력이 가장 중요하다. 최저 생계비 등이 고려되어야 한다.

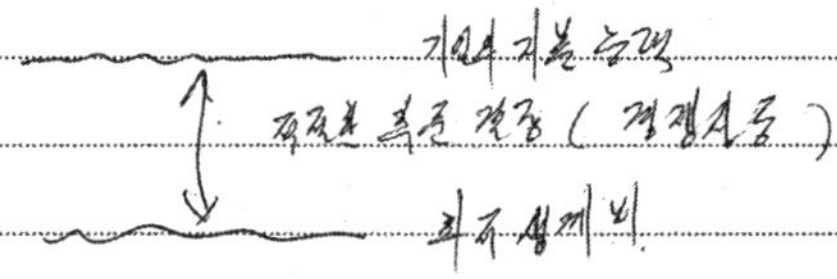

3. 경쟁사 등의 고려한 임금수준 관리 전략

우수 인재의 확보와 유지를 위해서 경쟁사와 노동시장 등을 고려한 다음과 같은 전략들이 활용된다.

◦ 선도 전략

◦ 동행 전략

◦ 추종 전략

선도 전략은 경쟁기업보다 더 높은 임금을 지급하는 전략으로 우수 인재 확보 등이 유리하고, 지속적인 조직 성과를 유지하는 데 유리하다. 동행전략은 경쟁기업과 유사한 임금을 지급하는 전략이다. 후발기업들이 선도적인 전략을 추구하는 기업을 쫓아가기 위해서 많이 사용되는 전략이다. 추종전략은 경쟁사보다 낮은 임금을 지급하는 전략이다. 경쟁기업보다 보다 저렴한 임금이 요구되는 산업에서 적합하다. 마지막으로 혼합 전략이 있다. 기업의 상황에 따라서 선도, 동행, 추종 전략을 적절하게 혼합하여 사용한다.

시장에서 경쟁은 치열해지고 있다. 우수 인재의 확보와 유지는 기업에게도 대단히 중요하다. 임금은 또한 개인과 사회에서도 대단히 중요하다. 사회적인 삶의 질을 개별 종업원이 유지하고, 기업 경쟁력을 지속적으로 유지하기 위해서는 시장 변화에 대응하는 성장을 통해 기업의 지불 능력을 상승시키는 성과 중심적인 관리가 더욱더 중요하다.

2. 모의시험 문제와 문제풀이

(1) 복리후생관리의 설계방안과 설계시 유의점에 대하여 약술하시오. (25점)

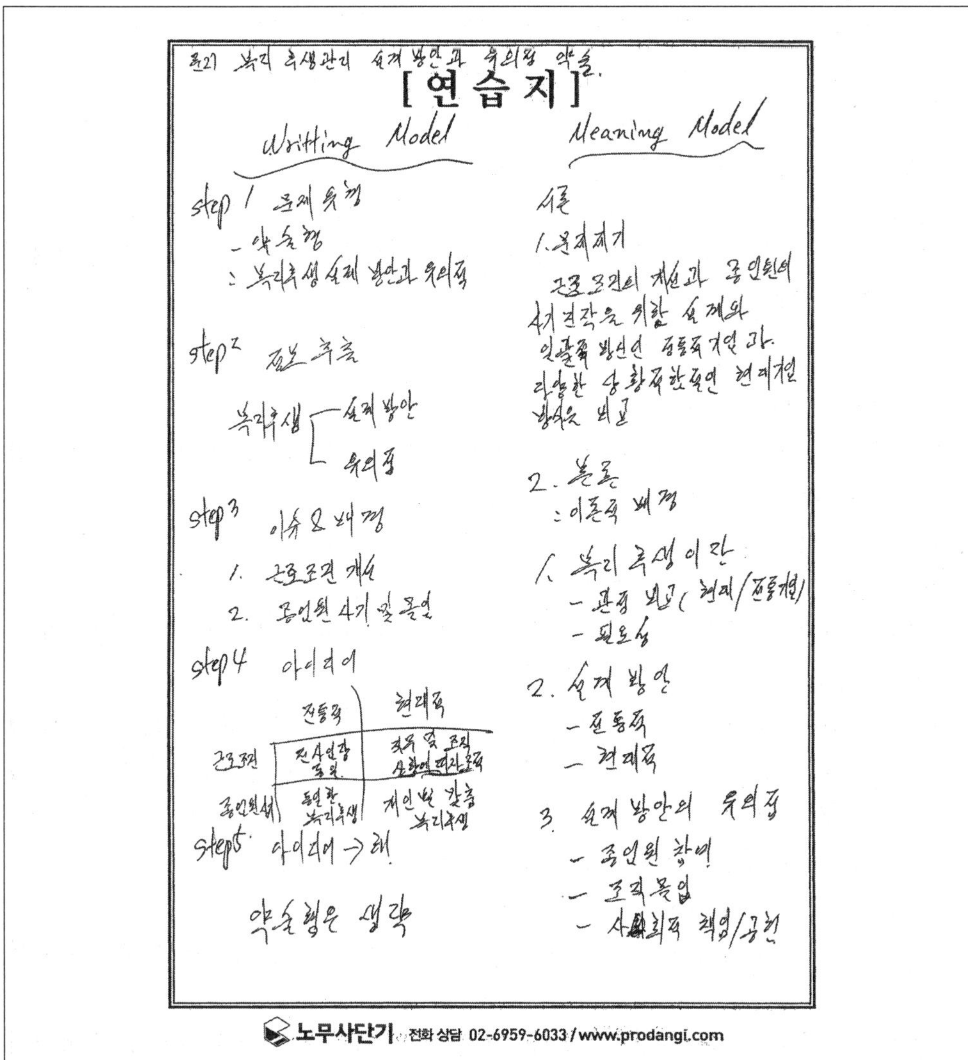

(2) 문제풀이

1) 서론

- 문제제기(문제영역 / 문제배경 / 문제정의)
- 연관된 개념 / 이론 제시(문제와 연관된 관점 / 시각을 설정)

→ 약술형은 문제제기와 연관된 이론을 중심으로 기술하고 부분적으로 아이디어의 일부를 제시하여 기술한다.

- 문제영역과 현실이슈 등을 비교하여 한계점이나 문제점과 해를 도출
- 전체적인 글의 구성과 요약 정리(아이디어 도출과 구체적 방안, 효과, 대안, 설계 등의 의미 전환이 대단히 중요함)

• 문제제기(문제영역 / 문제배경 / 문제정의)

문제제기의 핵심은 글 전체의 방향을 제시하는 것이다. [연습지]에 기록한 내용을 참조하면서 순차적으로 작성한다.

기본적인 가정은

[연습지]의 분석 내용을 기초하여 작성

최근 다양한 기업의 가치 활동에 다른 상황적인 대응으로서 복리후생을 접근할 필요가 있다(핵심문장).

단락은 핵심문장과 핵심문장을 설명하는 부가문장으로 구성한다. 단락은 3~5개 정도의 문장으로 구성한다. 약술형인 경우는 문제제기의 단락은 핵심문장과 설명문장을 하나 정도로 구성한다.

문제의 배경과 문제영역 등을 활용한다.

예를 들어, [연습지] step 3의 내용을 참조

복리후생은 종업원의 동기부여와 사기진작에 중요한 요소이다(문제의 배경이며 설명문장).

전체적으로 핵심문장과 설명문장을 결합하여 문제제기 문장을 완성한다. 수험생의 특성이나 개인적인 취향 등에 따라 글의 구성은 달라질 수 있다.

서론의 문제제기 단락은 문제의 배경과 영역을 부가적인 설명문장으로 구성하고,
핵심문장을 그 다음에 문제제기와 문제의 방향으로서 구성한다.

문제제기 단락 구성 설명문장 1. + 설명문장 2. +(약술형은 생략해도 무방함) 핵심문장으로 구성한다.

문제제기의 Meaninlock

복리후생은 종업원의 동기부여와 사기진작에 중요한 요소이다. 최근 다양한 기업의 가치 활동에 다른 상황적인 대응으로서 복리후생을 접근할 필요가 있다(핵심문장).

• 연관된 개념 / 이론 제시(문제와 연관된 관점 / 시각을 설정)

이론적인 특성은 [연습지]의 내용을 참조한다.

1. 복리후생의 설계 방안
2. 상황 특성적 복리후생의 유의점

• 문제영역과 현실이슈 등을 비교하여 한계점이나 문제점과 해를 도출

조직의 성과와 직무 특성에 맞는 복리 후생을 종업원 개인별 맞춤 서비스 등과 연계해서 제공한다.

• 전체적인 글의 구성과 요약 정리(아이디어 도출과 구체적 방안, 효과, 대안, 설계 등의 의미 전환이 대단히 중요함)

→ 약술형은 생략함

2) 본론

라이팅 모델	Meaning Block Model
• 디자인 및 논술 전략 • 이론 / 개념 및 문헌 활용 • 개념과 구성개념 적용 • 문제와 정의 연결하기 • 관점 비교 • 예시와 비유 • 분류 및 비교 • 적절한 해 도출하기 • 사례활용하기 • 사례와 해 연결하기	• 이론적 배경 • 기존이론 등의 한계점 혹은 보완점 등 • 한계점과 보완점을 극복하는 대안, 방안, 설계 혹은 효과 등

• 이론적 배경

Ⅰ. 의의 및 기능

복리후생이란 기업이 종업원과 그의 가족의 생활수준향상을 위하여 시행하는 임금 이외의 간접적인 제급부를 말한다. 이러한 복리후생은 임금과 함께 종업원에 대한 보상이지만 임금은 직접적인 보수로서 종업원의 능력과 업적에 따라서 지급되는 것인데 반해, 복리후생은 간접적인 보수로서 전체구성원이 모두 혜택을 받도록 하는 것이다.

또한 임금은 현금으로만 지급되는 것이 원칙이지만 복리후생은 현금 외에 현물이나 서비스 등 다양한 형태로 지급되는 것으로서 ① 종업원의 생활수준을 안정시키고, ② 인간관계개선 기능을 담당하며, ③ 노사관계의 안정과 근로조건의 개선기능을 담당한다.

Ⅱ. 원 칙

1. 적정성의 원칙

복리후생시설과 제도는 조직의 모든 구성원에게 필요하고 경비부담이 기업의 능력범위 내이어야 하며, 동종 산업이나 동일지역내의 기업과 비교하여 크게 차이가 나지 않아야 한다.

2. 합리성의 원칙

기업의 복리후생시설과 제도는 국가와 지역사회가 실시하는 사회보장제도와 지역사회복지시설과 합리적으로 조정·관리되어야 한다.

3. 협력성의 원칙

근로자와 사용자가 협의하여 복리후생의 내용을 충실하게 하고 운영에 있어서도 복리후생위원회를 설치하는 등 노사쌍방의 협력으로 보다 큰 효과를 낼 수 있다.

Ⅲ. 효율적인 설계방안

효율적인 복리후생관리가 되기 위해서는 다음과 같은 점들을 고려한 설계가 요구된다.

1. 종업원의 욕구를 충족시키도록 설계

상기한 바와 같이 복리후생은 종업원과 그의 가족의 생활수준을 향상시키기 위한 것이다. 따라서 복리후생은 종업원을 중심에 둔 관리가 요구된다.

2. 수급범위가 넓은 제도의 우선 채택

복리후생을 관리하기 위해서는 경제적인 부담이 뒤따르게 된다. 따라서 한정된 경제력으로 최대의 효과를 위해서는 수급범위가 넓은 제도를 우선적으로 채택하여야 한다.

3. 종업원들의 참여에 의한 설계

복리후생은 간섭적인 보상으로서 종업원들의 사기향상을 목적으로 한다. 따라서 종업원들에게 동기부여가 적절히 이루어지기 위해서는 종업원들의 참여에 의한 설계가 이루어져야 한다.

4. 기업의 지불능력을 고려한 설계

상기한 바와 같이 복리후생에는 기업의 경제적 부담이 뒤따르게 된다. 따라서 복리후생을 설계할 때에는 기업의 지불능력을 고려한 설계가 요구된다 하겠다.

Ⅳ. 복리후생관리의 유의점

1. 효과적인 커뮤니케이션

기업이 갖는 종업원들의 복지에 대해 종업원들이 신뢰할 수 있을 정도로 내용이 진실해야 한다. 그러기 위해서는 노사간의 효율적인 커뮤니케이션이 필요하다 하겠다.

2. 창출적 효과

복리후생은 종업원에게 소득을 형성시켜 주는 '이전적 효과'에만 그쳐서는 안되고, 경영의 성과를 유도하는 '창출적 효과'를 강구하도록 해야 한다.

3. 종업원 참여의 조직

복리후생관리의 효율적인 운영을 위해서는 운영상의 자기반성과 종업원 참여의 기회를 주는 종업원 참여의 조직이 필요하다.

4. 질적인 측면의 강조

지금까지 대부분의 기업에서의 복리후생은 양적인 금전적인 측면이 주를 이루었다. 그러나 인생의 질적인 측면이 중시되면서 복리후생에 있어서도 해고의 방지, 직업훈련의 강화, 직무상의 자기관리 및 자기책임의 강화 등 종업원을 위한 서비스나 정신적 만족감을 충족시킬 수 있는 측면이 고려되어야 할 것이다.

5. 복리후생비용의 파악

복리후생을 설계할 때에 복리후생에 대한 기업의 지불능력을 고려하여야 함을 앞에서 살펴보았다. 복리후생비용의 파악방법으로는 복지후생의 연간 총비용, 연간 1인당 비용, 임금에 대한 비율, 1인당 시간비용을 파악하는 방법이 있다.

6. 사회·경제정책과의 연계

조직구성원의 복리후생의 과제는 국가차원의 사회보장제도와 밀접한 관계를 갖는다. 즉, 근로자의 복리후생은 경제가 발전함에 따라 국가차원의 사회보장제도로 전환되어 나가는 경향이 있다. 이러한 점을 고려할 때, 조직의 복리후생은 사회·경제정책과의 관련에서 발전을 모색하여야 할 것이다.

• 기존이론 등의 한계점 혹은 보완점 등
• 한계점과 보완점을 극복하는 대안, 방안, 설계 혹은 효과 등
→ 약술형은 생략

3) 결론

• 서론과 본론의 내용 요약하기
• 도출된 해의 사회적 공헌과 미래 가치 등 제시하기
→ 약술형은 결론 부분을 생략하여도 무방하다.

제2장 보상관리

1. 의 의

보상은 경제적 요소 외에도 심리적, 사회적, 정치적 혹은 윤리적 요소 등을 포함하는 개념이다. 바람직한 보상제도는 조직의 추구하는 목표와 종업원들이 추구하는 목표나 동기를 일치시키는 것이다.

보상의 유형

- 물질적 보상(사무실 제공, 집기 등 제공)
- 임금
- 복리후생(의료해택 등)
- 신분상승(승진 등)
- 사회적 및 인간적 보상
- 직무 수행에 따른 업무 만족도(자기 만족과 자기 보상 등)
- 비공식적 인정(사회적 인정 등)
- 도전할만한 과업으로 부터 느끼는 만족감

1) 보상모델

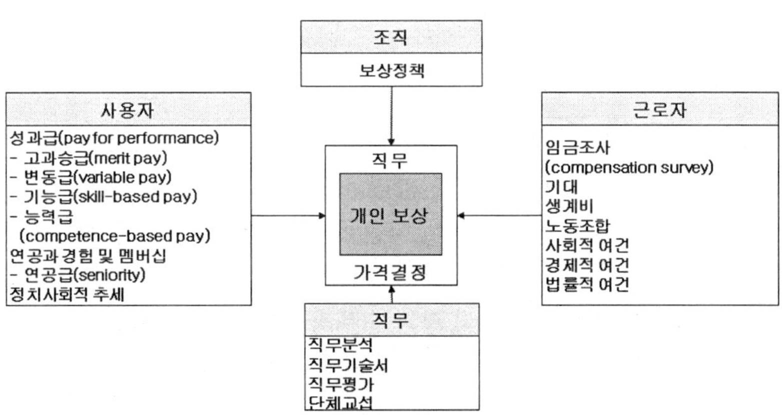

(Source: R. Wayne Mondy, et al, Human Resource Management, Prentice hall, 2002)

2. 보상이론

(1) 대리인 이론(Agency Theory)

- 조직구조와 인적자원관리는 대리 문제 아래서 최적 계약을 달성하기 위해 발전되었다
- 위임자는 행동에 기초한 계약 (behavior-based contract) 또는 결과에 바탕을 둔 (outcome- based contract) 계약을 선택한다
- 산출 기반의 지불(outcome-based pay)은 대리인과 그의 위임자의 이해관계를 일직 선상에 놓는다.
- 위임자는 대리인과 서비스에 대한 교환으로 보상(rewards)을 약속한다.
- 대리인은 이기적이고 합리적이다. 목표는 위임자와 대리인 사이에서 대립된다. 위험에 대해 두 가지 다른 행동을 취한다(대리인이 더 위험을 싫어한다).

(2) 기대 이론(Expectancy Theory)

- 동기유발은 ① expectancy(기대), ② instrumentality(수단), ③ valence(유의성)의 기능의 곱이다.
- 더 큰 valence (pay level)는 동기유발을 강화시킨다.
- 더 큰 instrumentality(pay-performance link)는 더 큰 동기유발을 강화시킨다.
- 세 가지 지각 (perception)에 대한 개인의 주관적 평가는 행동을 결정한다.

(3) 효율임금 이론(Efficiency Wage Theory)

- Market position of pay matters (임금의 시장위치 문제)
- 상위의 시장 임금수준은 종업원의 더 높은 질, 낮은 이직, 더 많은 노력과 관계가 있다.
- 개인은 그들의 급여와 외부 취업 기회(job opportunity)를 비교한다.

(4) 공정성 이론(Equity Theory)

- 개인의 투입과 산출비율에 대한 타인과의 비교
- 개인이 그들의 투입과 산출의 비율이 다른 사람과 균등하지 않을 때 그들은 불공정성을 느낀다
- 불공정은 종업원의 행동과 조직의 성과에 부정적인 영향을 준다.
- 동기부여의 강도는 불공정성에 대한 개인의 지각과 관련이 있다.

(5) 전망 이론(Prospect Theory)

• 개인은 결과가 잠재적 이익을 얻을 것이라는 관점에 맞출 때 위험을 피하는 (risk - averse) 행동을 하고 결과가 잠재적 손실을 얻을 것이라는 관점에 맞출 때 위험 행동(risk-taking)을 선택한다.
• 개인의 지각(perception)은 그들의 행동을 바꾼다.
• 사람들은 위험에 대한 그들의 태도를 바꾼다.

(6) 개인 - 조직 적합 이론 (Person - Organization Fit Model)

• 확실한 급여의 특징(높은 급여 수준, 변동 상여, 고정급 (individual-base pay)은 취업 희망자 (job candidates)에게 더 매력적이다.
• 급여 시스템은 취업희망자들을 유인하는데 중요한 영향을 갖는다.
• 개인은 위험을 싫어한다.

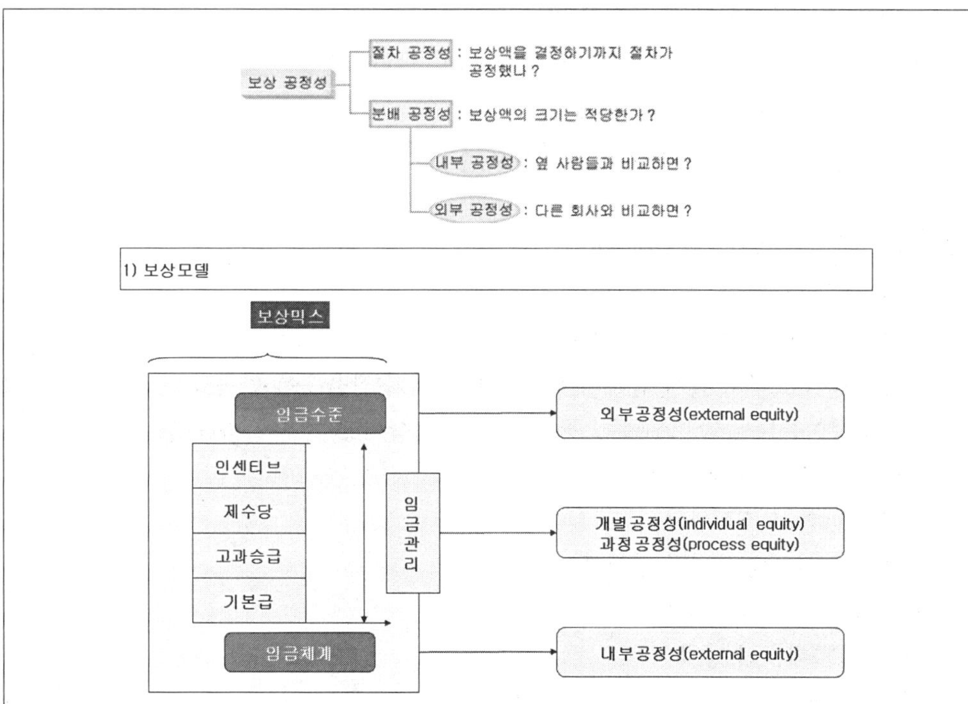

제3장

임금관리

1. 임금관리란

임금관리, 왜 중요한가?

- 조직발전과 성장 및 개인의 만족감 등에 공헌하기 때문
    - 인재의 확보와 유지 ← 높은 임금
    - 종업원의 사기향상 ← 공정한 임금
    - 종업원의 능력개발 ← 능력에 근거한 보상
    - 비용구조 관리 ← 현금의 유동성
    - 분위기 유지 ← 연공급과 능력 성과급의 차이

임금, 만족, 성과간의 상관관계

- 임금관리와 직무만족의 관계
    - 임금 ↑ → 직장만족(직무만족)
    - 종업원의 요구와 실제 임금 사이의 기대차이가 작을수록 만족
    - 공정성이론(equity theory) : 공헌에 대한 보상 비율이 타인과 공정
- 임금만족과 조직성과의 관계
    - 임금만족 → 조직성과 ↑
    - 업적과 실적에 근거한 임금제도
- 조직성과와 임금결정금결정 권한
    - 업적평가제도의 정비
    - 업적평가 방식을 종업원에게 피드백
    - 업적평가시 종업원의 참여

(1) 의의 : 기업전체의 임금평균수준

① 임금이란 사용자의 입장에서 근로자가 기업에 제공된 노동에 대해 지불하는 대가이며, 근로자의 입장에서 볼 때는 소득이다. 또한 근로자의 입장에서 임금은 생계를 유지하는 소득의 원천이며, 사회적 신분과 위신을 나타내기도 한다.

② 임금관리는 사용자와 근로자 사이의 상반되는 이해관계를 조정하여 상호이익의 방향으로 임금제도를 만들고, 이를 기반한 노사협력으로 생산성증진과 근로자의 생활향상을 달성하는 것이다. 기업의 입장에서는 제품의 원가를 구성하는 비용의 요소이기도 하다.

(2) 결정 요인 : 기업의 지불능력(상한), 최저임금제도, 생계비(하한) 등

1) 결정요인

- 기업 조직의 지불능력과 생산성을 반영하는 재무상태 및 기업 상태
- 적정한 생활수준을 유지할 수 있는 생계비
- 인력의 수요공급의 시장요인과 경쟁 기업들의 임금수준
- 법과 국가정책
- 노사교섭

2) 임금수준 결정전략

- 임금인상 경쟁을 다른 회사들보다 앞서서 주도
- 다른 회사들과 공동보조
- 다른 회사수준보다 낮게 책정

2. 임금체계

(1) 임금체계의 정의

임금체계는 임금의 구성내용을 말하는 것으로서, 이를 임금이 가지는 다양한 기능을 수행하기 위하여 실제로 지급되는 임금이 상이한 결정원리에 의하여 결정하는 것이다.

(2) 임금체계의 종류

1) 연공급

- 연공급이란 임금이 근속을 중심으로 변화하는 것
- 학력·근속연수 등 연공에 기초해서 임금을 결정하는 방식이며 연령과 근속연수가 많아짐에 따라 급여가 증가하는 임금체계

2) 직능급

직능급 체계는 직무수행 능력에 따라 임금의 사내격차를 만드는 체계이며 능력급 체계의 대표적인 것이다.

3) 직무급

- 직무급 체계란 직무의 중요성과 곤란도 등에 따라서 각 직무의 상대적 가치를 평가하고 직무수행 결과에 의거하여 임금액을 결정한다.
- 직무평가가 바탕이 되어야 한다.
- 동일한 직무에 대해서는 동일한 임금을 지급한다는 원칙에 입각한다.

	직무급	직능급
성 격	직무를 중심으로 한 임금	직무수행능력을 중심으로 한 임금 (직무를 전제로 한 사람에 대한 임금)
필요도구	직무분석, 직무평가, 직위분류제도	직능분류, 직능자격제도
임금산정기준	직무의 상대적 가치	직무수행능력
전제조건	직무의 표준화와 전문화 적정배치가 충분히 이루어짐	직능이 신장될 수 있는 직종 적정배치 충분하지 않아도 됨

[표] 직무급과 직능급의 비교

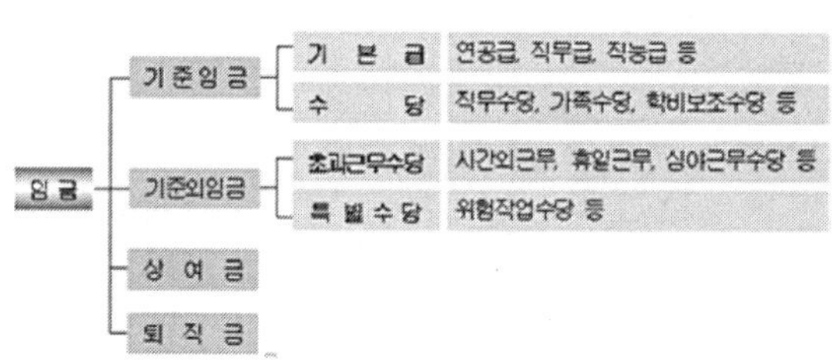

| 임금체계

기본금	연령, 근속, 경력(학력급, 연공 서열급) 직무급, 직능급, 직종급	
능률급 (업적급)	개인능률급 단체능률급	
수당	근무수당	특수작업수당(예 : 위험수당, 경비수당, 소방수당 등) 기능수당 초과근무수당(예 : 잔업수당, 휴일근무수당 등)
	생활수당	가족수당, 지역수당, 통근수당, 주택수당, 월동수당, 기타 생활수당
	기타수당	조정수당, 근태수당

3. 임금형태

임금형태란 임금의 계산 및 지급방법에 관한 것으로 임금수준의 결정이 된다. 다시 말하면, 임금의 구성내용을 의미하는데 비하여 임금 형태는 임금을 종업원에게 지급하는 방식을 말한다.

(1) 시간급(고정급)제

시간급제는 수행한 작업의 양과 질에는 관계없이 단순히 근로시간을 기준으로 하여 임금을 산정 지불

(2) 성과급제

성과급제는 노동성과를 측정하여 측정된 성과에 따라 임금을 산정, 지급하는 제도이다. 따라서 이 제도에서 임금은 성과와 비례한다.

1) 성과급제도의 장점

- 근로자에게 합리성과 공평감을 준다.
- 작업능률을 크게 자극할 수 있다.
- 직접노무비가 일정하므로 시간급제보다 원가계산이 용이

2) 성과급제도의 단점

- 표준단가의 결정과 정확한 작업량 측정이 어렵다
- 임금액이 확정이 아니므로 근로자의 수입이 불안전하고 제품품질이 조악하게 된다.
- 기계설비의 소모가 심하다.
- 무리한 노동의 결과 심신의 과로를 가져오기 쉽다.
- 조직적 태업을 유발할 위험성이 있다.

(3) 특수임금제도

1) 집단자극제 (집단성과급제)

근로자 개개인을 중심으로 임금을 책정, 지급하는 개인임금제도에 대립되는 것으로서 일정한 근로자 단 별로 임금을 산정하여 지급하는 제도이다.

2) 순응임률제의 종류

① 생계비순응임률제

물가가 상승할 때 생계비에 순응하여 임률을 자동적으로 변동 조절 제도

② 판매가격순응임률제

제품가격과 임금률을 관련시켜 제품의 판매가격의 변동에 따라 임률도 변동되도록 하는 제도

③ 이익순응임률제

이윤과 임금을 결부시키는 것으로서 이익지수가 변동한 때에는 거기에 순응하여 임률을 변동, 조정시키는 제도

3) 이익분배제

이것은 기본적으로 보상 이외에 각 영업기마다 결산이익의 일부를 종업원에게 부가적으로 지급

4) 성과분배제도

① 스캘런플랜

위원회에의 참여 등과 같은 종업원의 참여가 이 계획의 가장 중요한 면이다.

성과분배의 기초 - 생산액(매출액) 기준방식

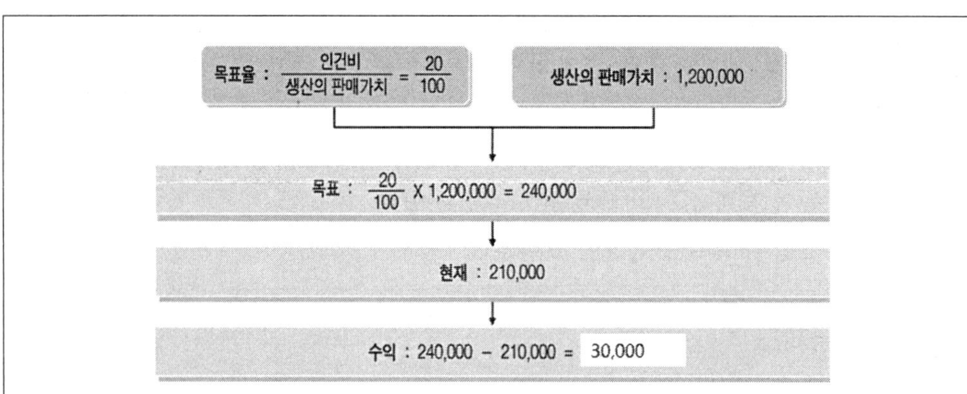

스켈론 플랜의 배분 예시

② 리커플랜

부가가치액이 증가에 비례한 임금 상승은 전체 경제에 인플레 효과를 미치지 않는다.
성과분배의 기초 - 부가가치 기준방식

시간급(고정급) : 근로자의 작업량이나 작업성과에 관계없이 근로시간을 기준으로 임금을 산정·지불하는 형태
성과급 : 근로자가 수행한 작업량과 성과에 따라 임금을 산정·지불하는 형태
스캔론플랜 : 생산의 판매가치를 기초로 한 성과배분제
럭커플랜 : 부가가치 분배율로 배분하는 성과배분제
연봉급 : 일정기간 즉, 보통 1년 단위로 임금을 결정하여 산정·지불하는 형태

| 임금형태

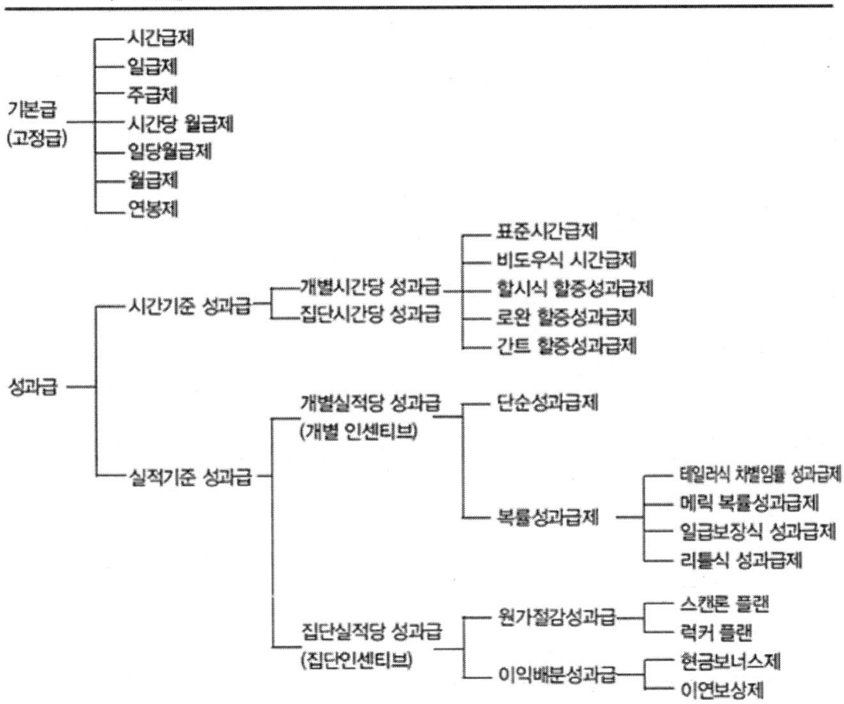

(4) 개인 성과급제도(individual incentive plan)

개인 성과급제도(개인 인센티브제도)는 각 종업원별로 성과급을 적용하는 것으로 각 개인의 임금이 각자의 성과와 작업 능률에 따라 지급되는 제도이다.

임금률결정방법 / 생산수준과 임금률간의 관계	일정시간당 생산단위	제품단위당 소요시간
생산수준에 관계없이일정 (고정임금률)	단순 성과급제도	표준시간급제도
생산수준에 따라 변화 (변동임금률)	복률성과급제도 - 테일러식 차별 성과급제도 - 메리크식 복률성과급제도 - 일급보장 성과급제도 - 리틀식 복률 성과급제도	할증성과급제도 - 할시식 할증급제도 - 비도우식 할증급제도 - 로완식 할증급제도 - 간트식 성과급제도

참조 : 김영재 외, 2006, 인적자원관리, 삼영사

테일러식 차별 성과급제도

테일러에 의해서 고안된 제도로서 종업원의 하루 표준작업을 과학적인 방법(시간연구, 동작연구 등)으로 산정하여 이를 기준으로 하여 고저 두 종류의 임금을 적용하는 제동이다.

메리크식 복률 성과급제도

테일러의 제자인 메리크(Merrick, D. V.)가 테일러식 차별 성과급제도을 보완하여 임금률을 두 단계에서 세 단계로 구분한 것이다.

일급보장 성과급제도

1907년 영국 멘체스터의 기계 공장에서 사용되어 보급되었다. 일명 맨체스터 플랜(Manchester plan)이라고도 하며, 일정한 표준작업량을 정해두고 종업원의 실정 업무(작업) 성과가 표준작업에 미달일 때는 보장된 일급(시간급)이 지불되고, 그 이상일 때는 성과급을 지급한다.

리틀식 복률 성과급제도

테일러식의 변형으로 리틀(Lytle, C. W.)에 의하여 만들어진 이 제도는 메리크식에서 고능률 종업원(근로자)에게 더 큰 자극을 주도록 표준작업량이 100%를 초과 달성한 종업원에게 높은 임금률을 적용하는 것이다.

할시식 할증급제도(Halsey premium plan)

1981년 미국의 할시가 만든 방법이고, 표준작업시간을 과거의 경험으로 설정한 다음 절약임금의 1/2 또는 1/3을 해당 종업원에게 추가로 지급하는 방식이다.

비도우식 할증급제도(Bedaux premium plan)

미국의 비도우(Bedaux, 1916)는 표준작업시간을 시간 및 동작연구에 기반하여 설정한 후, 절약임금의 3/4을 종업원에게 축가로 지급하는 방식이다.

로완식 할증급제도(Rowan premium plan)

영국의 로안(Rowan, 1898)에 의해 만들어졌고, 할시식과 같은 원리이지만 노동능률에 따라 절약임금의 배분율이 가변적인 것이 고정식인 할시식과 다른 점이다.

간트식 성과급제도(Gantt premium plan)

간트(Gantt, 1901)가 만든 것이고, 작업을 표준시간 내에 달성하지 못할 경우는 시간급만을 지불하고, 과업 미달성자의 최저임금을 보장해주고 표준작업시간 내에 과업을 완수한 경우에는 시간급의 일정률(20%)를 인센티브로 추가하여 지급하는 것이다.

4. 새로운 임금제도

(1) 스톡옵션제도

회사가 경영자 및 종업원들에게 장래의 일정한 기간 내에 사전에 약정된 가격으로 일정 수량의 자사주를 매입할 수 있는 권리를 부여하는 제도로써 조직구성원이 열심히 노력해서 성과증대에 성공한다면 주가도 동반 상승할 것이라는 것을 가정하고 있다.

(2) 유형

1) 인센티브 스톡옵션

세제상의 우대조치가 인정되는 스톡옵션으로, 회사가 임직원들에게 미래의 일정 기간 내에 약정된 가격으로 일정수의 자사주를 매입할 수 있는 권리를 부여하는 제도이다.

2) 비적격 스톡옵션

세제상의 우대조치를 받을 수 없는 스톡옵션으로 주식의 시장가격과 행사가격과의 차액이 자본소득이 아닌 일반급여소득으로 간주되지만, 회사는 이 금액을 세무상 손금처리할 수 있어 기업의 과세소득이 적어진다는 장점이 있다.

3) 주식평가보상권

권리행사시점 주식의 시장가격과 행사가격과의 차액을 보상위원회의 결정에 따라 현금이나 주식 또는 이들의 혼합형태로 지급한다.

(3) 기술급

종업원이 현재 담당하고 있는 직무가 종업원이 보유한 기술을 요구하지 않더라도, 검정된 모든 기술에 대해서 개인에게 임금을 지급하는 제도이다. 따라서 종업원이 수행하고 있는 기술이 아니라 보유하고 있는 기술의 종류와 수준에 따라 임금이 결정되는 제도이다.

(4) 역량급

1) 역량의 개념

성공적인 직무수행을 위해 요구되는 기술, 지식, 동기, 행동, 태도 등을 포함한 개인적인 특성을 말한다.

2) 역량급의 개념

1980년대～1990년대 들어서 관리직 및 전문·기술직을 대상으로 설계된 임금제도로써 종업원들의 현재 직무와 상관없이 그들이 보유하고 있는 역량의 범위와 수준에 따라 임금이 결정되는 제도이다.

5. 임금관리의 원칙

(1) 임금수준의 적정성

자사의 임금과 타사의 임금을 비교해 볼 때 부족한지를 분석해 보는 것이다. 이 때 임금의 대외 비교에 대해서는 동일지역, 동일규모, 동일업종 등에 대한 전제가 있을 때 진정한 의미의 비교가 될 수 있는 것이다. 또한 단순한 비교보다는 초임수준, 노동이동이 가장 심한 입사 3～4년 차의 임금수준, 그리고 임금곡선의 기울기 등의 비교도 뒤따라 주어야 하겠다.

(2) 임금체계의 공정성

기업내외의 형평관계에 대한 내용으로서 조직원들 간에 불평이 없도록 관리해 주는 것이다. 즉 학력간의 임금격차, 호봉간의 임금격차 등을 들 수 있는데, 젊은층은 능력주의를 선호하고 기존 층은 연공주의를 선호하는데 이를 어떻게 잘 조화시키느냐 하는 것이다. 이 공정성 문제는 오늘날 노사관계의 커다란 장애 요인으로 작용하고 있다.

(3) 임금형태의 합리성

임금에 대한 미래의 전망을 나타내 보이는 것으로서 이에 대한 관리를 소홀히 하면 근로자는 미래에 대해 불안을 느끼고 조직원 상호간에 결속의식이 결핍되어 결국에는 조직의 효율성이 떨어지게 된다. 퇴직금, 연금 등을 포함한 합리적인 호봉제도가 그 대표적인 관리기준이 될 수 있다. 이상 임금에 대한 세 가지의 원칙을 종합해 보면 아래 그림과 같다.

통상임금과 평균임금의 정의, 적용대상 및 대법원 판례

기준임금	정의	적용대상	대법원 판례
통상임금	근로자에게 정기적·일률적으로 소정 근로 또는 총 근로에 대하여 지급하기로 정하여진 시간급 금액, 일급 금액, 주급 금액, 월급 금액 또는 도급 금액을 말한다(근로기준법 시행령 제6조)	근로기준법 해고예고수당(제26조), 연장근로수당·야간근로수당·휴일근로수당(제56조), 연차유급휴가 미사용수당(제60조 제5항)	통상임금이냐 여부를 판정할 때 소정근로 혹은 총근로에 대한 대가 여부 보다는 정기적이고 일률적으로 지급하는 지급형태를 중시하는 경향을 보임
평균임금	평균임금이라 함은 이를 산정하여야 할 사유가 발생한 날 이전 3개월 간에 그 근로자에 대하여 지급된 임금의 총액을 그 기간의 총 일수로 나눈 금액을 말한다(근로기준법 제19조 제1항). 다만, 위와 같은 방법에 의하여 산출된 금액이 근로자의 통상임금보다 저액일 경우에는 그 통상임금액을 평균임금으로 한다(근로기준법 제19조 제2항)	근로기준법 퇴직금(제34조), 휴업수당(제46조), 연차유급휴가수당(제60조 제5항) 재해보상금(제81조~86조), 근로자에 대한 제재규정에서의 감급(제95조) 산업재해보상보험법 휴업급여, 장해급여, 유족급여, 상병보상연금, 장의비(산업재해보상보험법 제38조, 제41조~제45조)	평균임금 산정 기간동안 근로자에게 지급된 임금총액을 당연히 지급하여야 할 임금 중 지급되지 아니한 임금을 포함하는 임금총액으로 폭넓게 해석 3개월이라는 산정 기간을 지급시기가 3개월을 초과하는 일시적이고 비경상적인 임금항목을 제외하는 것으로 해석하지 않고, 연간 총지급액을 배분하는 기간으로 해석

제4장

복지후생관리

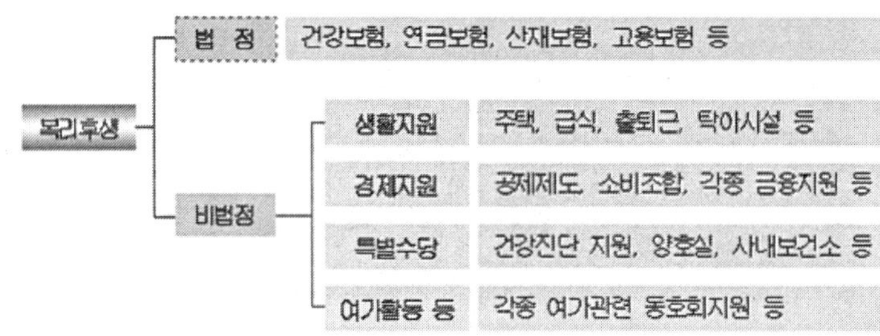

의의

- 종업원의 복지향상을 위하여 시행되는 임금 이외의 간접적인 모든 급부
- 종업원의 노동력을 유지, 발전시켜 종업원의 능력을 최대로 발휘하게 함으로써 생산성 향상을 도모, 종업원의 경제적·문화적 생활향상을 목적으로 하는 제도의 총칭

구별요소	임 금	복리후생
보상형태	직접적 보상 금전적 보상	간접적 보상 비금전적 보상
보상체계	개별적 보상 (차등지급)	집단적 보상 (공동이용)
보상요구	필연적 요구	필요에 의한 요구
보상효과	기업 : 경제적 이윤창출 종업원 : 소득, 효과	기업 : 사회적 이윤창출(책임) 종업원 : 심리적 만족감, 사회공동체의식 제고

1. 복리후생제도의 의미

복리후생제도에 의한 종업원과 기업의 이익

요소	종업원 이익	기업의 이익
궁극적 목적	근로생활의 질 및 삶의 질 향상 (평등성 높은 복리후생제 실현)	기업의 경쟁력 제고(총복리후생비의 통제 실현)
인력 충원	직업생활의 질 향상	우수한 인재 유인
인력 유지	이직 고려 불필요 조직을 사회적 공동체, 자아 실현의 장으로 인식	이직률 감소 숙련형성 및 축적
업무생산성	근로의식고취와 개인 성취 욕구 실현	종업원들의 소속감 및 근로의식 고취로 생산성 향상에 기여
노사관계	단체행동 불필요	노사관계 갈등 회피

(1) 복리후생비의 성격

① 노동대가외의 지급이다.

② 직원집단을 대상으로 지출하는 집단임금이다.

③ 복리후생비의 급여는 직원이라는 신분을 기준으로 하여 지급되고 있다.

④ 급여를 필요로 하는 조건이 발생하여야 복리후생의 급여를 받을 수 있다.

⑤ 직원이라면 누구나 일정한 조건이 발생한 경우에 복리후생급여를 받을 수 있다.

⑥ 운영이나 급여에 대해 법률로 규정하고 있어 병원이 자유로이 급여할 수 없다.

⑦ 복리후생은 직원이 실질 임금을 증가시킨다.

⑧ 생활수준의 안정기능이 있다.

⑨ 건물, 시설의 이용, 서비스, 현금 등의 다양한 형태의 급여가 제공된다.

(2) 복지후생의 유형

1) 주체에 의한 분류

① 국가, 지방 공공단체 (대상 : 국민, 근로자)

국민건강보험, 국민연금, 노령자, 신체장애자, 정신박약자, 모자 등에 대한 공적부조, 공중위생, 후생연금, 실업보험, 산업재해보상보험 등

② 기업 (대상 : 종업원과 그 가족)
생활의 경제적 안정, 의료보험, 공제, 오락시설 등

③ 노동조합 (대상 : 조합원)
공제, 대부, 오락시설 등

2) 임의성에 의한 분류
① 법정복지후생
사회보험 등 종업원을 고용하는 경우에 기업에 대하여 법률로 의무화시키고 있는 복지후생으로서 의료보험, 연금보험, 재해보험, 실업보험 등

② 법정외복지후생
기업의 임의에 의해서 독자적인 입장에서 제공하는 사택, 급식, 의료보건, 공제, 오락시설 등

(3) 복지후생의 효율적 관리

기업의 복지후생관리에서 기본적으로 고려되어야 할 세 가지 원칙으로는 다음 것들이 있다.

1) 적정성의 원칙
기업의 모든 종업원에게 절실히 필요하고, 경비부담이 적당하며, 동종 기업과 비교할 때 큰 차이가 없어야 한다.

2) 합리성의 원칙
기업, 국가, 지역사회의 복지후생이 중복되지 않아야 함

3) 협력성의 원칙
지역사회와의 협력, 노사간의 협력

복리후생제도의 개선방향

- 총인건비 관리차원에서 종합적 복지플랜 설계-생애복지
- 공공복지투자의 확대 및 기업 복지와 공공복지의 연계-기업복지 편중 해소
- 복리후생의 설계와 운영에 종업원 참여-신세대와 기성(쉰)세대 차이 반영
- 선택적 복리후생제도의 도입-근로자 욕구반영으로 만족도 제고
- 복지 프로그램의 공정한 운영-상위직급 편중, 정규직과 비정규직, 퇴직자
- 복지비용의 노사 공동 부담-선진국 신제도 도입시 노사간 공동부담원칙
- 아웃소싱의 활용 - 전문 시설, 단체 등 활용으로 비용절감 및 만족도 제고
- 복지위원회 운영-노사협의회내에 상설기구 설치, 근로자 의견 수시 반영

2. 선택적 복리후생제도(flexible benefits plan) 혹은 카페테리아식 복리후생제도(cafeteria benefits plan)

선택적 복리후생제도(flexible benefits plan) 혹은 카페테리아식 복리후생제도(cafeteria benefits plan)는 문자 그대로 종업원으로 하여금 복리후생제도를 각자의 필요에 따라 자유롭게 선택할 수 있도록 한 제도이다.

전통적인 복리후생제도가 종업원들 각자가 그것을 이용하든지 이용하지 않든 관계없이 모든 종업원에게 일률적으로 똑같은 복리후생제도를 적용하는 것이라면, 선택적 복리후생제도의 기본적인 골격은 다양한 복리후생제도의 종류 가운데 종업원이 원하는 것을 선택할 수 있도록 하는 제도이다.

선택적 복리후생제도라는 용어가 아직 우리에게 생소하지만 미국 등 서구선진국에서는 이미 많은 기업들이 이를 실시하고 있으며 일본에서도 최근 급격히 증가하는 추세에 있다. 1970년대에 처음으로 미국에서 소개된 선택적 복리후생제도는 지난 20년간 매우 빠른 속도로 증가하고 있다.

(1) 선택적 복리후생 제도의 장점

① 종업원들이 자신의 필요와 욕구에 가장 잘 맞는 복리후생제도를 선택할 수 있기 때문에 종업원의 복리후생에 대한 만족도를 높일 수 있다.

② 종업원의 특성과 구성이 다양하게 변화함에 따라 발생하는 복리후생에 대한 욕구를 시의 적절하게 반영할 수 있다.

③ 종업원과 그들의 가족이 자신들의 복리후생제도의 설계에 참여함으로써 복리후생에 대한 이해를 높일 수 있을 뿐만 아니라 복리후생 설계능력을 배양시킴으로써 종업원들의 자율과 책임역량을 강화할 수 있다.

④ 추가적인 많은 비용 없이도 새로운 복리후생제도를 쉽게 도입함으로써 종업원에게 복리후생의 선택의 폭을 넓혀줄 수 있다.

⑤ 종업원의 필요는 충족하면서도 총복지 비용의 수준을 제한함으로써 노동비용의 증가를 억제할 수 있고, 복리후생비용의 사전예측이 어느 정도 가능하기 때문에 노동비용의 안정적인 통제가 가능하다.

⑥ 노동조합 혹은 근로자대표를 선택적 복리후생제도의 계획에서부터 실행 및 사후평가과정에 참여하게 함으로써 노사 간의 협력을 증진시킬 수 있다.

선택적 복리후생제도의 문제점

- 관리비용 및 업무증대의 유발 : 전산개발비용, 인사정보시스템 필요
- 근로자가 필요치 않는 복지 선택 : 전문가 아님, 단기관점 치중
- 실제 비용의 추가 가능성 : 설계단계보다 많은 비용
- 수리적 계산상 유리한 선택안 선택 : 본인 선호도보다 가격 우선
- 일부제도의 선호도 집중 현상 : 소수 직원 및 가족에 한정
- 복잡한 제도는 동기부여 보다 불신과 오해 증가 : 신청 절차 복잡
- 개인별 복리후생 혜택이 저하 발생 : 동양제과의 학자금
- 직종과 항목간의 부조화 : 영업•생산직 사원은 여가 사용 어려움.
- 다양한 선택 항목의 보완 : 본인뿐 아니라 가족의 욕구 충족
- 많은 홍보 필요 : 적절한 의사소통 필요
- 은혜적 차원으로 인식 : 성과와 연계 필요

(2) 선택적 복리후생제도 설계[2)]

메뉴의 구성과 점수 운영방식은 보다 구체적으로 의사결정이 필요하다.

2) 여기의 내용은 송계전·박귀현(1997)「카페테리아식 복지제도의 도입방안에 관한 연구」의 제III장 카페테리아식 복지제도의 설계(19~32쪽) 부분을 간단하게 요약 재정리한 것이다.

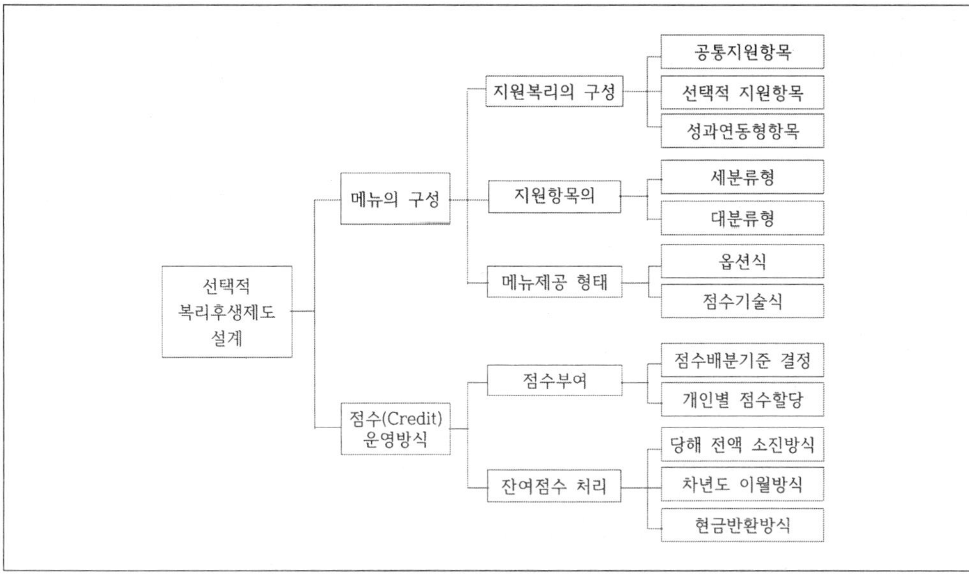

[그림] 선택적 복리후생제도 설계

제5장

논술과 글쓰기 : Meaning Block

1. 이론과 개념의 정확한 사용

인사노무 이론과 개념을 정확하게 사용

- 2차 시험 대비 답안작성 글쓰기도 상당 부분 다양한 교재에 의존
  - 다양한 교재의 글과 저자의 다양한 경험과 생각 등이 교류됨
- 인용의 글쓰기는 나의 글과 남의 글을 적절히 배치하면서 하나의 글을 짜나가는 것
- 인용의 글쓰기는 나의 글과 남의 글을 구분하는 동시에 남의 글을 어디서 가져왔다는 것을 밝힘으로써, 객관성을 확보
- 이차 시험 대비의 글의 대부분은 나의 글과 남의 글을 상호 교류시키는 인용의 글쓰기
- 구체적인 작품을 해석하거나 다른 사람의 주장을 비판하기 위해 인용하는 경우도 있지만, 자기주장의 근거로 삼기 위해 인용
- 따라서 특정 주제에 관한 배경 지식이 부족하다고 해서 글쓰기를 두려워할 필요가 없다.
- 당야한 관련 자료를 찾아서 검토하다 보면 쓸 만한 내용과 아이디어 등을 얻을 수 있는 기회가 확대된다.

2. 논술 글쓰기와 구성

1. 논술 글쓰기 정의

논술의 정의

논술이란?

"인사노무 시험에서 출데된 문제에 대해

자기 주장(아이디어와 해)의 근거를

추론과 근거라는 합리적인 방법을 통해

논증하고자 하는

일정량의 글의 집합"이다.

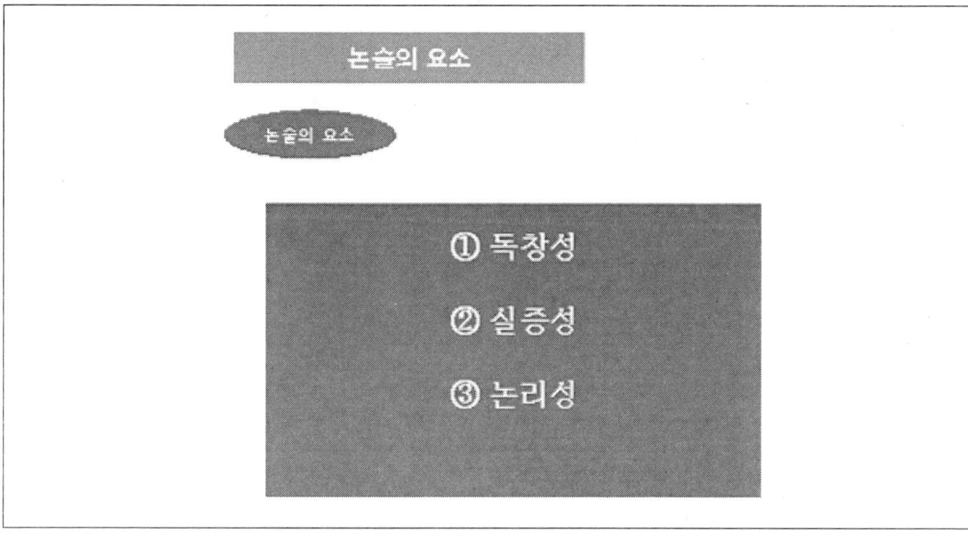

3. 제2차 답안작성의 유의점

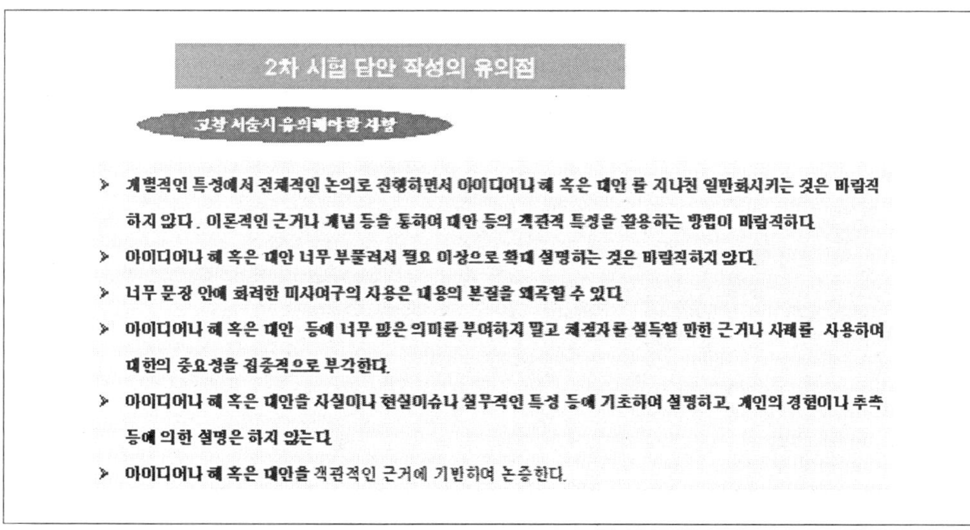

제8부 유지관리

제1장 모의시험 문제와 문제풀이
제2장 유지관리
제3장 노사관계 관리
제4장 인적자원관리 분석
제5장 글로벌 인적자원관리
제6장 인적자원관리의 현대적 이슈들
제7장 논술과 글쓰기: Meaning Block

제1장

모의시험 문제와 문제풀이

제1문

기업의 경쟁력제고를 위한 노사관계 개선방향에 대하여 논하시오.(50점)

제2문

경영참가제도의 발생배경, 유형, 개선사항에 대하여 약술하시오.(25점)

1. 모의시험 문제와 문제풀이

(1) 기업의 경쟁력제고를 위한 노사관계 개선방향에 대하여 논하시오. (50점)

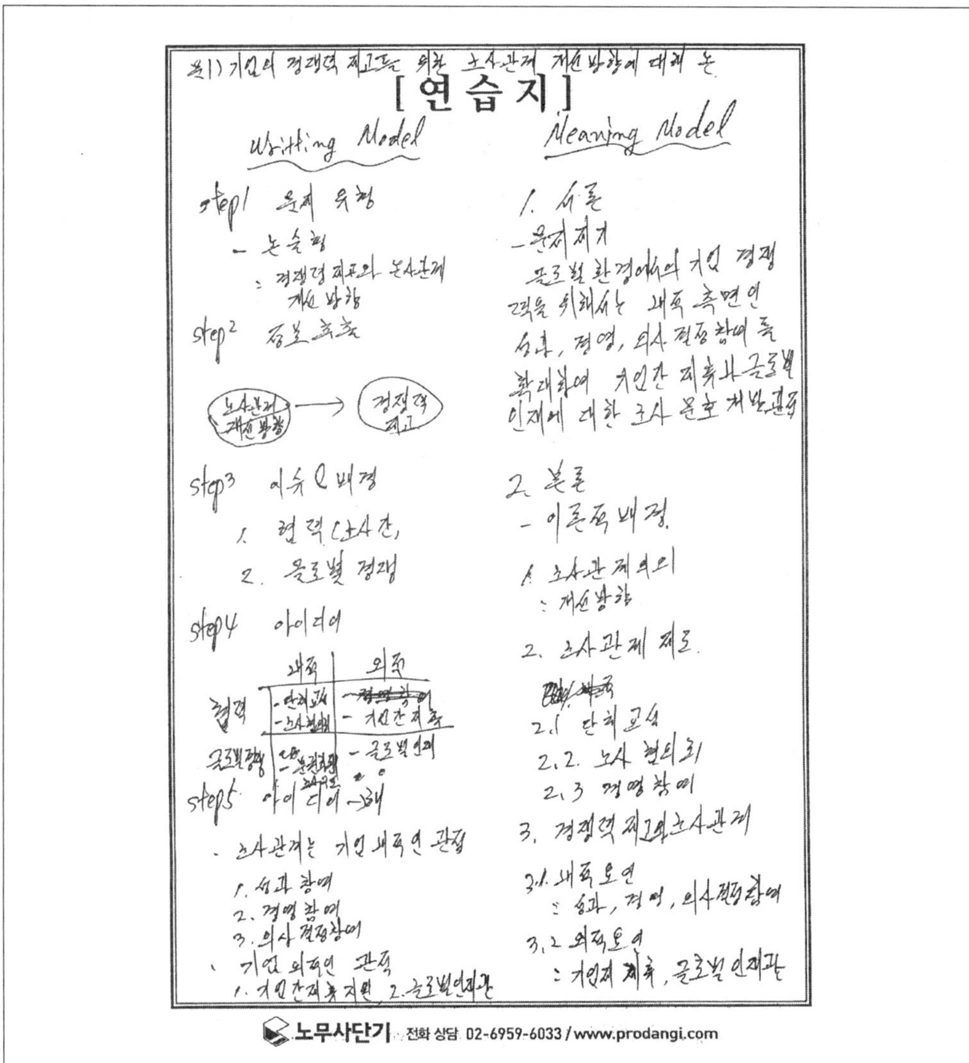
[연습지]

Writting Model

Meaning Model

노무사단기 전화 상담 02-6959-6033 / www.prodangi.com

(2) 문제풀이

1) 서론

• 문제제기(문제영역 / 문제배경 / 문제징의) • 연관된 개념 / 이론 제시(문제와 연관된 관점 / 시각을 설정) • 문제영역과 현실이슈 등을 비교하여 한계점이나 문제점과 해를 도출 • 전체적인 글의 구성과 요약 정리(아이디어 도출과 구체적 방안, 효과, 대안, 설계 등의 의미 전환이 대단히 중요함)

• 문제제기(문제영역 / 문제배경 / 문제정의)

문제제기의 핵심은 글 전체의 방향을 제시하는 것이다. [연습지]에 기록한 내용을 참조하면서 순차적으로 작성한다.

기본적인 가정은

→ 다양한 경영활동에 노동조합의 참여는 글로벌 위기감에 대한 공감을 획득할 수 있고, 높은 성과에 대한 이익 배분이 이루어진다는 신뢰감을 얻을 수 있다(핵심문장).

단락은 핵심문장과 핵심문장을 설명하는 부가 문장으로 구성한다. 단락은 3~5개 정도의 문장으로 구성한다.

문제의 배경과 문제영역 등을 활용한다.

예를 들어, [연습지] step 3의 내용을 참조

글로벌 경쟁력은 노사 협의와 합의가 잘 이루어질 때 조직의 성과 달성이 용이하다(문제의 배경이며 설명문장).

최근 경영참여와 이익 배분 등의 의사결정에 노동조합의 참여가 확대되는 경향을 보인다(문제의 영역이며 설명문장).

전체적으로 핵심문장과 설명문장을 결합하여 문제제기 문장을 완성한다. 수험생의 특성이나 개인적인 취향 등에 따라 글의 구성은 달라질 수 있다.

서론의 문제제기 단락은 문제의 배경과 영역을 부가적인 설명문장으로 구성하고, 핵심문장을 그 다음에 문제제기와 문제의 방향으로서 구성한다.

문제제기 단락 구성 설명문장 1. + 설명문장 2. + 핵심문장으로 구성한다.

문제제기의 Meaning Block

글로벌 경쟁력은 노사 협의와 합의가 잘 이루어질 때 조직의 성과 달성이 용이하다(문제의 배경이며 설명문장). 최근 경영참여와 이익 배분 등의 의사결정에 노동조합의 참여가 확대되는 경향을 보인다(문제의 영역이며 설명문장). 다양한 경영활동에 노동조합의 참여는 글로벌 위기감에 대한 공감을 획득할 수 있고, 높은 성과에 대한 이익 배분이 이루어진다는 신뢰감을 얻을 수 있다(핵심문장).

• 연관된 개념 / 이론 제시(문제와 연관된 관점 / 시각을 설정)

이론적인 특성은 [연습지]의 내용을 참조한다.

1. 노사관계의 의미
2. 노사관계제도
3. 경쟁력 제고와 노사관계

• 문제영역과 현실이슈 등을 비교하여 한계점이나 문제점과 해를 도출

최근 기업은 다양한 글로벌 환경에서 경쟁해야 하는 어려운 점이 있다. 위기감의 공유와 협력을 통하여 전사적인 위기 극복능력에서 노사 화합의 문제와 연관되어 있다. 대립이 아닌 화합의 문화를 통해서 글로벌 경쟁력은 제고될 수 있다. 기업의 내적인 요인과 외적인 요인의 두 가지 관점에서 노사 협력을 설명하고자 한다.

- 내적요인(성과 배분, 경영참여, 경영의사결정 등)
- 외적요인(글로벌 인재, 기업간 제휴 등)

• 전체적인 글의 구성과 요약 정리(아이디어 도출과 구체적 방안, 효과, 대안, 설계 등의 의미 전환이 대단히 중요함)

노사관계의 극한적인 대립은 노사사이에 기업 조직의 목표와 경영활동에 대한 공감과 신뢰의 부족이다. 노사관계의 신뢰는 쌍방의 의사소통과 참여 등을 제도적·정기적으로 확보할 때 이루어진다.

2) 본론

라이팅 모델	Meaning Block Model
• 디자인 및 논술 전략 • 이론 / 개념 및 문헌 활용 • 개념과 구성개념 적용 • 문제와 정의 연결하기 • 관점 비교 • 예시와 비유 • 분류 및 비교 • 적절한 해 도출하기 • 사례활용하기 • 사례와 해 연결하기	• 이론적 배경 • 기존이론 등의 한계점 혹은 보완점 등 • 한계점과 보완점을 극복하는 내안, 방안, 실계 혹은 효과 등

• 이론적 배경

Ⅰ. 노사관계 개선방향의 배경

1. 노사관계환경의 변화

(1) 경제침체와 고용불안

최근 우리경제는 내수의 부진과 투자의 감소 등으로 침체에 빠져있으며, 특히 고용창출 능력이 둔화되었다. 또한 제조업의 해외이전 등 산업공동화, 노동시장의 양극화, 청년실업의 증가 등으로 고용불안이 가중되고 있다.

(2) 산업구조 및 고용방식 변화

산업화 초기 제조업 중심에서 서비스사업 등 제3차 산업 위주로 산업구조가 개편되면서 비정규직 등 고용방식이 다양해졌으며, 이에 따라 노사관계의 형태도 점점 다양해지고 복잡해졌다.

(3) 생산방식과 기술변화에 따른 국제 경쟁의 심화

노동집약적 산업에서 자본·기술집약적 산업으로의 생산방식이 변화되었고, 디지털혁명·인터넷혁명 등으로 기술이 급속하게 변화하면서 글로벌 경쟁력을 갖추지 못한 기업은 시장에서 살아남기 어렵게 되었다.

2. 기업경쟁력 제고를 위한 노사관계 패러다임의 변화

이러한 환경에서 기업경쟁력을 확보하기 위해서는 무엇보다도 노사관계의 '안정'과 '노사의 협력'이 관건이 되었다. 이에 따라 노사관계도 대립적인 관계에서 벗어나 상생을 위한 새로운 패러다임의 전환이 요구되고 있다.

이하에서는 우리 기업의 경쟁력을 떨어뜨리고 있는 한국기업 노사관계의 특성과 문제점을 살펴보고, 이를 극복하기 위한 노사관계의 새로운 방향과 실현을 위한 노사관계 개선 프로그램에 대하여 살펴보기로 한다.

Ⅱ. 노사관계의 의의와 제도

1. 의 의

노사관계란 자본주의사회로 발전하면서 형성된 사회적 관계로 노동을 공급하는 자와 노동을 공급받는 자의 관계를 말한다. 노사관계는 기업내에서는 종업원 또는 노동조합과 사용자간의 관계로 나타나며, 노사관계 제도로는 단체교섭, 노사협의회, 경영참가 등이 있다.

2. 제 도

(1) 단체교섭

단체교섭이란 노동조합 기타 노동단체가 교섭대표를 통하여 사용자측과 근로조건 등에 관하여 합의에 도달할 것을 주된 목적으로 하여 교섭하는 것을 말하며, 교섭의 결과 체결된 것을 단체협약이라 한다.

(2) 노사협의회

노사협의제란 근로자의 복지증진과 기업의 발전이라는 노사 공동목표와 이해공통사항을 중심으로 하여 상호이해와 협조를 모색하는 제도를 말한다.

(3) 경영참가

경영참가란 종업원 또는 노동조합이 기업의 전체적인 의사결정에 직·간접적으로 영향을 미치는 모든 행위를 말한다. 이러한 경영참가제도는 산업민주주의의 구현, 협력적 노사관계의 구축을 통한 인적자원의 효율적 활용, 종업원들의 교육수준의 향상 등을 배경으로 등장하게 되었다.

Ⅲ. 한국기업 노사관계의 특징과 문제점

1. 특 징

(1) 정부주도의 노사관계

산업화시대 성장위주 사회에서 노사관계는 정부주도로 관리되었다. 이러한 관행과 역사로 인하여 기업내 노사갈등은 노동관계법령, 정부의 노동정책과 행정지도를 통해 경직적이고 획일적인 방법으로 해결되고 있다.

(2) 분권화된 노사관계체제

우리나라는 기업단위를 중심으로 노동조합을 조직하고 기업별 단체교섭이 중심이 되는 분권화된 노사관계체제를 구축하고 있다.

⑶ 대립적 노사관계

산업화시대 성장위주 사회에서 열악한 근로조건을 개선하려는 노동조합과 노동조합의 결성마저도 금기시하였던 정부와 사용자의 역사적 특수성으로 인하여 우리기업의 노사관계는 투쟁적·대립적 관계를 가지고 있다.

2. 문제점[1)]

⑴ 정부주도 노사관계의 문제점

정부주도의 노사관계로 인하여 우리기업과 노동조합은 자율적인 노사자치에 의한 노사갈등 해결의 경험을 축적하지 못하였다. 또한 경직적이고 획일적인 노동관계법령과 노동정책의 적용은 합리적이고, 유연한 노사관계 형성에 장애가 되고 있다.

⑵ 분권화된 노사관계체제의 문제점

분권화된 노사관계체제는 지난해 ILO도 지적하였듯이 우리나라 노사관계의 가장 큰 문제점이다. 구체적으로는 다음과 같다.

1) 소모적·대립적 노사관계의 야기

임금과 근로조건 등에 대한 빈번한 단체교섭으로 소모적·대립적 노사관계를 야기하고 있다.

2) 기업규모와 고용형태별 임금격차 확대

시장지배력이 있고 노동조합이 활성화된 대기업·정규직 중심의 임금인상으로 기업규모와 고용형태별 임금격차가 확대되고 있어, 중소하청업체와 비정규직이 늘어나고 있다.

3) 사회적 합의에 의한 노사관계 쟁점 해결의 어려움

대기업 노사에 세력이 집중되어 상급단위 노사단체가 대표성을 확보하지 못하고 있다. 따라서 네덜란드 등 외국의 경우와 같이 노사정간의 합의에 의한 노사관계 쟁점의

---

1) 한국 노사관계의 문제점
- 사용자의 노사관
  - 높은 정부 의존도
  - 노조에 대한 비판적 시각
  - 노사문제는 근로자들만의 문제
- 노동자의 노사관
  - 사용자에 대한 부정적인 시각
  - 무리한 요구
  - 정부를 사용자 편으로 인식
- 노동조합의 형태와 운영
  - 기업별 노조로 개별 독립성
  - 상급단체와 하급단체의 관계부족
  - 예방적 쟁의조정이 부족
  - 불법적 쟁의수단

해결이 어렵다.

(3) 대립적 노사관계의 문제점

역사적 특수성으로 인한 투쟁적·대립적 관계는 노사관계를 바라보는 시각을 왜곡되게 만들고 있다. 구체적으로는 다음과 같다.

1) 사용자의 노사관

척박한 경영환경에서 기업을 일궈온 사용자일수록 노동조합을 경쟁력 확보와 상생을 위한 동반자로 인정하지 않고 무시하는 경향이 강하다. 이러한 사용자의 노사관은 노사관계의 성립 자체를 가로막는 장애가 되어왔다.

2) 노동조합의 노사관

노동조합의 설립 자체가 어려웠던 역사적 경험으로 노동조합은 비타협적인 투쟁을 통한 조합원의 결집, 교섭력의 확보가 생존의 문제였다. 이러한 노동조합의 노사관은 유연한 노사갈등의 해결에 장애가 되고 있다.

Ⅳ. 기업의 경쟁력 제고를 위한 노사관계 방향

1. 노사관계 글로벌 경쟁우위 확보

지금까지 살펴본 우리기업 노사관계의 환경변화와 특징 및 문제점의 해결을 위한 방향으로는 크게 참여·협력적인 상생의 노사관계 구축과 분권화된 노사관계체제의 정비로 살펴볼 수 있다.

2. 참여·협력적 상생의 노사관계 구축

(1) 노동유연성과 고용안정성 동시추구

성과기반 인적자원관리를 실시하여 성과에 근거한 공정한 노동유연성을 제고함과 동시에, 교육훈련 및 경력개발을 실시하여 성과의 향상과 고용안정성을 제고하는 노력을 하여야 한다.

(2) 투명경영·윤리경영을 통한 참여·협력적 노사관계의 정립

경영자는 경영정보의 공개, 불법 정치자금 근절 등 투명경영·윤리경영을 실천하여 신뢰의 기반을 조성하고, 종업원과 노동조합은 공동의 이익을 위해 참여와 생산성향상을 통한 ??참여적 고성과작업장'을 만들어야 한다.

(3) ??법과 원칙', ??대화와 타협'의 자율적 분쟁 예방 관행

노사는 법 테두리 내에서 대화와 타협을 바탕으로 노사갈등을 예방하고, 분쟁이 발생한 경우에는 정부의 개입없이 자율적·평화적으로 해결하는 문화와 관행을 확립하여야 한다.

⑷ 참여·협력적 상생의 노사관계 확립을 위한 정부의 지원

정부는 공정하고 유연한 법 집행을 통해 노사관계의 안정화를 지원해야 하며, 효율적이고 전문적인 조정서비스를 위하여 노동위원회의 기능 및 인프라를 확충하며, 경영참가를 위해 경영참가제도를 정비해야 한다.

3. 분권화된 노사관계체제의 정비

⑴ 노사의 정부정책 참여와 노사정 협력체제의 구축

노사의 정부정책 참여를 통해 노사단체의 정책역량과 전문성을 강화하고, 정부정책 개발의 합리성과 정책의 실효성을 제고하여, 노사정간의 이해기반 확대와 참여·협력적 노사관계의 구축에 기여할 수 있다.

⑵ 업종·지역단위 협의제도의 구축

업종별·지역별로 노사 또는 노사정이 산업의 경쟁력을 높이고 작업환경을 개선하기 위하여 현안을 협의하고 협력적으로 대처하는 협의제도의 구축을 통해 분권화된 노사관계의 문제점을 극복할 수 있다.

Ⅴ. 노사관계 개선 프로그램

1. 노사관계 개선 프로그램의 중요성

성공적인 기업들은 기업과 종업원간의 협력적 의사소통 과정을 통해 노사간 갈등을 극복하였다. 이와 같이 노사관계의 갈등을 미연에 방지하고, 최소화시키기 위해서는 노사관계 개선 프로그램의 실시가 필요하다.

2. 의사소통 프로그램의 운영 : 사전적 예방

⑴ 종업원 피드백 프로그램

종업원 피드백 프로그램(employee feedback program)은 종업원들의 직무와 관련된 의견과 불만사항을 받아들여 직무관련 문제를 해결하는 프로그램이다. 구체적으로는 종업원 태도 조사와 청원절차제도가 있다.

⑵ 종업원 후원 프로그램 (employee assistant program : EAP)

종업원들의 개인적인 사생활 문제를 해결하기 위하여 기업과 의사소통하는 것으로, 문제가 무엇인지를 규명하고 처리하여 과업수행에 부정적인 요소를 긍정적인 방향으로 개선시키는 활동을 말한다.

3. 고충처리제도의 운영 : 사후적 처리

노사간 단체교섭의 결과를 사후적으로 처리하는 의사소통과정으로, 단체교섭을 통해 결정된 단체협약의 해석과 적용에 대한 종업원들의 불평과 불만족을 최소화시키고, 단체교섭의 부조화를 해결하는 제도를 말한다.

4. 경영참가제도

(1) 경영참가의 유형

1) 성과참가

경영성과를 증진시키는데 종업원 또는 노동조합이 적극적으로 참가하고 그의 협력한 대가로서 경영성과를 '임금 이외의 형태'로 종업원에게 분배하는 방식을 말한다. 경영성과의 대표격은 이익이므로 이익참가라고도 한다.

2) 자본참가

종업원이 자본에 대한 출자자로서 기업 경영에 참가하는 방식을 말한다. 재산참가라고도 한다.

3) 의사결정참가

종업원이 경영의 의사결정에 참가하는 방식을 말한다. 경영참가의 가장 핵심이 되는 것으로 협의의 경영참가라고도 한다.

(2) 우리나라의 경영참가제도

우리나라의 경우 성과참가방식으로 성과배분제·이익분배제 등이 있고, 자본참가방식으로 우리사주제도를 통한 종업원지주제, 의사결정 참가방식으로 단체교섭제도·노사협의제도를 시행하고 있다.

(3) 경영참가제도의 발전방향

현 시점에서 구체적으로 어떤 방식의 경영참여가 최선의 방안인지 판단하기는 쉽지 않다. 다만 경영참가를 추진하기 위한 전제조건으로서 노사간 신뢰구축을 토대로 성과참가, 자본참가, 의사결정참가의 점진적이고 단계적으로 실시하는 방안이 노사 모두에게 이익이 될 수 있을 것이다.

3) 결론

• 서론과 본론의 내용 요약하기
• 도출된 해의 사회적 공헌과 미래 가치 등 제시하기

최근 기업은 다양한 글로벌 환경에서 경쟁해야 하는 어려운 점이 있다. 위기감의 공유와 협력을 통하여 전사적인 위기 극복능력에서 노사 화합의 문제와 연관되어 있다. 대립이 아닌 화합의 문화를 통해서 글로벌 경쟁력은 제고될 수 있다. 기업의 내적인 요인과 외적인 요인의 두 가지 관점의 통합 즉, 내적요인인 성과 배분, 경영참여, 경영의사결정 등과 외적요인인 글로벌 인재, 기업간 제휴 등의 통합적인 결과가 노사 사이의 신뢰를 구축하고 공감대를 형성하는 길이 될 것이다.

노사관계가 극한적인 대립은 노사사이에 기업 조직의 목표와 경영활동에 대한 공감과 신뢰의 부족이다. 노사관계의 신뢰는 쌍방의 의사소통과 참여 등을 제도적으로 정기적으로 확보할 때 이루어진다.

2. 모의시험 문제와 문제풀이

(1) 경영참가제도의 발생배경, 유형, 개선사항에 대하여 약술하시오. (25점)

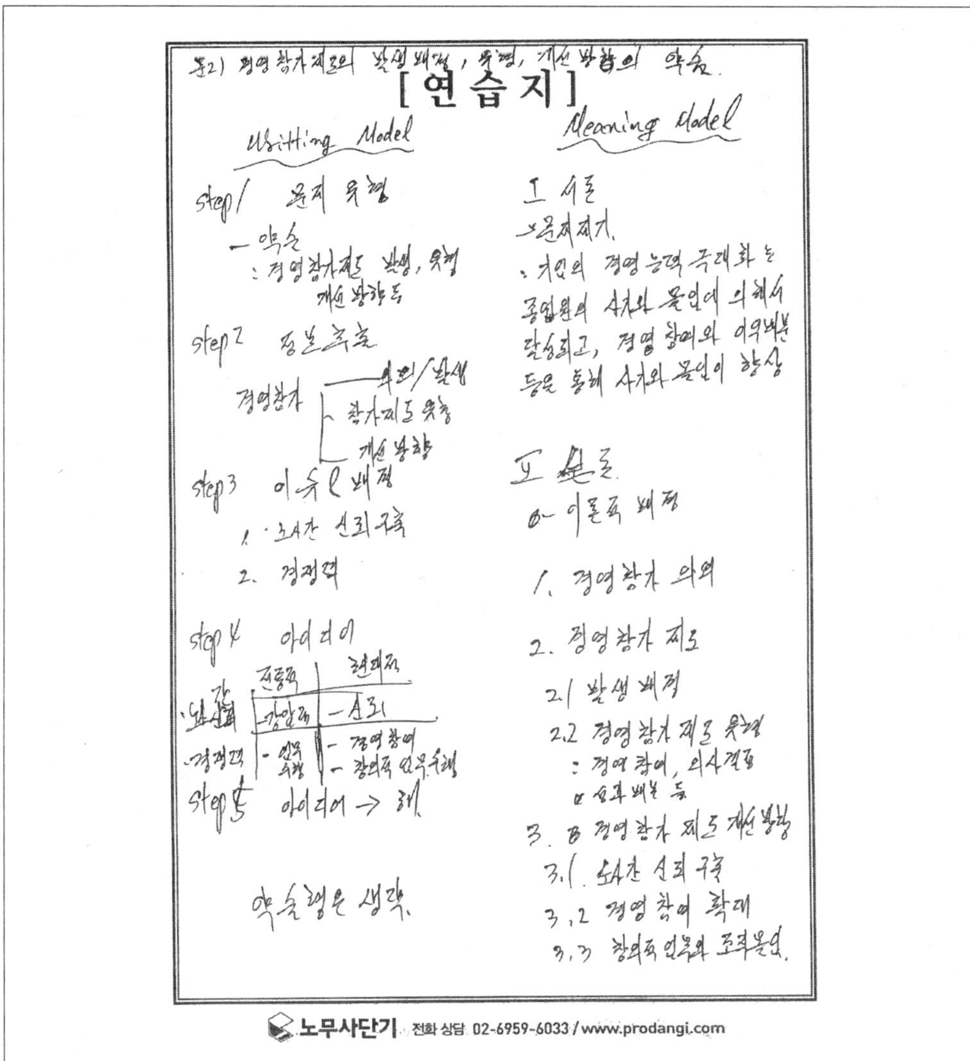

(2) 문제풀이

1) 서론

- 문제제기(문제영역 / 문제배경 / 문제정의)
- 연관된 개념 / 이론 제시(문제와 연관된 관점 / 시각을 설정)

→ 약술형은 문제제기와 연관된 이론을 중심으로 기술하고 부분적으로 아이디어의 일부를 제시하여 기술한다.

- 문제영역과 현실이슈 등을 비교하여 한계점이나 문제점과 해를 도출
- 전체적인 글의 구성과 요약 정리(아이디어 도출과 구체적 방안, 효과, 대안, 설계 등의 의미 전환이 대단히 중요함)

• 문제제기(문제영역 / 문제배경 / 문제정의)

문제제기의 핵심은 글 전체의 방향을 제시하는 것이다. [연습지]에 기록한 내용을 참조하면서 순차적으로 작성한다.

기본적인 가정은

[연습지]의 분석 내용을 기초하여 작성

수험생 각자 풀어보세요(핵심문장).

단락은 핵심 문장과 핵심문장을 설명하는 부가문장으로 구성한다. 단락은 3~5개 정도의 문장으로 구성한다. 약술형인 경우는 문제제기의 단락은 핵심문장과 설명문장을 하나 정도로 구성한다.

문제의 배경과 문제영역 등을 활용한다.

예를 들어, [연습지] step 3의 내용을 참조

수험생 각자 풀어보세요 (문제의 배경이며 설명문장).

전체적으로 핵심문장과 설명문장을 결합하여 문제제기 문장을 완성한다. 수험생의 특성이나 개인적인 취향 등에 따라 글의 구성은 달라질 수 있다.

서론의 문제제기 단락은 문제의 배경과 영역을 부가적인 설명문장으로 구성하고,

핵심문장을 그 다음에 문제제기와 문제의 방향으로서 구성한다.

문제제기 단락 구성 설명문장 1. + 설명문장 2. +(약술형은 생략해도 무방함) 핵심문장으로 구성한다.

문제제기의 Meaning Block

수험생 각자 풀어보세요.

• 연관된 개념 / 이론 제시(문제와 연관된 관점 / 시각을 설정)

이론적인 특성은 [연습지]의 내용을 참조한다.

• 문제영역과 현실이슈 등을 비교하여 한계점이나 문제점과 해를 도출
수험생 각자 풀어보세요.

• 전체적인 글의 구성과 요약 정리(아이디어 도출과 구체적 방안, 효과, 대안, 설계 등의 의미 전환이 대단히 중요함)
→ 약술형은 생략함

3) 본론

라이팅 모델	Meaning Block Model
• 디자인 및 논술 전략 • 이론 / 개념 및 문헌 활용 • 개념과 구성개념 적용 • 문제와 정의 연결하기 • 관점 비교 • 예시와 비유 • 분류 및 비교 • 적절한 해 도출하기 • 사례활용하기 • 사례와 해 연결하기	• 이론적 배경 • 기존이론 등의 한계점 혹은 보완점 등 • 한계점과 보완점을 극복하는 대안, 방안, 설계 혹은 효과 등

• 이론적 배경

수험생 각자 풀어보세요.

Ⅰ. 경영참가제도의 의의

1. 경영참가제도의 개념

경영참가란 근로자가 경영의 의사결정에 참가하는 것을 의미한다(ILO의 정의). 즉 종래 경영자의 권한이라고 생각되어 온 이른바 경영권 또는 경영전권에 대하여 종업원이나 피고용인을 대표해서 그들의 이익을 지키고 또한 증진시킴을 목적으로 노사간에 공동으로 경영관리기능을 수행하여 경영자와 함께 경영상의 권한과 책임을 분담하는 것이다.

2. 발생배경

분업, 표준화, 전문화를 기반으로 한 최소 시간에 최대의 작업을 수행함을 목적으로 하는 Taylorism은 작업자에 대한 훈련시간 및 비용절감을 통하여 임금절약 및 효율성을 달성하였으나 근로자는 두뇌없는 기계처럼 단순 반복적 작업을 수행하여 직무만족도 저하 및 심각한 비인간화를 초래하였다. 이의 극복 방안의 하나로 작업현장에서의 인간성 소외를 극복하기 위해 근로자의 경영참가를 실시하게 되었다.

Ⅱ. 경영참가의 이론

1. 대리인 이론

주주는 자신을 대신해 기업을 운영할 대리인을 선임하고 이들로 하여금 자신의 이익을 극대화하도록 동기유발하여야 하며 이때 소요되는 비용을 대리인 비용이라 한다. 한 조직내 대리인의 숫자가 많을수록 감시, 감독비용이 증가한다. 종업원에게 경영참가를 실시할 경우 대리인 비용이 발생하여 기업의 효율성이 떨어진다.

2. 거래비용모형

거래비용이란 기업내부의 의사결정과정에서 파생되는 비용으로 의사결정과정에서 참가자들 간의 의사소통과 이해조정의 시간과 비용을 의미한다. 경영자의 숫자가 많아지면 의사결정에 걸리는 의사소통의 시간과 비용, 즉 거래비용이 많이 소요된다.

3. 집단압력모형

이상적인 조직의 형태는 모든 종업원이 열심히 일하고 그 보상을 함께 나누어 가지는 조직이다. 하지만 일부는 종업원들이 열심히 일하지 않고 보상을 받고 있다. 이에 경영참가는 기업의 감시, 감독 기능을 강화하고 종업원들이 나태해지는 것을 방지하는 수단이 된다.

4. 관료주의적 통제모형

관료주의의 폐해를 경험하고 있는 조직에서 경영참가제도는 조직의 하부구성원들이 기존의 경직된 규정에 얽매이지 않고 조직의 활성화를 위한 창의적 제안을 함으로써 조직이 지나치게 관료화되는 것을 방지한다.

5. 이성적 경영 참가

종업원들이 경영에 참가하는 과정에서 그들의 업무지식이 확충되어 작업효율이 더욱 향상되는 효과가 발생된다.

6. 감성적 경영 참가

경영참가는 조직의 성과에 직접적인 영향을 주기보다는 종업원의 만족, 사기증진 등의 간접적인 통로를 통해 조직의 효율성을 증진시킨다.

Ⅲ. 경영참가제도와 노동조합

1. 노조에 미치는 영향

(1) 긍정적 영향

경영참가로 기업경쟁력이 강화되면 장기적인 고용안정과 소득증대의 효과가 있으며 전반적인 고용강화는 노조의 위상 강화 및 노조집행부에 대한 지지를 확충시킨다.

(2) 부정적 영향

경영참가로 조합원들의 노조에 대한 흥미가 감소되며 노조가 원활한 경영참가에 걸림돌로 인식될 수 있음

2. 노조의 대응 입장

(1) 절대반대 : 경영참가가 노조나 조합원에게 부정적 영향을 줄 것으로 예상되는 경우
(2) 불개입 : 경영참가의 결과에 대한 확신이 서지 않을 경우
(3) 소극적 개입 : 경영참가의 결과에 대한 확신이 서지 않지만 이의 실시로 노조나 조합원이 불이익을 당하지 않도록 노조 집행부에서 소극적으로 개입
(4) 협조 : 회사의 경쟁력이 위기에 달하여 기존의 경영방식을 유지하기보다는 적극적인 경영참가의 도입이 필요하다고 인식되는 경우

Ⅳ. 경영참가제도의 유형

광의의 경영참가제도에는 의사결정참가, 자본참가, 성과참가로 구분되며 협의의 경영참가제도는 의사결정참가제도만을 의미한다.

1. 의사결정참가제도

종업원이 경영의사결정에 참여하거나 경영기능에 대해 영향력을 행사하는 제도

(1) 종업원 설문 조사

규격화된 설문지를 종업원들에게 배부하여 조직의 정책이나 제도에 대한 종업원들이 의견과 태도를 측정하고 그 결과를 두고 종업원들과 해당 관리자가 토론을 통하여 개선이 필요한 분야를 찾아 개선책을 강구하고 실시하는 제도

조직관행, 정책 등에 종업원의 의견이나 태도를 상부에 전달하는 하의상달식 역할을 하지만 의견의 반영여부는 관리자의 경영스타일과 조직의 방침에 의존하므로 근본적 개선 효과는 미흡하다.

(2) 품질관리분임조

소규모의 종업원 집단이 정기적으로 모임을 갖고 품질 향상 등 작업장에서의 문제해결을 도모하는 제도. 품질관리분임조는 효과가 미흡하지만 긍정적이며 구성원의 주관적 평가에서 바람직한 결과를 보여줌. 단 경영성과의 획기적 개선을 가져오지 않음

(3) QWL(Quality of Work Life)

1) 의미

피고용인의 능력개발, 자기실현 등을 실현하기 위한 다양한 형태의 경영참가를 포괄적으로 의미함

2) 목적

종업원에 대한 동기부여는 종업원의 능력을 배양하며 이는 직접적으로 생산성을 향상시키며 개선된 노동과 근로환경의 제공은 근로자의 복지와 만족에 간접적으로 기여한다.

3) 활동 영역

① 참가적 문제해결 영역 : 다양한 의사결정에의 참가 정도 증가(QC를 통해 생산문제 분석 및 해결, 유노조의 경우 노사합동위원회를 통한 문제 해결)

② 작업설계 영역 : 개인과 집단이 수행하는 작업을 재구조화(직무충실화, 현장자율경영팀 등을 통해 작업이 종업원 개인의 욕구와 기술적 조건에 조화)

③ 작업환경개선 : 물리적 작업환경의 변화(장비 및 기계 배치 변경)

④ 혁신적 보상시스템 : 참가적이고 고성과적인 분위기를 촉진하는 창조적 보상시스템 구축(스캔론 플랜등, 지위상징)

(4) 현장자율경영팀

1) 의미

15명 미만의 종업원들이 팀을 구성하여 감독자 없이 생산에 관한 결정을 스스로 내리며 독자적으로 생산 활동을 수행하는 경영참가제도의 한 형태

2) 효과

직무만족도가 향상되어 성과 및 생산성 향상에 긍정적 영향을 끼친다.

(5) 근로자 이사제도

1) 의미

노동조합의 대표 혹은 종업원 대표가 기업의 이사회에 참석하여 공식적으로 기업의 최고의사결정과정에 참여하는 제도

2) 긍정적 효과

기업의 의사결정 방식이 종업원의 입장을 존중하는 방향으로 바뀌고 전반적인 영향 강화

3) 부정적 효과

상대적으로 소수인 근로자 이사수로 인해 산업민주주의의 상징적 역할이 있을 뿐 기업의사결정구조에 별다른 영향을 주지 못함

(6) 고성과 작업 조직

1) 의미

인적자원개발, 동기유발 및 경영참가가 이상적으로 결합될 때 생산성, 품질, 납기준수, 소비자만족도, 매출액 등 경영성과에 직접적으로 긍정적인 역할을 주는 조직

2) 성공 요건

내적 적합성(고기술 / 다기능의 지식근로자가 조직성과의 극대화를 위해 헌신할 수 있는 동기가 유발되고 이들이 자신의 지식과 기술을 충분히 활용할 수 있는 경영참가 기회 제공)과 외적 적합성(고품질, 고부가가치 상품의 소량 다품종생산을 상품 전략으로 하는 조직에서 지식경영에 대한 투자와 직원의 적극적인 경영참가, 적절한 인센티브 제공)의 조화

3) 효과

① 긍정적 효과 : 자유재량적 노력을 발휘할 수 있는 능력, 의사, 방법을 모두 구비하여 기업경영성과 향상에 도움

② 부정적 효과 : 동일한 노동비용으로 직원에게 근로 강도 강화

(7) 노사협의회

근로자와 사용자가 참여와 협력을 통하여 근로자의 복지증진과 기업의 건전한 발전을 도모함을 목적으로 구성하는 협의기구

1) 단체교섭과의 차이점

	노사협의회	단체교섭
목 적	노사공동의 이익증진과 산업평화 도모	근로조건의 유지와 개선
배 경	노동조합의 설립여부와 관계없이 쟁의행위라는 위협의 배경없이 진행	노동조합 및 기타 노동단체의 존립을 전제로 하고 자력구제로서의 쟁의를 배경
당사자	근로자 대표와 사용자	노동조합의 대표자와 사용자
대상사항	기업의 경영이나 생산성 향상 등과 같이 노사간 이해가 공통	임금 근로시간 기타 근로조건에 관한 사항처럼 이해가 대립
결 과	법적구속력 있는 계약체결이 이루어지지 않을 수 있음	단체교섭이 원만히 이루어진 경우 단체협약 체결

2) 노사협의회의 구성

노사동수의 원칙(각3~10명 이내) : 근로자 위원은 근로자가 직접 선출하는 것을 원칙으로 하되 근로자 과반수로 조직된 노조가 있는 경우 노조대표자와 그 위촉자로 하며 사용자 위원은 당해 사업 또는 사업장의 대표자와 그 위촉자로 함. 근로자 위원은 비상임 무보수를 원칙으로 하며 임기는 3년으로 연임 가능

3) 운영

3개월마다 회의 개최하며 위원의 과반수 이상 출석으로 개최하며 출석위원의 3분의 2이상의 찬성으로 의결

4) 임무

① 협의사항 : 근로자 위원과 사용자 위원이 대등한 지위에서 협의하여 도달할 수 있는 사항(생산, 노무, 인사관리 등의 사항)

② 의무사항 : 사용자가 반드시 협의회의 의결을 거쳐야만 시행할 수 있는 사항(사내복지관련시설 및 노사공동기구의 설치 관리 등의 사항)

③ 보고사항 : 사용자가 협의회에서 보고 설명하는 사항(경영계획전반 및 실적, 기업의 경제적, 재정적 상황 등)

5) 문제점 및 개선방안

① 적용상의 문제

중소기업이 주종을 이루고 있는 현실을 감안할 때 노사협의회 설치 대상 사업장의 규모를 낮추어 많은 사업장에 확대하는 것이 바람직

② 구성상의 문제

사업장의 특성에 관계없이 일률적인 적용보다는 종업원 수에 비례하거나 사업장의 부서간, 직급간 조합원과 비조합원간 고른 배분을 통한 의견 수렴 필요, 노사협의회가 설치되지 않은 사업장의 경우 고충처리 위원을 사용자가 추천함으로써 고충처리의 객

관성 및 실효성에 의구심 발생

③ 효력문제

협의 및 의결은 단순한 협의 또는 선언적 효과만 있을 뿐 종업원의 참여와 협력의 구체적 실현을 보장하지 못함

(8) 고충처리제도

상시 30인 이상의 근로자를 사용하는 모든 사업 또는 사업장에는 고충처리위원을 누며 고충 처리위원은 노사를 대표하여 3인 이내의 위원으로 구성하되 협의회가 설치되어 있는 경우 협의회에서 선임하고 그렇지 않은 경우 사용자가 위촉, 고충 처리위원은 근로자로부터 고충사항을 청취한 때에는 10일 이내에 조치사항 기타 처리 결과를 근로자에게 통보하여야 하며 처리가 곤란한 때에는 협의회에 부의하여 협의 처리함

2. 성과참가 제도

노사간의 협동적 노력을 통하여 증대되는 경영성과가 경영자나 자본가에게 독점되는 것이 아니라 그 중 일정한 부분을 기본급 이외의 참여적 임금으로 추가적으로 지급되는 제도

(1) 성과참가의 유형

1) 이익배분 제도

① 현금배분 제도 : 현시점에서의 이윤을 현금으로 일정한 배분기간에 따라 배분하는 제도(배분기간을 월별로 하면 정기적 임금으로 인식, 연간으로 하면 인센티브의 성격 약화)

② 이연배분제도 : 이윤배분 몫이 공제기금에 예치한 후 특정 사건(사망, 퇴직 등)이 발생하면 피고용인 계좌로 이체하는 제도

③ 혼합배분제도 : 현금배분제도와 이연배분 제도의 절충형

2) 성과배분 제도

	Scanlon plan	Rucker plan	Improshare
배경이론	조직개발이론	노동경제이론	산업공학
기본철학	참가형 경영	효율적 경영	효율적 경영
주요구조	생산, 조정 위원회	조정위원회	생산성 향상팀
제안제도	있음	있음	없음
보너스 기본공식	노동비용/생산액	노동비용/부가가치	실제생산시간 / 표준생산시간
보너스 지급주기	월별 또는 분기별	월별 또는 분기별	주별 또는 격주별
보너스 분배 (종업원:회사)	75:25	50:50	50:50

(2) 우리나라 성과참가제도 현황

제조업의 경우 성과배분의 기준 설정이 용이하여 비제조업보다 도입율이 높으며 근로의욕 고취를 통하여 생산성 향상에 이바지 하고 있음

3. 자본참가 제도

종업원들로 하여금 자본출자를 통해 기업경영에 참가하는 방식으로 소유참가, 재산참가라고 하며, 이에는 종업원이 자기회사 주식을 매입케 하는 從業員持株制度(Employee Stock Ownership Plan, ESOPs)와 일정한 조건하에서 피고용인이 노동을 제공하는 것에 대하여 주식을 주는 勞動株(근로자의 노동제공을 일종의 노무출자로 보고 주식을 제공하는 제도로 프랑스, 뉴질랜드에서 시행), 자사주배분제도 등의 자기자본 참가방식이 있다. 또한, 타인자본 참가방식으로 전환사채(CB), 신주인수권부사채(BW) 매입, 종업원 특수사채 발행 등이 있다.

V. 경영참가제도 성공을 위한 개선 사항

대화와 타협의 교섭문화가 아직 완전히 정착되지 않은 우리 노사관계 여건에서 노조의 인사, 경영권 참여가 이뤄질 경우 경영투명성 제고 및 노사관계 안정 등 긍정적 효과보다는 노조의 전문성 부족 등에 따른 경영의사결정 지연, 협상문화의 미발달로 인한 노사갈등 심화 등 부정적 효과가 훨씬 커 기업경쟁력이 떨어질 우려가 많은 것이 사실이다. 이러한 문제를 해결하기 위하여 첫째, 대립적 노사관계에서는 부정적 효과가 크므로 우선 협력적 노사관계 구축이 급선무이므로 노사간 신뢰구축 및 신뢰축적이 필요하고, 둘째, 노사관계 현황, 역사, 전통, 문화적 차이를 고려한 독일식 공동결정제도 도입하자는 주장을 검토할 필요가 있지 않겠나 보고, 셋째, 공부하는 노동조합, 경영 Mind와 능력을 갖추는 노력이 전제되어 노조의 전문성을 강화하여야 하고. 넷째, 경영참가 이후에 경영실패에 따른 노조의 책임범위를 명확히 설정함으로써 권한과 책임이 동시에 갖추어진 경영참가가 될 수 있도록 노동조합의 책임의식 제고가 요구된다.

• 기존이론 등의 한계점 혹은 보완점 등
• 한계점과 보완 점을 극복하는 대안, 방안, 설계 혹은 효과 등

→ 약술형은 생략

3) 결론

• 서론과 본론의 내용 요약하기
• 도출된 해의 사회적 공헌과 미래 가치 등 제시하기

→ 약술형은 결론 부분을 생략하여도 무방하다.

제2장

유지관리

기업조직 활동을 수행하기 위해 사람이 필요하고, 이들이 목적의식적으로 조직을 형성하고, 조직내외의 다양한 직무활동 등을 통해 인간 사이에 공식적 비공식적 상호관계가 형성되는데, 이러한 관계를 인간관계(human relation)라 한다.

기업경영에 있어서는 인간관계의 입장에서의 인적자원관리 등에 대한 여러 대안 등의 필요성이 강조되고 있다. 예를 들어 종업원의 직무활동 수행의 문제 등으로 인해 사기저하뿐 아니라 작업의 비능률화, 생산량의 감퇴, 품질의 저하 및 판매부진 등 여러 가지 좋지 않은 결과가 일어난다.

유지관리 의의
- 종업원의 사기부여
- 승진, 이동, 사직, 해고정책
- 이직(separation) : 사직, 해고, 퇴직금체계

기업경영에서 사람들 사이의 상호작용에 의한 인간관계의 중요성을 차츰 인식하기 시작, 인사·노무관리에 이 제도를 도입하는 경향이 나타나고 있다. 인간관계론이 처음 도입된 나라는 미국이며, 인간관계를 개선하기 위한 제도로서는 ① 제안제도(suggestion system) ② 인사상담 또는 종업원 상담제도(personnel counselling), ③ 사기 또는 태도조사(morale or attitude survey), ④ 감독자에 대한 부하 통솔방법의 교육훈련, ⑤ 경영참가제도 등이 있다.

1. 인간관계 관리

기업조직 내외의 다양한 사람과 사람 사이의 관계는 단순한 업무나 직무수행을 위한 한 상호작용으로서의 관계보다는 모든 인간을 하나의 인격체로 이해하고 관리하려는 접근이 요구된다.

(1) 기법

1) 사기조사=태도조사

① 사기(morale)란 행동에 방향을 제시하는 공통목적을 가진 개인 또는 단체의 태도나 감정이 어떤 수준에서 계속되는 상태를 말한다.

② 종업원의 사기가 저조하면 의욕이 떨어지고 그로 인해 업무의 효율성이 떨어지고 경영활동이 위축될 수 있다.

③ 사기조사는 종업원의 사기를 감소시키는 요소를 찾아내고 이를 개선하여 사기를 진작하기 위한 기법이다.

④ 통계적 방법이나 태도·조사 등의 방법이 있다.

2) 제안제도

① 제안제도란 조직의 운영에 필요한 다양한 개선안을 종업원으로 하여금 제안하도록 하고, 제안을 심사하고 우수한 제안은 적절한 보상을 하는 제도이다.

② 제안제도는 종업원에게 업무운영, 제품개발·개선을 위한 의욕을 고취시키고, 동시에 경영에 적극적인 참여를 유도할 수 있는 기능을 가진다.

3) 고충처리제도

① 고충(grievances)은 종업원의 근로조건 등의 불평불만을 말한다.

② 고충이 정식으로 제출될 때에는 상당히 심화된 상태이므로 적극적으로 대처하여 종업원의 고충인 불만을 해소해야 한다.

4) 브레인스토밍

① 브레인스토밍(Brainstorming)은 창의적인 아이디어를 생산하기 위한 학습도구이자 회의 기법이다. 1930년에 알렉스 오스본(Alex Faickney Osborn)에 의해 널리 알려졌다.

② 3인 이상의 사람이 모여서, 하나의 주제에 대해서 자유롭게 논의를 전개한다. 중요한 점은 어떤 사람이 제시한 의견에 대해서 다른 참가자가 비판을 해서는 안 된다. 특정 시간 동안 제시한 다양한 아이디어나, 생각, 의견들을 수집하여, 1차, 2차 검토를 통해서 그 주제에 가장 적합한 생각을 다듬어 나가는 일련의 과정이다. 아이디어를 생산하기 위한 효율적이고 대중적인 기법이다.

5) 종업원지주제도

① 종업원지주제도(Employee Stock Ownership Plan : ESOP)란 회사의 경영방침에 따라 종업원들에게 특별한 편의를 제공하여 그들로 하여금 자사주를 자발적으로 취득·보유하도록 하는 제도를 말한다. 이러한 종업원지주제도를 제도화의 관점에서 볼 때 다시 광의와 협의의 두 가지로 나눌 수 있다.

② 넓은 의미의 종업원지주제도란 종업원에게 특별한 편의를 제공하여 사사주를 장기간 취득·보유토록 하는 제도를 말하는데 편의제공의 주체가 기업이 아닌 경우도 많고 취득주식 대상이 자기회사 주식에 한정되는 것도 아니다. 이러한 광의의 제도는 미국과 영국 등의 경우가 이러한 유형에 속한다.

③ 좁은 의미의 종업원지주제도란 회사의 경영방침으로 종업원에게 특별한 편의 및 경제적 원조를 제공하여 오직 자기회사 주식의 취득 및 장기보유를 유도함으로써 근로자의 애사심 증진과 재산형성 및 기업성과를 촉진시키는 제도를 말한다.

6) 기타 : 소시오메트리, 감수성 훈련, ZD 운동

① 소시오메트리(sociometry) : 사회측정학

- 소집단내 인간관계의 움직임이나 구조를 측정하는 방법이다.
- 집단 구성원 사이의 견인(선택)과 반발(거부)로 말미암아 생기는 역학적 긴장관계를 조사해 그 결과를 도표로 표시, 인간관계의 감춰진 특성을 분석한다.
- 미국 정신의학자 제이컵 레비 모레노(1892~1974)가 체계화한 방법이다.

② 감수성 훈련

감수성 훈련은 개별 종업원 사이에 자신의 행위와 타인의 행위 사이의 객관적으로 인식하고 그 의미를 중요하게 인식함으로써 상호간의 인간관계를 개선하는 훈련

③ ZD운동(Zero Defects) : 무결점운동

- 1960년대 미국기업이 미사일의 납기단축을 위해 '처음부터 완전한 제품'을 만들자는 운동을 벌인 것이 계기가 돼 급속히 보급됐다. 최대 특색은 이름 그대로 결점을 제로로 하자는 것이다.
- QC(품질관리)기법을 제조면에만 한정하지 않고 일반관리 사무에까지 확대 적용해 전사적(全社的)으로 결점이 없는 일을 하자는 것이다.
- 미국에서는 각 개인이 주체가 돼 ZD운동을 하고 있으나 일본에서는 '소집단활동에 의한 ZD'가 보급되고 있다. 즉 일본 산업계에서는 QC서클활동과 ZD그룹활동 또는 이 둘을 일체화한 자주관리활동이 점차 성행, ZD운동을 낳은 미국을 비롯한 세계 각국의 주목을 받고 있다.

(2) 그리드 훈련

그리드 훈련은 그리드 이론에 기반하고 있고, 경영자의 리더쉽을 함양함으로써 인간관계를 발전시키기 위한 기법이다.

2. 이직관리

기업내외의 다양한 이유로 인하여 종업원이 기업을 떠나는 것이 이직이다. 종업원의 자발적 의사에 의해 현재의 직장을 떠나는 자발적 퇴직관리 문제를 주요대상으로 하고 있다. 이러한 이직관리의 주요과제는 종업원의 자발적 퇴직의 중요부분을 차지하고 있는 전직 내지 사직 등 이직의 주요원인에 대한 정확한 파악과 함께 종업원의 이직방지를 위한 적절한 대응책의 강구와 고용안정화에 있다.

순기능	역기능
• 신규사원 조직활성화	• 이직비용(신규채용, 훈련비)
• 무능사원, 불만사원 퇴직	• 경력자 상실
• 잔류사원 이동·승진 기회	• 조직위화감, 불안감 조성
• 인력수급 유연성 제공	• 잔류사원의 업무량 증가

(1) 이직의 유형

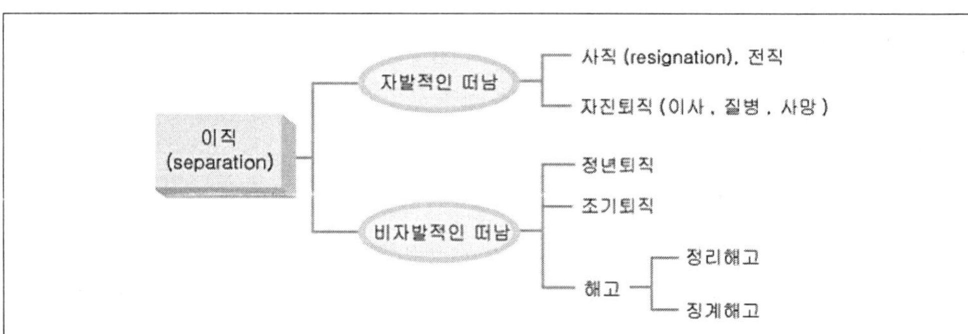

1) 자발적 이직

- 조직에 불만이 있거나 보다 나은 기회를 찾기 위해 다른 기업으로 옮기는 경우
- 결혼, 임신, 출산, 질병, 가족의 이동 등으로 조직을 떠나는 경우

2) 비자발적 이직

종업원의 의사와는 관계없이, 사용자나 조직의 입장에서 강제되는 것

(2) 이직에 대한 대책

1) 자발적 이직의 감소

- 종업원 개개인의 불만이나 고민을 해결하기 위해 고충처리기구나 인사상담제도의 활용
- 인간관계개선 프로그램의 운영
- 직무를 보다 도전성이 있고 만족스러울 수 있도록 직무설계
- 승진, 임금, 복리후생 등의 정책을 이용하여 종업원의 욕구 충족
- 이직의 원인을 파악하여 그에 대한 대책 강구
  : 원인 파악 방법 - '퇴직면접 방법', '퇴직 후 질문방법'

2) 비자발적 이직의 감소

생산량의 감소나 조직의 축소 등 조직체의 내외적 상황의 변화에 따라 부득이한 인력의 감원조치가 이루어지는 경우

① 근로분배(work sharing)

인원감축을 하기 전에 고려해야 할 대책은 근로시간의 단축, 즉 업무량의 감소로 인하여 어느 일부 구성원들을 희생하지 않고 모든 구성원들이 공동으로 조금씩 희생하는 원칙

② 직무분배(job sharing)

- 업무량의 감소로 불필요해진 직무를 없애는 대신에 이에 영향을 받게되는 구성원들을 다른 직무에 배치하여 몇 시간이나마 일하도록 하는 것
- 경제불황에 따른 인력조정의 방법으로 특히 선진국에서 많이 사용

③ 보상의 절감

- 업무량의 감소가 일시적이라는 전제하에 일시적인 고난을 조직구성원들 모두가 공동으로 타개하려는 목적으로 자신의 임금을 희생해서라도 인력감축을 피하고 조직체를 되살리려는 대책
- 평소에 온정적이고 가족적인 분위기를 유지해 온 중소기업에서 주로 시행가능성이 높음

④ 이직기준의 설정

- 선임권(seniority), 능력(competence), 연령 등
- 정규종업원보다는 임시직 또는 수습 중에 있는 종업원을 먼저 감원하는 것이 원칙

(3) 퇴직자 관리 - 퇴직자의 공헌연장 정책들

- 퇴직상담 프로그램 운영
- 고령 퇴직자의 고문, 상담컨설턴트, 멘터(mentor)로 위촉
- 재택근무 업무 제공
- 플렉스타임제 적용, 임금피크제 활용
- 반일(半日) 근무제 적용
- 비숙련 종업원과 연계 작업 및 직무 훈련
- 고위 관리직에 대한 교육, 경력기회 제공

제3장

노사관계 관리

노사관계(labor-management relations)는 근대적인 산업사회를 특징짓는 현상이다. 노사관계는 사용자와 종업원의 관계를 일방적인 예속관계에서 해방하는 역할을 하는 동시에, 또한 종업원의 임금, 기타 노동조건의 향상을 가능하게 하고 종업원의 경제적·사회적 지위의 개선을 가져오게 한다.

- 인적자원의 생산성 향상과 동기부여에 큰 영향을 끼침
- 종업원과 고용주 사이의 관계, 노동조합과 경영자의 관계
- 노사관계가 지속적인 안정을 유지하고 생산적인 관계가 되기 위해서는 합리성과 민주성이 동시에 존재한다는 것을 노사 모두가 인식해야 함

1. 노사관계 발전과정 : 전제적 ⇨ 온정적 ⇨ 근대적 ⇨ 민주적

(1) 노사관계란 사용자인 업주와 노동자인 종업원과의 관계를 다룬다.
(2) 노사관계란 노동조합, 기업, 정부, 및 지역사회 등과 관련된 문제를 대상으로 삼는다.

2. 노동조합의 조직형태

직업별조합, 일반조합, 산업별조합, 기업별조합

(1) 직업별조합

동일한 기능을 갖는 숙련노동자들이 자신들의 경제적 이익을 확보하기 위하여 만든 조직체로서 영국 등에서 가장 일찍이 발달한 노동조합의 형태이다.

(2) 일반조합

숙련이나 직능, 산업과는 관계없이 모든 근로자들이 가입자격을 가지고 있으며, 전국에 걸쳐 조직하는 단일노동조합을 말한다.

(3) 산업별조합

직종과 계층에 상관없이 기업을 초월하여 동일산업에 종사하는 모든 근로자가 하나의 노동조합을 구성하는 조직형태이다.

(4) 기업별조합

기업별 조합은 동일한 기업에 종사하는 근로자로서 조직되는 노동조합을 말하는데 기업을 단위로 하며, 직종이나 산업은 고려하지 않는다.

3. 노동조합 가입방법

(1) 숍제도 : 양적인 면, 노조의 안정과 조합원의 확보

1) 클로즈드 샵(closed shop)

사용자는 노동조합원만 고용가능

2) 유니온 샵(union shop)

사용자가 비조합원 채용이 가능하지만, 일정 기간내 노조가입 의무화

3) 오픈 샵(open shop)

사용자의 채용에 차별 없다. 노동조합의 가입여부는 노동자 자신의 의지에 달렸다.

(2) 체크오프제도(check off system) : 질적인 면, 자금 확보, 조합원의 일괄공제제도.

기본적 숍제도	오픈 숍(open shop)	조합원이나 비조합원이나 모두 채용
	유니언 숍(union shop)	일단 채용된 후 일정한 견습기간이 지나 정식 종업원이 되면 조합 가입 의무
	클로즈드 숍(closed shop)	조합가입이 채용의 전제조건이 되는 가장 강력한 제도

변형적 숍제도	에이젼시 숍(agency shop)	조합원이 아니더라도 모든 종업원에게 조합회비를 징수하는 제도
	프리퍼런셜 숍(preferential shop)	채용에 있어서 노동조합원에게 우선순위를 주는 제도
	메인트넌스 숍 (maintenance shop)	조합기입 이후 일정 기간 탈퇴 불가

4. 노동쟁의의 조정

(1) 알선, 노정, 중재, 긴급조정

(2) 파업의 유형

- 동정파업(sympathic strike) : 파업하는 다른 회사의 노조가 약할 때 함께 파업하여 자기 회사 경영진이 다른 회사 경영진에게 압력을 가하도록 함으로써 노동자들의 유대감을 강화시킨다.
- 교대파업(switch st.) : 예로써 지하철 기관사와 매표원이 교대로 파업하여 전면파업과 비슷한 압력을 넣는다.
- 연좌농성(sitdown st.) : 공장 정문에 연좌하여 다른 노동자들도 동참케 한다.
- 돌발파업(flash st.) : 예고없이 갑작스런 파업으로 사용자에게 타격을 준다.
- 불법파업(wild cat st.) : 노사협상에서 파업 안 하기로 정한 후 약속을 파기하고 행하는 파업
- 불매운동(boycott) : 사용자의 물건을 사지 않고 팔지도 못하도록 방해하여 타격을 주려는 것이다.
- 직장폐쇄(lock out) : 사용자가 노동자에게 가할 수 있는 타격으로서 공장문을 걸어 잠그고 일방적으로 생산활동을 중단하고 무노동 무임금 원칙에 의해 임금지급도 안 한다.

5. 노사관계 개선전략

(1) 고정처리제도

고정(苦情)이란 단체협약 내용의 불이행이나 고용조건에 대해서 종업원과 사용자 사이에 표출된 공식적인 분규

1) 내 용
- 사용자의 불공정한 대우
- 불공정한 해고와 좌천
- 과중한 노동량과 지나친 노동시간
- 복지시설, 휴식, 휴가의 부족
- 과도한 감독통제와 비인격적 대우
- 정실에 의한 불공정한 승급과 승진
- 고충 제안에 대한 상급자의 압박 등

2) 고정처리제도의 유용성
- 대화와 의사소통으로 노사간 신뢰 회복
- 노사간 인간적 관계를 회복
- 개인의 스트레스 해소

(2) 경영참여

1) 의사결정참여
- 공동의사결정제도
- 노사협의제

2) 자본참여
- 종업원지주제(從業員持株制)

3) 이익참여
- 스캔론 플랜(Scanlon plan) : 종업원의 참여의식을 높이기 위하여 위원회제도의 활용을 통한 종업원의 경영참여와 개선된 생산의 판매가치를 기초로 한 성과배분제이다.
- 럭커 플랜(Ruker plan) : 종업원의 참여의식을 높이기 위하여 위원회제도의 활용을 통한 종업원의 경영참여와 개선된 생산의 판매가치를 기초로 한 성과배분제이다.

(3) 인간관계 개선제도

1) 상담제도

상담자의 주의사항

- 심정을 털어놓도록 시간과 분위기를 마련
- 적극적 경청과 감정이입
- 직접적, 성급한 문제해결 지양
- 비밀유지

2) 사기조사

- 조직의 건전성을 점검
- 불만원인 제거를 위한 대책의 수립
- 이직률, 사고율, 결근율

3) 제안제도

① 내용

- 개선안이나 참신한 아이디어를 제안
- 심사하여 포상
- 노사분규로 확대될 불만의 소지를 미리 파악

② 전제 조건

- 자유롭게 제안
- 제안함 설치
- 익명제안 가능
- 공정한 심사와 충분한 포상
- 신속한 처리와 해결
- 제안심사에 근로자 대표 참여

제4장

인적자원관리 분석

1. 의 의

(1) 인적자원이 조직의 목표달성에 어느 정도 기여하고 있는지를 알기 위하여 구성원들의 활용정도, 잠재능력의 개발정도, 인적자원부서 기능의 발휘정도를 측정해야 한다.

(2) 인적자원관리의 주요 분석지표

주요지요	비 율
효율성 지표	구성원당 생산량, 구성원당 판매량, 근로시간 당 생산량, 제품당 인건비 등
이직률	부서별, 직급별, 원인별 등
결근율	부서별, 직급별 등
사고율	사고의 빈도, 사고의 강도, 사고의 유형, 사고의 건수 등
고충처리건수	부서별, 직급별, 연령별, 경력별 등
인력통계	부서별, 직급별, 연령별, 학력별, 성별, 근속년수별 등
휴가통계	구성원당 휴가일수, 의병휴가일수, 교육연수 휴가비율, 개인용무 휴가비율 등
급여통계	부서별 직급별 등

2. 산업재해와 안전관리

(1) 산업재해의 원인과 예방

1) 산업재해는 어떻게 발생하는가?

• 물적 요인 : 시설의 노후화와 결함, 보호장치 부적절

• 인적 요인 : 구성원 부주의와 안전수칙 불이행, 피로

• 환경 요인 : 조명, 고열, 소음, 가스, 분진, 채광
• 정신 요인 : 스트레스, 불만, 정서불안

2) 재해원인의 파악 방법
• 도미노 이론 : 원인의 원인 파악
• 복합요인 이론 : 다양한 복합원인 파악

(2) 예방 대책

1) 산업재해의 예방
• 선발시 능력, 적성, 성격을 고려
• 전문적 기능교육과 안전의식 교육
• 안전관리 부서나 책임자 배치
• 보상과 포상제도 마련
• 인명중시의 경영방침

2) 보건위생에 대한 대책
• 주기적 건강진단
• 건강프로그램 교육
• 유해환경 노출 억제
• 종합적 건강관리
• 정신상담 치유

제5장

글로벌 인적자원관리

1. 글로벌 인적자원관리란

- 경영에 참여하는 본국인, 현지인, 제3국인
- 국제적 인력의 확보, 개발, 보상, 유지, 방출

글로벌 인적자원관리 활동상의 문제점 예시

- 현지국 법·제도와 채용 관련 마찰
- 해외지점과 본사의 의사소통 장애
- 의사결정 단계의 옥상옥(屋上屋)과 복잡성
- 파견인의 언어능력 부족
- 파견인의 문화 쇼크
- 파견인의 본사 귀국시 문제
- 정보소통의 필터링
- 현지의 승진정체
- 본사와 현지의 충돌
- 본사의 권한 위임 미흡
- 파견인의 유배증후군, 소외감
- 작업집단간의 보상격차
- 파견인과 현지인간의 신분·보상 격차
- 파견인 가족의 해외생활 적응 문제

2. 글로벌 인적자원관리의 유형

국제인적자원관리 지역
- 본국 중심
- 현지국 중심
- 글로벌 중심

	본국 중심	현지국 중심	글로벌 중심
의 미	본사직원의 보상수준에 해외 근무수당 추가	현지국의 타기업 보상수준에 맞춤	어느 나라에 있든지 동일한 직무에 대해 비슷한 임금 지급
장 점	• 본사의 통제기능 • 저렴한 인건비	• 장기 주재시 유리 • 현지인 불만 적음	• 관리가 용이함 • 채용이 간편함
단 점	• 현지인과 임금격차 • 본사에 종속 위험	• 해외지점간의 임금격차	• 동일 지점내의 상호 경쟁 • 벽지수당이 고려 안됨

제6장

인적자원관리의 현대적 이슈들

1. 윤리적 인적자원관리

(1) 윤리적 인적자원관리의 개념

- 기업조직을 하나의 사회적 공동체로 인식
- 기업이 잘 되면 종업원도 사회도 잘 된다
- 기업과 사회를 상호 공생적 관계로 파악

(2) 윤리적 인적자원관리의 효과

기업의 효과
- 성과 향상
- 직무만족도 향상
- 공동의 유대감

사회의 효과
- 국가가 정한 법들이 준수됨
- 회사의 경영활동 정상화로 수익성 향상
- 대 고객서비스가 좋아짐
- 해외 고객들에 대한 국가 이미지 제고

(3) 윤리적 인적자원관리의 최근 이슈

정리해고와 윤리
- 생산량 증감에 맞추어 수시로 인원 조정
- 근로자 개인의 생활이 불안

- 부득이 한 경우 방출인력을 최소화
- 적정한 사후대책 마련

이직윤리
- 평생직장 개념 퇴화
- 비정규직 적정수준 유지
- 종업원의 자발적 이직 자제

외국인 노무자 저임금 고용
- 관계 법령의 준수
- 인간존엄성 보장
- 산업 안전시설의 확보
- 숙련도 향상과 기술개발의 기회 부여

윤리적 해외인적자원관리
- 현지인 노동자의 권리를 보호
- 현지국의 노동법, 고용법, 채용관습 존중
- 현지국 전통과 문화 존중

성차별 금지와 가정과 직장 조화
- 가정일과 직장일의 조화
- 남성의 가정생활 참여 지원
- 채용, 승진, 보상에서의 성차별을 금지

2. 디지털 인적자원관리

(1) 인사정보시스템

인적자원관리에 관련된 정보들을 수집, 분석, 저장, 검색, 처리하여 인사관리자가 의사 결정을 내릴 때 유용한 정보를 제공해 주는 통합적 관리시스템

인사정보시스템의 활용 분야
- 인적자원관리 기능의 모든 분야에 적용

인사정보시스템의 주요 기능

활동 분야	사 례
보 상	급여계산, 융자관리, 복지시설 이용료 정산, 세금 정산
인사자료	인적사항, 가족사항, 자격·승진·교육사항, 인사고과 기록
채용, 배치	모집, 채용공고, 예비선발, 직종분류와 변경
근무시간	출퇴근 관리, 결근일 파악, 휴가일 파악, 교대근무시간 관리, 근로시간 정산
인사관리	정원관리, 교육 필요성 조사, 태도 조사 분석, 수요예측, 인사평가

(2) 인터넷이나 사회네트워크 서비스 활용

사내 커뮤니케이션 활성화
- 커뮤니케이션이 수직, 수평으로 진행
- 최고경영층과의 접촉 수월
- 종업원과 회사간의 신뢰와 협조 분위기를 형성
- 사기조사, 의식조사 등 신속한 정보 파악

e-인사정보시스템(e-HRMS) 구축
- 정보공유 서비스센터를 인트라넷에 구축

3. 역량중심의 인적자원관리

(1) 역량중심 인적자원관리의 개념

역량중심 인적자원관리란 인적자원관리에서 조직과 직무가 요구하는 핵심 역량에 초점을 두고, 직무별로 요구되는 역량을 확인하고 개발하여 이를 선발, 평가, 보상, 육성의 기준으로 활용하는 것을 말한다.

역량중심 인적자원관리는 기업이 요구하는 역량사전(competency dictionary)을 작성하고, 역량에 기반한 프로그램을 실행하는 것이 필요하다.

역량사전에는 필요한 역량의 정의와 요구수준, 그리고 각 역량을 대표할 수 있는 구체적인 행동 등이 포함되어야 한다.

(2) 역량중심 인적자원 프로그램

1) 브로드밴딩 시스템(broadbanding system)

역량평가직원의 보유역량을 직원의 가치를 결정하고 보상하는 기준으로 하여 등급의 수를 축소하고 등급내의 보상범위를 확대하는 것을 말하는데 구체적으로, 직급 수를 축소하면서 직급 내 급여범위를 확대하여, 직원의 역량정도에 따라 보상을 차별화하는 것이다.

2) 역량· 성과급(pay for competency &performance)

직원의 역량에 근거하여 보상을 결정하는 역량중심의 보상을 실시해야 하지만 현실적으로 역량만을 근거로 보상을 실시하기가 힘드므로 주로 성과에 근거한 보상이 이루어지는 역량·성과급을 실시하고 있다.

(3) 역량 중심의 인적자원 관리

1) 역량중심의 선발

선발은 사람과 직무를 연결시키는 과정을 말하며, 외부적으로는 모집과 채용, 내부적으로는 배치와 승진을 포함한다. 역량중심의 선발은 "직무요건과 개인역량이 잘 연결될수록 직무성과와 직무만족이 높아질 것이다."라는 가정에 근거하고 있으며, 일과 사람을 성공적으로 매치(match)시키기 위해서는 무엇보다도 개인의 역량과 직무를 정확히 평가하고 일과 사람의 '적합성'을 평가하는 방법을 만들어 적합성을 검증하는 작업이 필요하다.

2) 역량중심의 평가

① 전통적인 평가제도의 문제점

- 평가기준에 대한 동의 부족
- 결과(output)와 과정(process)에 대한 균형적인 평가 부족
- 평가자료의 관리와 평가능력 부족(평가기준에 대한 이해 부족)
- 평가결과에 관한 명확하고 구체적인 토론의 부족(피드백을 통한 개선 미약)

② 역량중심 평가의 특징과 이점

- 무엇을 관찰하고 측정하는지에 대하여 상호 이해와 대화의 기회를 갖는다.
- 업무에 있어 개인의 행동과 행동의 결과에 대한 정보를 얻는데 도움을 준다.

- "무엇을 평가할 것인가?"와 "어떻게 평가할 것인가?"간에 균형을 유지하게 해준다.
- 결과뿐만 아니라 과정(행동과 방법)도 중시하기 때문에 조직원의 이해가 용이하다.
- 우수한 성과를 산출하기 위해 무엇이 필요하고 중요한가에 대한 공감대 형성이 용이하다.

③ 역량중심의 보상

장기적 관점에서 구성원의 역량을 개발하기 위해서는 잠재적 또는 가시화된 역량수준에 따라 차등 보상을 행할 필요성이 제기되고 있으며, 역량중심 보상은 이러한 잠재적 또는 가시화된 구성원의 역량수준에 따라 차등적으로 보상을 지급하는 것이다. 즉, 근속연수나 수행하는 직무가치, 재무적인 성과보다는 업무수행에 필요한 지식이나 기술, 능력 등과 같은 역량수준에 연동하여 급여를 차등화하는 것을 말한다.

제7장

논술과 글쓰기 : Meaning Block

1. 실전답안 작성훈련

2차 시험 답안 작성의 실전 글쓰기 훈련

1) 상위/하위 제목 달기

어떻게 상위/하위 제목을 다는 것이 좋을까?

- 상위/하위 제목 혹은 목차는 답안의 눈이며 이정표이다.
- 상위/하위 제목을 보면 전체의 내용을 쉽게 이해할 수 있고, 또한 채점자가 전체 답안을 읽을지 말지를 결정하는 중요한 요소이다.
- 답안의 상위하위 제목들은 너무 길어도 문제다.
- 또한 너무 짧아서 답안의 내용이나 의도를 파악하기 어려울 수 있다.
- 제목은 무엇보다 독창적이고 구체적이며 정확해야 한다.
- 채점자가 이해하기 쉬운 용어를 사용하는 것이 중요하다.

2차 시험 답안 작성의 실전 글쓰기 훈련

서론

- 서론은 2차 시험 답안의 의미와 아이디어나 대안 등이 왜 필요한지, 그 이유나 배경 및 논지 등을 알리는 것이 주된 목적
- 답안의 배경 설명과 더불어 문제를 제기하고, 이를 해결하기 위해 어떤 아이디어와 해가 필요하고, 논증을 어떻게 해야 하는가를 간단히 전체적으로 밝히는 것이 중요함
- "현재 경영적인 상황이 이러이러한데, 이런저런 문제가 있다. 따라서 이 문제 해결을 위해서는 다음과 같은 아이디어와 해가 필요하며, 이것은 어떤 대안이 되고 경영적으로 중요한 의미를 갖는다"와 같은 형식의 서술이 필요

2차 시험 답안 작성의 실전 글쓰기 훈련

서론

- ❖ 이 세 가지는 꼭 위 순서대로 서술되는 것은 아님.
- ❖ 출제된 문제에 따라, 수험생의 특성에 따라 순서가 뒤바뀌기도 함.
  - ➢ 문제제기 → 아이디어와 해 → 이론적 배경
  - ➢ 문제 제기 → 이론적 배경 → 아이디어와 해
  - ➢ 아이디어와 해 → 이론적 배경 → 문제 제기

❖ 서론에 부각시켜야 할 내용

- ➢ 제기된 아이디와 대안이 왜 필요한가를 부각시켜야 한다.
- ➢ 제기된 아이디어와 해가 왜 중요한가를 부각시켜야 한다.
- ➢ 이론적 배경과 아이디어와 해가 어떤 관련을 갖는가를 부각시켜야 한다.
- ➢ 대안 등이 문제 해결에 중요하다는 것을 부각시켜야 한다.
- ➢ 최종적으로 대안이 경영학적으로 어떤 의미와 가치가 있는가를 부각시켜야 한다.

2차 시험 답안 작성의 실전 글쓰기 훈련

본론

❖ 본론에서 필요한 내용과 방법

- ➢ 이론이나 개념은 사실에 기반하여 작성해야 한다.
- ➢ 문제와 관련된 이론과 개념을 사용해야 한다.
- ➢ 추론은 문제와 해법인 대안을 연결시키는 방법으로서 논리적으로 적절하게 구성해야 한다.
- ➢ 추론은 정해진 순서/구성 및 방법 등에 따라서 논리적인 절차대로 기술한다
- ➢ 목차는 추론의 방향이며 해 혹은 대안을 도출하는 전체를 암시하는 과정이므로 명확하게 제시되어야 한다.
- ➢관련 근거는 이론이든지 사례이던지 명확하게 제시해야 한다.

2차 시험 답안 작성의 실전 글쓰기 훈련

결론

❖ 결론의 기본적 요소

- ➢ 아이디어와 해에 대한 전체적인 의미를 제공
- ➢ 실질적이며 현실적인 가치를 설명한다.

2. 글쓰기 실제사례

(1) 서론의 내용 표시

→ 서론(Introduction)
- 문장의 끝

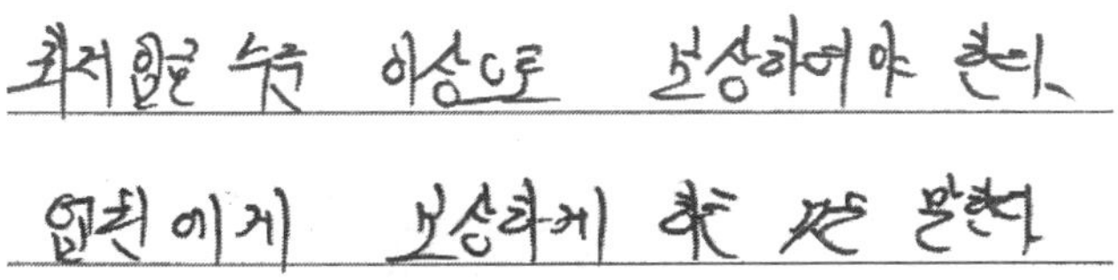

→ 문장 끝은 "--이다, --이었다."로 표현한다.

(2) 어휘 반복

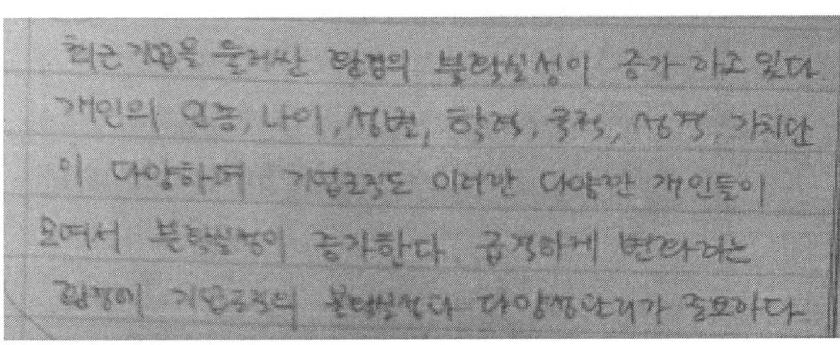

→ 같은 내용을 반복하여 글쓰는 것은 피해야 한다.
→ 유사한 어휘가 반복된다. 불확실성 증가 내용을 여러 번 반복하고 있다.

(3) 영문 표기

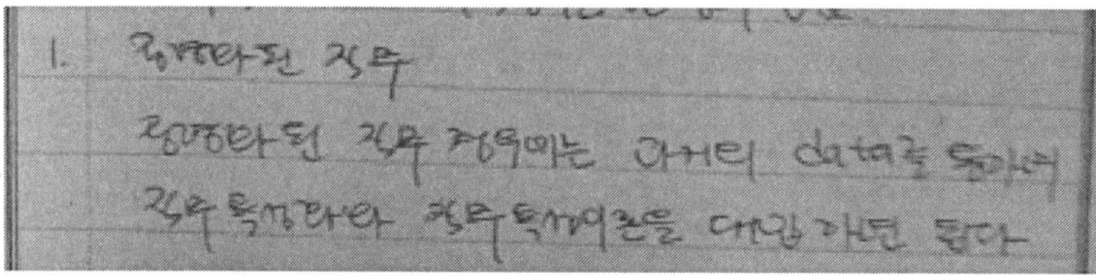
1. 정형화된 직무
정형화된 직무 정의에는 여러 data를 통하여
직무 특성화와 직무 특성이론을 대입하면 된다

→ 영어단어의 활용
→ 데이터(data)와 같이 사용한다.

(4) 긴 문장 피하기

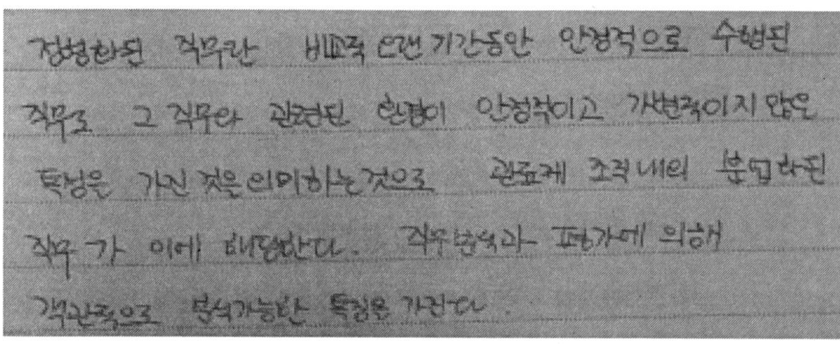
정형화된 직무란 비교적 오랜 기간동안 안정적으로 수행된
직무로 그 직무와 관련된 환경이 안정적이고 가변적이지 않은
특성을 가진 것을 의미하는 것으로 관료제 조직 내의 분업화된
직무가 이에 해당한다. 직무분석과 평가에 의해
객관적으로 분석가능한 특징을 가진다.

→ 문장을 너무 길게 쓰지 마라.

문장을 너무 길게 쓰면, 여러 내용이 하나의 문장에 들어가게 됨으로 의미가 불분명해질 수 있는 문제점이 있다.

(5) 여백이 너무 많음

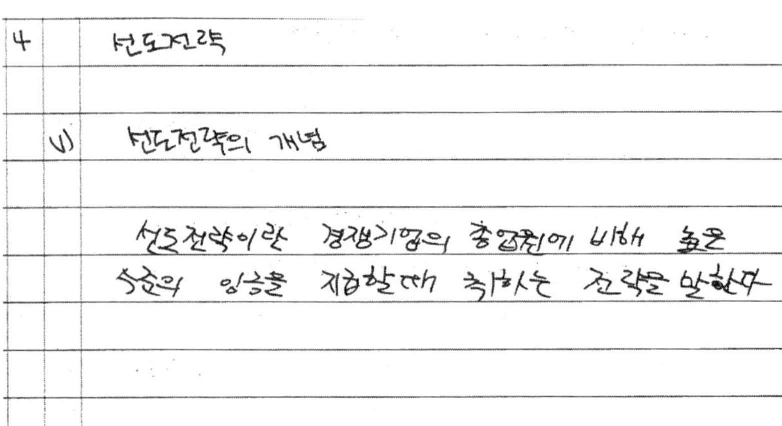
4 선도전략
1) 선도전략의 개념
선도전략이란 경쟁기업의 총업적에 비해 높은
수준의 임금을 지급할 때 취하는 전략을 말한다

→ 목차 구성 후 너무 많은 여백을 만들지 말고, 주장과 근거만을 이유하여 단락을 완성한다.

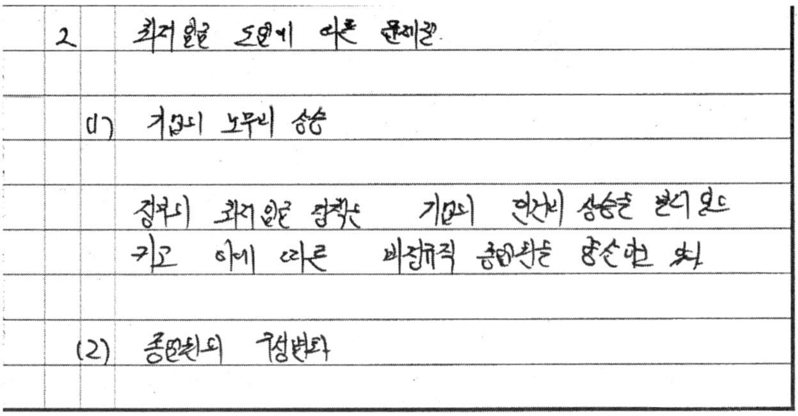
2 최저임금 도입에 따른 문제점

(1) 기업의 노무비 상승

정부의 최저임금 정책은 기업의 인건비 상승을 불러 오도록 하고 이에 따른 비정규직 증대현상을 증가시킨다

(2) 종업원의 구성변화

(6) 글머리 기호 활용

→ 내용에 따라 글머리 기호를 사용할 경우 너무 많이 사용하지 말고 1~2정도 만 사용한다.

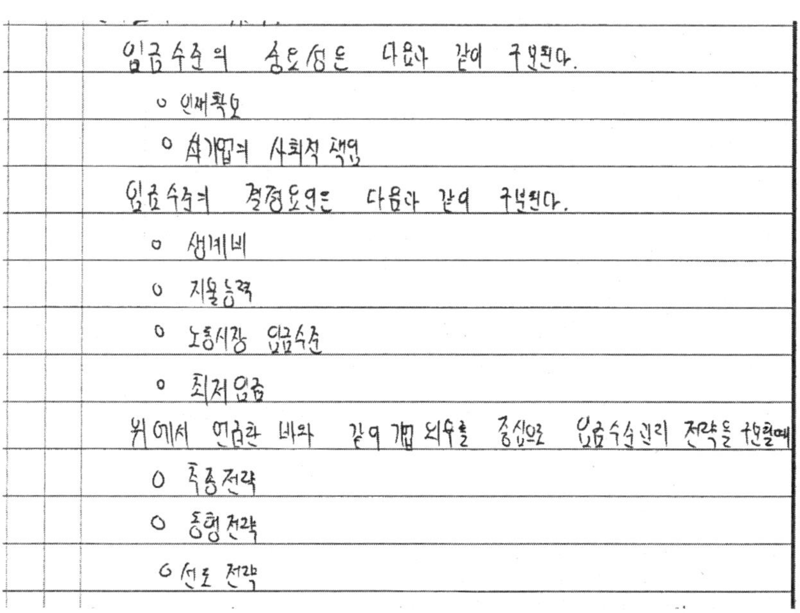
임금수준의 중요성은 다음과 같이 구분된다.
- o 인재확보
- o 기업의 사회적 책임

임금수준의 결정요인은 다음과 같이 구분된다.
- o 생계비
- o 지불능력
- o 노동시장 임금수준
- o 최저임금

위에서 언급한 바와 같이 기업 외부를 중심으로 임금수준관리 전략을 구분할때
- o 추종전략
- o 동행전략
- o 선도전략

(7) 단락 구성

개발

외부전문가를 초빙하여 유연성이 높은 비정형화된 직무의 설계에 도움을 받는다

→ 단락은 3~5개의 문장으로 구성되게 작성한다.

예를 들어) 개발의 관점에서 설명을 할 경우 주장하는 문장 + 설명이나 근거 문장을 함께 제시한다.

즉, 외부 전문가의 비정형화된 직무설계의 관계에 대한 근거를 제시 함

→ 다른 기업에서 도입된 사례 등을 전문가를 통하여 도입함으로써, 객관성과 도입과 개발의 전문성을 확보한다.

(3) 추종전략의 단점

추종전략은 우수인재를 유인하거나 유지하게에 적합하지 못하고 종업원의 대외적 공정성 저하로 직무만족이 저하될 우려가 있다.

(2) 회사의 지불능력

종업원의 임금은 종업원의 생활수준을 결정하기에 종업원에게 중요한 요소이다. 기업도 역시 종업원의 임금은 기업의 이윤에서 지급하기에 회사가 계속해서 성장하기 위해서는 회사의 지불능력에 맞는 임금수준의 결정이 중요하다. 종업원이 있고 기업이 있는게 아니고 기업이 있고 종업원이 있는 것도 아니다. 기업과 종업원이 같이 있는 것이기에 회사의 지불능력에 맞는 임금수준을 결정하여야 한다.

→ 주장문에 근거문등 추가하여 의미단락을 완성

→ 3 ~ 5개 문장으로 단락을 표현하라.

(8) 하나의 단락으로 구성

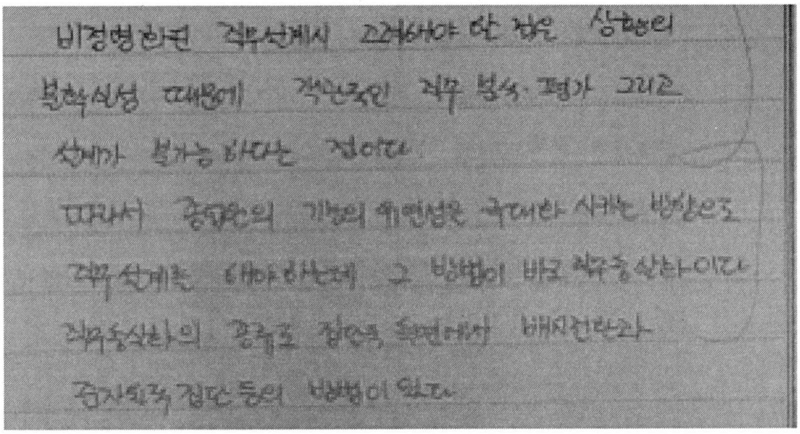
비정형화된 직무설계시 고려해야 할 점은 상황의
복합성 때문에 객관적인 직무 분석·평가 그리고
설계가 불가능 하다는 점이다.
따라서 종업원의 기업의 애착성을 극대화 시키는 방향으로
직무 설계를 해야하는데 그 방법이 바로 직무충실화이다.
직무충실화의 종류로 집단적 측면에서 배치전환과
준자율적 집단 등의 방법이 있다.

→ 여러 문장을 의미 단위인 단락으로 구성해서 사용한다.

(9) 두 개의 의미를 하나의 단락에 두지 마라.

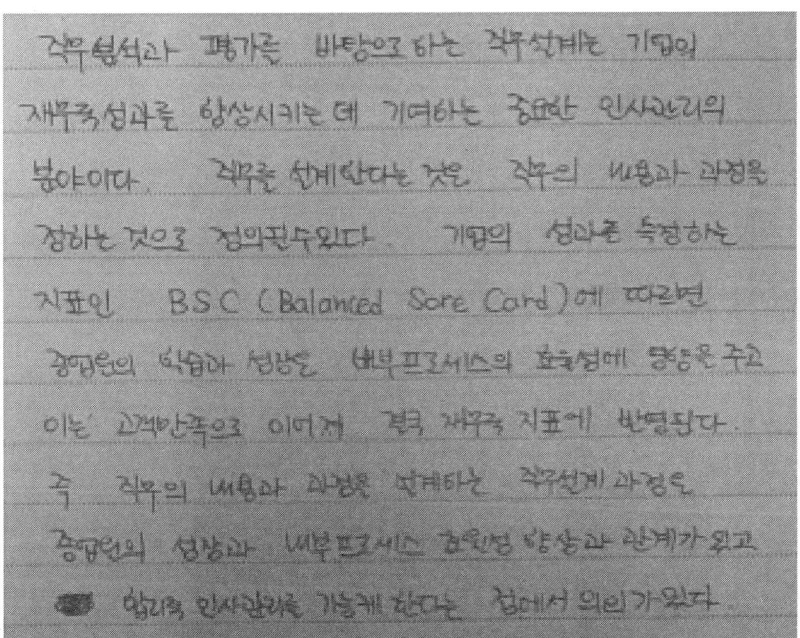
직무분석과 평가를 바탕으로 하는 직무설계는 기업의
재무적성과를 향상시키는 데 기여하는 중요한 인사관리의
분야이다. 직무를 설계한다는 것은, 직무의 내용과 과정을
정하는 것으로 정의될수있다. 기업의 성과를 측정하는
지표인 BSC (Balanced Sore Card)에 따르면
종업원의 학습과 성장은 내부프로세스의 효율성에 영향을 주고
이는 고객만족으로 이어져 결국 재무적 지표에 반영된다.
즉 직무의 내용과 과정을 설계하는 직무설계 과정은
종업원의 성장과 내부프로세스 효율성 향상과 관계가 되고
합리적 인사관리를 가능케 한다는 점에서 의의가 있다.

--〉 단락은 의미단위이므로 각각의 단위로 구분하는 것이 의미전달에 유리하다.

(10) 단락의 미고려시 문제

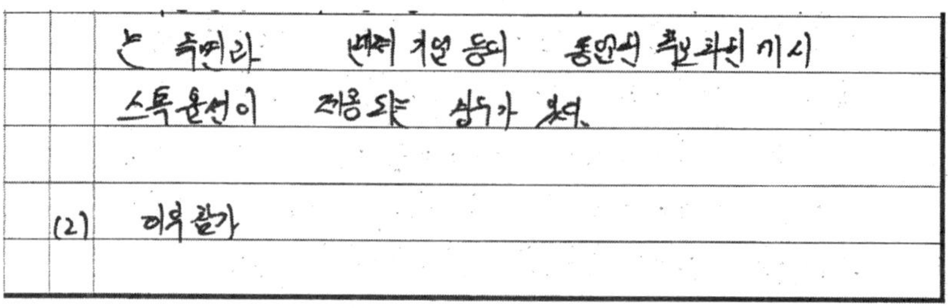

→ 목차와 내용 등이 단락 미고려로 분리되는 경우가 발생한다.

김 병 석 박사

약 력

- 경희대학교 경영학 석사
- 한양대학교 경영학 박사
- 서울과학기술대학교 강사
- KG패스원 강사
- 전) 세종법학원 경영학 강사
- 현) 법무경영교육원 인사노무 강사
- 현) 전문단기 공인노무사 경영학 및 인사노무 강사

김박사 인사노무관리
with 경영학적 논술과 글쓰기 시리즈 II
– 글쓰기, 표현, 문장 그리고 단락–

초판인쇄	2017년 3월 15일
초판발행	2017년 3월 20일
저 자	김 병 석
발 행 인	鄭 相 薰
발 행 처	考試界社

서울특별시 관악구 봉천로 472
코업레지던스 B1층 102호 고시계사

대 표 817-2400 팩 스 817-8998
考試界 · 고시계사 · 미디어북 817-0418~9
www.gosi-law.com / www.eduall.kr
E-mail : goshigye@chollian.net

정가 17,000원 ISBN 978-89-5822-546-1 93320